本书由德国罗莎·卢森堡基金会资助出版
Published with the support of Rosa Luxemburg Foundation

国际金融危机
与资本主义新变化、新调整

THE INTERNATIONAL FINANCIAL CRISIS
AND NEW DEVELOPMENTS OF CAPITALISM

黄华光　主　编
周余云　副主编

党建读物出版社
Party Building Books Publishing House

图书在版编目(CIP)数据

国际金融危机与资本主义新变化、新调整:汉、英/黄华光主编.—北京:党建读物出版社,2012.11

ISBN 978-7-5099-0374-2

Ⅰ.①国… Ⅱ.①黄… Ⅲ.①国际金融—金融危机—文集—汉、英②资本主义经济—世界—文集—汉、英
Ⅳ.①F831.59-53②F112.7-53

中国版本图书馆 CIP 数据核字(2012)第 273618 号

国际金融危机与资本主义新变化、新调整

GUOJI JINRONGWEIJI YU ZIBENZHUYI XINBIANHUA、XINTIAOZHENG

(中英文本)

黄华光 主 编

周余云 副主编

责任编辑:季利清 **责任校对:**张学民 **封面设计:**艺和天下

党建读物出版社出版发行

http://www.djcb71.com

(北京市西城区南横东街 6 号 邮编:100052 电话:010-58587632 /7681)

新华书店经销 保定市中画美凯印刷有限公司印刷

880 毫米×1230 毫米 32 开本 12.5 印张 297 千字

2012 年 11 月第 1 版 2012 年 11 月第 1 次印刷

ISBN 978-7-5099-0374-2 定价:45.00 元

出版说明

2012 年 5 月，中国当代世界研究中心与德国罗莎·卢森堡基金会在北京联合举办题为“国际金融危机与资本主义新变化、新调整”的国际研讨会，来自德国、英国、希腊、意大利以及中国的 20 多位专家学者参加。与会专家学者围绕金融危机对中国和欧洲的影响、资本主义危机根源以及资本主义的发展前景等问题进行深入研讨。现将本次研讨会文章结集出版，所收文章中有关论述仅代表文章作者本人观点，供有关部门、研究机构和学者参考。

中国当代世界研究中心简介

中国当代世界研究中心(CCCWS)主要从事国际形势、世界政党政治、国外政治制度、中国对外战略、社会主义理论、社会政治思潮、发展模式比较等方面的研究;积极开展同国外政党智库、研究机构的交流活动与学术研讨。

中国当代世界研究中心已与国内外政党智库、政府部门、高等院校及研究机构建立了密切联系,并与美国、英国、德国、俄罗斯、日本、波兰、罗马尼亚、匈牙利、保加利亚、朝鲜、巴西、印度、南非、以色列等国家的多家研究机构形成了多种形式的学术交流与合作关系。

中国当代世界研究中心设有理事会,聘请了多位国内外相关领域有影响的政要和学术机构、高等院校的专家学者担任中心特约理事和特约研究员,中联部部长王家瑞兼任理事会名誉主席,中联部副部长于洪君兼任中心主任和理事会主席。当代世界研究中心每年出版《当代世界研究中心年鉴》,公开发行中文月刊《当代世界》。

德国罗莎·卢森堡基金会简介

德国罗莎·卢森堡基金会(德文名:Rosa Luxemburg Stiftung)是德国六大政治基金会之一。这六家基金会对应德国议会的六大政党,主要工作领域是在国内外开展公民教育。罗莎·卢森堡基金会与德国左翼党关系密切,是推动民主社会主义的一支力量。

德国罗莎·卢森堡基金会的前身是始建于1990年的非营利性组织——德国"社会分析和政治教育——注册协会"。德国民社党(PDS)于1992年将该组织认可为与民社党紧密合作的全国性基金会,并在1996年的民社党大会上予以确认。民社党是2007年成立的德国左翼党的两大组织来源之一。

1998年,基金会以罗莎·卢森堡命名。罗莎·卢森堡(1871—1919)是1918年以前德国社民党最重要的左翼社会活动家之一,是社民党内反对军国主义和拥护国际主义的代表人物,也是1919年德国共产党的创始人之一。

作为德国最大的公民教育提供者之一,罗莎·卢森堡基金会积极致力于开展成人和青年政治教育,并发展成这一领域的全国性机构。基金会与德国国内观点相近的地区性组织建立了紧密合作的关系网,并和国外的伙伴机构共同开展工作。

德国罗莎·卢森堡基金会已经成为表达批判性观点的重要论坛、现代社会民主主义主题讨论中心、社会主义者发表政治选择方案的思想库和国际合作中有价值的合作伙伴。基金会支持对当今资本主义的批判性分析和辩论，其主要关注点集中在社会公正、民主化、平等的国际合作、可持续发展、和平与安全、反法西斯主义和反军国主义，以及诸如科学、教育、媒体文化等需要保持和扩展的公共领域。

德国罗莎·卢森堡基金会的董事会主席是海因茨·维策(Heinz Vietze)，执行董事是弗洛里安·韦斯博士(Dr. Florian Weis)。众多会员、赞助者、顾问委员会专家、公开出版物作者、津贴持有者、资深教师和志愿者为基金会提供了大量帮助；超过100名员工任职于基金会的政治教育学院、社会分析研究所、国际对话合作中心、奖学金部门、公共关系部门、财务管理部门和办公室。

更多罗莎·卢森堡基金会信息见 http://www.rosalux.de/。

目　录

在“国际金融危机与资本主义新变化、新调整”国际研讨会上的开幕辞

艾　平*

伴随着国际金融危机和欧洲债务危机的持续发酵，国际社会的思想争论不断深化，一个突出的现象是为资本主义辩护的人少了，反思资本主义的人越来越多。2012年年初，《金融时报》连续发表专栏文章，反思当前资本主义的困境。2012年的达沃斯论坛也在“大转型：塑造新模式”的主题下，集体为资本主义“会诊”，要求重塑资本主义。

我们也高度关注国际社会对当代资本主义的相关讨论，因为饱受危机困扰的西方资本主义发展走向关系到世界的发展前景，也关系到人类的共同利益。我们注意到，2008年发端于资本主义核心国家的金融危机，对当今世界产生了广泛而深远的影响，涉及政治、经济、社会、文化等各个方面。特别是市场经济、民主制度和社会契约

---

* 作者系中共中央对外联络部副部长、当代世界研究中心执行理事长。

三大资本主义制度的核心要素都出现较为严重的问题，民众对未来发展信心不足，社会、政治对抗时有激化。对这场资本主义危机，我们有一个初步的认识，那就是这不是单纯的资本主义经济金融危机，而是一场系统性、综合性的体制困境。当前，资本主义已经进入到一个关键的调整期。

经过此轮国际金融危机的冲击，资本主义国家对自由放任主义危害有了充分认识，重新重视国家干预、加强政府监管。一些国家领导人提出各具特色的改革理念并加以实践，比如美国总统奥巴马提出的“变革”思想，德国总理默克尔倡导回归欧洲传统的社会市场经济模式，英国首相卡梅伦提出“大社会”理论，成效如何，有待观察。一些学者认为，发达资本主义囿于自身的缺陷，单靠一己之力难以走出危机，资本主义的未来取决于新兴市场国家。

值得关注的是，国际金融危机还影响了经济全球化进程，使得全球经济治理问题更加突出。一是贸易自由化进程遇挫。特别是一些国家出于就业和选举压力，转向贸易保护主义。“去全球化”论调也在少数国家获得市场。二是规则竞争更加激烈。一些大国谋求修改全球化规则，抢抓话语权。比如，欧盟坚持开征航空碳排放税，引发国际社会广泛争议。三是区域合作得到加强。在多边贸易自由化受挫的情况下，不少国家转而侧重区域合作和自由贸易区建设，主要大国均致力于构建于己有利的区域合作和自由贸易区安排。四是倡导全球经济治理进一步提上日程。加强对全球化的管理、倡导可持续发展成为国际社会的共识。目前,二十国集团在全球经济治理中的作用上升,广大发展中国家在全球经济治理中的代表性和发言权也有所增加,推动全球化朝着更加公平、有序的方向发展。

在高度相互依存的时代,国际金融危机给欧洲和中国都带来重大挑战,加强中欧合作、携手应对危机成为中欧的共同选择。欧洲是世界经济最重要的板块之一,中国是世界上最大的发展中国家,也是最大的新兴国家。中欧双方应坚持相互平等、互利共赢思想,以此指导和引领双边务实合作。还要扩大中欧民间人文交流,促进相互认知,增进彼此感情和友谊。

新世纪以来,当代世界研究中心与德国卢森堡基金会已经合作举办了10多次国际研讨会,我也有幸参加了其中的几次,总的感觉是研讨的议题越来越聚焦,时代性和针对性越来越突出,成果越来越突出。在这里,我要代表当代世界研究中心对德国卢森堡基金会给予本次研讨会的大力支持表示感谢,也祝愿本次研讨会取得圆满成功。

政治和欧洲危机

约翰·格拉尔*

2011年4月6日,欧洲对外关系委员会和墨托卡基金会组织了一场圆桌讨论会①,尤尔根·哈贝马斯在会上的讲话确认了欧洲危机背后一些关键的政治因素,此后发生的一系列情况也给予了充分的说明。

第一,货币联盟的设计有缺陷。正如亨里克·恩德林所指出的,鉴于两种对立的观点,欧洲货币联盟事实上是一个不稳定的妥协。德国提出,建立货币联盟的前提是实现更大程度的一体化和经济融合。法国则提出,一个统一的欧洲经济政府应该与货币联盟相伴而生。德、法两国观点不一致的结果就是货币联盟虽然建立了,但是未能建立相应的机构支撑。

第二,各方达成了共识,那就是走出危机并不代表要从货币联盟后退。正如哈贝马斯说的,"我们面临一个抉择,要么破坏我们已经建立的货币联盟,要么为成员国之间的更紧密合作设置机制性的条款"。德国讨论者认为,德国已经从欧元区中获利颇多,如果货币联盟失败,德国将成为大输家。

---

* 作者系英国密德萨斯大学教授。

① 参见 http://www.eurozine.com/articles/2011-08-26-habermas-en.html。

第三,关于德国在欧盟内部没有成功发挥领导权问题。哈贝马斯在发言中指出,德国在应对金融危机中表现的乏力和不情愿,导致了危机的进一步发展。一方面,德国在国家统一以后,在欧洲和世界问题上眼光变得更加狭窄,内顾倾向更加严重。另一方面,德国各地的政治辩论都受到民意调查所揭露的政治阶层乐观主义情绪影响,也受到关注点狭窄、目光短浅的媒体影响,还受到媒体与政治精英的互动影响,不再能够以建设性的方式影响社会大众。为更好地展示哈贝马斯所描述的德国形象,我们或许可以说,德国的政治文化已经“贝卢斯科尼化”。

本文将更详细地论述最近的经济发展。其目的与其说是要评述圆桌会议参加者的观点,还不如说是要与他们进行辩论。本文将聚焦三个方面的问题:一是目前的债务已经使得欧元区领导人焦头烂额,默克尔政府更是完全为债务危机所困扰;二是专制和压迫性的“欧洲公约”已经成为欧盟的中心一体化战略;三是德国在应对欧洲债务危机方面的作用。在最后一个问题上,我与圆桌会议参加者立场不一致,因为早在二三十年前德国就有疏于承担国际经济责任的重要先例了。

一、正在发生的危机

为深入了解欧元区 2011 年到 2012 年的发展,要像查看车祸一样,以慢动作方式进行。英国有句谚语,一个王国的垮台搞不好就是从缺少一个马蹄钉开始的。爱尔兰的国内生产总值为 1560 亿欧元。以援助爱尔兰为例,提供占其国内生产总值(GDP)的 10% 支持,对最强大的欧盟经济体而言无疑是九牛一毛。欧盟一年预算(2011 年为 1400 亿欧元)也只有欧盟 GDP 的 1.2%。因此,援助爱尔兰对欧盟宏观经济而言没有难度。

意大利的GDP为15680亿欧元,是爱尔兰的10倍。意大利的庞大国债已经达到2万亿欧元。如果意大利出现债务问题,那么其造成的危害烈度将如同2008年雷曼兄弟的破产。即便是债务利率增加5%,也会对意大利公共金融带来巨大问题。当然发生这种情况的可能性不大。因此,给予爱尔兰和希腊(2011年GDP为2170亿欧元)决定性援助将有效防止债务危机向意大利扩散。

本部分将主要评估应对主权债务危机的成效。前四种方式已经诉诸实践,它们都失败了,原因是并不能解决问题。后三种方式可能会成功,但是因为缺乏政治协议,特别是德国的支持而难以实施。

应对危机的策略应至少部分包含以下内容:

1. 通过双边或国际货币基金组织或特别的机制

比如,欧洲金融稳定工具,授予处于困难中的国家以紧急信用。因为在欧洲金融稳定工具建立之前,第一轮给予希腊的纾困资金来自欧洲委员会和国际货币基金组织,第二轮救助则一再延迟,直到2012年3月初欧洲金融稳定工具才分别向爱尔兰和葡萄牙发放四笔总额为190亿欧元、利率为6%的小额贷款。欧洲金融稳定工具为筹措到利率低于6%的资金,直到10月下半月才发行130亿欧元的债券。但是随着欧元区危机的加剧,那些相对较为强大的经济体,比如法国以及欧洲金融稳定工具也面临一定的危机风险。

欧洲金融稳定工具能够筹措到利率相对低的资金,原因是它已经从成员国那里获得担保。但是,这些资金数量有限。从2011年7月开始,担保金额增加到7800亿欧元,其中德国担保2110亿欧元、法国担保1580亿欧元、意大利担保1390亿欧元、西班牙担保920亿欧元、荷兰担保440亿欧元。

欧洲金融稳定工具的缺陷很多。首先，投资者实际上把金融稳定工具的信用价值等同于法国而不是德国，表明金融稳定工具也变得脆弱了。特别是如果西班牙和意大利也需要援助，那么欧盟成员国必须作出新的巨大承诺，这肯定会降低金融稳定工具的信用。如果德国不提高其对金融稳定工具的承诺，那么金融稳定工具也会受到质疑。

欧洲金融稳定工具在 2011 年 11 月 7 日仅为爱尔兰筹措到相对较少的 30 亿欧元，表明其能力还不强。它不得不在此前的基础上，大幅提高发行债券的利率，从之前的 55 个基点增加到 177 个基点。一周之后，欧洲金融稳定工具主席克劳斯·雷格林认识到不大可能像预期的那样从欧元区国家筹到 1 万亿欧元。原因是市场的动荡不安，但是欧洲金融稳定工具的本意是要克服市场的动荡不安，而不是屈服于市场的动荡不安。欧洲金融稳定工具的一份文件阐述了欧元区国家和政府首脑确立的目标，即在没有获得成员国额外承诺增强欧洲金融稳定工具信用的情况下，提升欧洲金融稳定工具的能力。但是问题就出在这里，拒绝增加对欧洲金融稳定工具的担保，特别是德国没有使出全力，意味着投资者对重债国的不信任已经转向金融稳定工具。

其次，欧洲金融稳定工具提供的贷款利率要相对较高，没有尽可能减轻贷款接受者的债务负担。这似乎导致了策略的转变：欧洲金融稳定工具已经开始筹措更短期限的贷款，并向爱尔兰和葡萄牙提供长期信贷，其贷款利率随着时间的拉长而被摊薄。

再次，贷款接受者的处境似乎并没有发生积极变化，比如在希腊，债务抵押债券（CDO）已经连续 4 年呈现下降态势。

最后，上述所有行动的目的是增加流动性而不是解决破产问题——债务延期并没有消除资产的负债问题。

临时的欧洲金融稳定工具可能被永久性的架构所取代，拥有5000亿欧元的欧洲稳定机制将于2013年设立。但是欧洲理事会在2012年3月初将欧洲稳定机制延期一年，似乎是要让两者并存一段时间。估计或者将为希腊提供第二轮纾困资金，那么两家机构可以处理的资金将达到7500亿欧元。有鉴于此，这可能促进欧洲从国际货币基金组织获得更多的资助，以增加紧急基金的额度。

从欧盟应对危机的表现来看，各方面临日益上升的压力，需要采取更及时的措施。其反应逐步从缓慢变得坚定，也逐步获得更多行动资源。但是行动往往太少、太晚，难以阻止经济金融环境的进一步恶化。

2. 削减债务似乎是解决破产问题的直接方法

这种方法最早出现在2011年7月。一些债券持有者自愿对其持有的希腊债券进行掉期交易，换成时间更长但价值相对更低的债券。对投资者而言，这种方式较为慷慨，因为这并没有减轻希腊的债务负担，特别是希腊债券在国际市场上已经大幅贬值，使得人们已经可能以低于其价值的方式回购。①

要求减少投资损失的人包括投资者自身。欧洲中央银行——其运作的先决条件就是欧元区政府债务的有效性。希腊债券的发行人也不希望希腊信用违约掉期。

2011年10月27日达成的协议实现了更大程度的债务削减：希腊债券的面值减少一半，到2020年希腊债务占GDP的比值将减少到120%。到2012年3月，针对希腊的第二笔纾困资金可能将到位。这其中包括作为促进削减债务的300亿欧元补

---

① 参见沃尔夫冈·明肖：《希腊的延期协定像是一种有毒的CDO》，《金融时报》，2011年7月4日。

偿,以及为那些因为希腊政府债务而面临破产境地的银行注资。目前尚不清楚,信用违约掉期协议是否将因此而产生,但是如果没有出现预期的情况,则表明信用违约掉期协议并没有产生应有的保护作用。

理论上,无法偿还的债务应通过减债方式解决,最明显的就是放弃索赔权利。因此,削减债务至少要比简单的纾困,也就是重新安排而没有减少国家债务要更进一步。削减债务有两个目标,这在 2011 年 10 月 27 日已经被公布,当然其方向也不一致,一个是加大削减债务的力度,另一个则是相对温和地削减债务。一方面,好像为希腊提供的债务削减还不够,余下的债务将妨碍政府采取措施支持生产。另一方面,债主遭受的损失可能导致银行和其他金融机构预期可能会因为其他国家无力还债遭受更大损失。

宣布削减债务导致欧元区债券市场受到影响,可能妨碍其他一些国家从债券市场融资。因此,在 2011 年 12 月欧洲理事会宣布,"我们明确承诺,7 月 21 日和 10 月 26—27 日关于希腊债务的决定是独一无二的,也是例外的"。这是欧洲领导人对市场的妥协,这意味着除希腊以外的欧盟国家债券都将受到尊重。

欧洲理事会还宣布,未来将通过修改债券条款,以促进"私营部门参与",特别是引入标准化和集体一致行动,以确保市场流动性。尚待观察的是,面临信用掉期的爱尔兰、西班牙或葡萄牙等国出售的债券是否还有市场?如果荷兰或德国债券使用同样的条款是否能吸引投资者?

有时我们必须让一些银行受损失,以鼓励其他人。削减债务意味着银行和其他投资者必须要为它们资助的巨额、失衡、不可持续债务承担责任。

对投资者而言,并非可以有罪不罚。希腊可以部分延期还款,也是对银行的惩罚。银行承诺接受债务削减表明欧洲银行环境并不十分健康,容易产生第三种形式的管理危机。

3. 银行的重组

1060亿欧元是10月一揽子协议的组成部分,使得它们可以免于计划中的削减希腊债务的冲击。希腊本国银行受到的威胁最大,欧洲金融稳定工具给予希腊的贷款中有200亿—300亿欧元用于支持希腊银行。但是目前尚不清楚,这个数额够不够,因为希腊银行的债务簿上还有大量的可疑贷款,也面临储户因为担忧希腊可能脱离欧元区而采取的保护性措施,即大量提款。这并不意味着援助数额少将给银行带来极大的困难,因为银行可以获得持续的收入,也无需以极低的价格出售股份。西班牙、意大利、法国和葡萄牙的银行可以获得最多的额外资本,分别达到262亿欧元、148亿欧元、88亿欧元和78亿欧元。德国银行(德国联邦银行和商业银行受到影响)仅获得52亿欧元。①

对上述举措的猜测是基于银行不会要求进一步地削减债务或延迟偿还主权债务,特别是债务危机不会蔓延到西班牙或意大利。

当然,银行运作的环境还受到诸多因素的影响……

4. 欧洲央行采取的包容性行动

像大多数中央银行一样,欧洲央行在金融危机及随后的衰退中降低利率,当然程度不如美联储或英格兰银行。在欧元区经济看似复苏的情况下,欧洲央行还两次提高利率。欧洲央行新总裁马里奥·德拉吉作出的一项新决定,就是撤销其中一个提高利率的举措。商业银行可以获得低利率贷款用于存款准备

① 《欧元区拯救计划》,《金融时报》,2011年10月28日第5版。

金,而不是流向债务人——因此银行是盈利的。欧洲央行被要求在不危及市场价格稳定的情况下,支持欧盟的经济政策。自从经济衰退以来,欧洲央行致力于确保价格处于一定的可控范围之内。

马里奥·德拉吉的就职似乎已采取更坚定的举措,以维护金融体系的稳定。特别是通过向欧元区银行提供低利率的长期贷款以及更多的资产被银行接受,市场流动性受到了两方面因素的有力刺激。通过第一和第二轮长期再融资行动,欧元区银行已获得超过1万亿欧元的支持。如此规模和如此慷慨的融资,使得欧元区银行拥有了很大的自主权,可以以高于欧洲央行利率的形式对外放贷或进行直接投资。

德拉吉的战略已经与德国央行产生相当大的分歧。德国联邦银行总裁阿塞尔·韦伯已经宣布辞职。德国在欧洲央行执行董事会的成员朱根·斯达克也宣布辞职。随着第二轮长期再融资行动的实施,韦伯的继任者简斯·魏德曼也开始表现出不满。德国反对给予如此规模的再融资,因为此举可能导致央行因为太容易得到钱,引发下一场资产泡沫。这在欧元区面临或接近于衰退的情况下,是不大可能发生的。

德国也反对通过上述措施向政府提供间接融资。在金融压力下,提供流动性和支持政府之间存在着一个灰色空间。欧洲央行给予政府的直接融资在初级债务市场是非法的,欧洲央行必须要在二级市场至少出现一下,因为其对政府债券的购买也是基于向商业银行贷款的渠道(事实上,欧洲央行在借款中也接受各种形式的债券)。在金融危机发生前,欧洲央行的行动前提是确保主权债务市场以及不同成员国发行的债券稳定性。以下是欧洲央行借款以及收购资产的负债平衡表。

表 1　欧洲央行资产(欧元　百万)

	2006 年 9 月	2012 年 2 月	变化程度(百分比)
黄金	175,373	423,446	141.5
外币	170,242	341,644	100.7
非居民欧元	10,740	25,009	132.9
借贷给欧元区银行	433,514	809,248	86.7
其他借贷给欧元区银行	9,915	72,292	629.1
欧元区居民证券	81,559	624,849	666.1
基于货币政策持有的证券	n. a.	282,579	
其他证券	n. a.	342,270	
广义政府债务	40,021	33,926	-15.2
其他资产	197,671	352,164	78.2

注:上述表格显示了欧洲央行系统的总体表现。在上述系统内,希腊、爱尔兰以及其他一些中央银行没有列入。这些中央银行不断上涨的负债额是对这些国家金融系统购买资产作出的反应。

保罗·德格罗韦①指出,自从 2010 年 5 月希腊债务危机爆发以来,欧洲央行开始改变其包容性立场,缩小负债资产额。但是这种改变现在似乎被纠正了。

有两种主要方式可以购买债券。其一是担保债券,特别是私人机构发行的有资产支撑的债券(但是不像美国危机中涉及的担保债务凭证)。其二是由问题国家发行的政府债券。后者实施的债券市场计划,不像英国和美国的定量宽松政策,目的不是为经济提供流动性,而是确保"货币政策决定的传输通道"。在情况出现一定程度缓和之后,于 2011 年 4 月和 8 月暂时中断了债券计划。在意大利和西班牙政府宣布实施新的财政和结构性政策之后,又

① "Only a more active ECB can solve the euro crisis", Paul De Grauwe, CEPS Policy Brief, No. 250, August 2011.

开始实施债券计划。很明显,欧洲央行谋求以此支持一些实施紧缩政策的国家。

欧洲央行资产的增长要小幅落后于美国(同期美联储资产增长了200%,达到2.4万亿美元),但是属于同一量级。另一方面,美联储也没有遇到欧元区面临的大规模潜在违约风险。欧洲央行正试图掌握债券市场的方向,但是目前为止行动力度太小,也太晚,既不能遏制对最脆弱国家的金融压力,也难以阻止危机的进一步扩散。

目前可能有效但又受制于政治因素的方法包括以下两类。

5. 欧元债券

这意味着欧盟要采取替代措施,或者建立新的机制,将希腊、葡萄牙或其他借贷困难国家提升到信用良好的地步。自从2008年国际金融危机爆发以来,那些被认为风险较小的借贷者享受到了低利率的待遇,如果欧元区整体债务可以被控制,那么利率负担将进一步减小。

表2　公共部门债务和赤字(2011年)(占GDP百分比)

	公共部门债务	公共部门赤字	排除利率因素外公共部门赤字	债务的负担,百分比	2012年3月2日10年期债券的收益率
希　腊	-198.3	-7.0	+1.0	4.01	36.33
爱尔兰	-117.5	-8.6	-4.3	3.69	7.02
意大利	-120.5	-2.3	+3.1	4.47	4.95
西班牙	-73.8	-5.9	-3.5	3.30	4.85
葡萄牙	-111.0	-4.5	+0.8	4.72	13.67

据AMECO预测和金融时报①。

上述图表显示,葡萄牙和希腊被排除在债务市场之外。意大

① 债券收益率数值系起草本段的数值,一周之后就更高了。

利、西班牙和爱尔兰的融资成本要低于目前的债务市场收益率,原因是其债务发行利率很低。欧洲央行最近已经采取很多措施,以对冲希腊宣布削减债务引发的高利率压力。另一方面,如果实际利率低于德国的利率(1.83%),或者处于重债之中的英国(2.02%),那么所有国家的金融压力将会有很大的缓解(尽管西班牙的债务压力相对要轻一些)。

需要指出的是,当前投资者十分谨慎,这对边缘国家非常有害,但是对于能够发行高质量债券的国家而言则是难得的机遇。鉴于对通货膨胀的预期,英国、美国和德国政府能够支付的实际利率是负数①。发行欧洲债券的倡议等同于向那些处于经济困境的国家发放低廉的信用。这种方式可能还不够,债务豁免可能有助于稳定形势,对希腊而言更是如此。但是这对所有经济体而言,需要很长的路,也并非无需或承受很少的代价。然而这种方式失败了,因为欧盟作为一个整体还没有做好做出此种决策的准备,德国也拒绝为现有的欧元区机构、欧洲金融稳定工具及其继任者提供全面的保证。缺少欧盟或德国政府的债务承诺,投资者将不会认为欧元债券比欧元区重债国的债券更安全。但是如果放弃发行欧洲集体债券,那么妨碍遏制危机扩散的一个棘手问题就是——

6. 金钱壁垒

它最初代表阻碍法国20世纪30年代社会改革的金钱利益。今天,它则代表完全不同的意义,中央银行采取的战略仅仅是通过发行海量的信用来遏制金融压力。如果饱受危机冲击的政府能够

---

① 在英国和美国,债务基本上由中央银行担保,将可能导致国家政府陷入紧急信用危机;德国债务并不是由欧洲央行担保而是由德国强劲的经济支撑。

从欧洲央行借到无限制的贷款,以应对当前的赤字,那么它们就可以通过扩张性的方式来化解债务和赤字。债务的可持续性取决于经济增长和利率的互动,当利率接近于 0 的时候,前者维持在 2%—3%之间,那么几年后负债情况将大幅改观。

保罗·德格罗韦[1]指出,“为防止政府债券价格的进一步下降,银行应该宣布准备干预市场。欧洲央行是唯一能够这么做的机构,因为它可以发行无限的货币。在宣布其无条件承诺后,银行将停止螺旋式的下滑。当投资者对欧洲央行的决心有信心时,它们将停止出售主权债务,因为它们相信自己的投资得到保障。此种方式的好处是,欧洲央行再不用购买政府债券。”

马丁·沃尔夫持相同立场[2]。他指出,马里奥·德拉吉采取扩张主义政策,但是意大利能够通过削减开支而存活吗?答案是否定的。如果该国谋求通过减支来赎回债务,那么将需要减少超过 GDP 1/5 的开支,此举将导致意大利陷入衰退。任何理智的债权人都不会预期政府会这么做。“政府债务市场需要政府自行去应对,有人愿意借钱给政府,那是预期政府将来会还钱。”这种市场是一种自我实现的模式,需要一个最后的可靠买家,那就是央行。

保罗·德格罗韦和沃尔夫都否认了通货膨胀的风险。一方面,欧元区经济缺少需求遏制了价格上涨;另一方面,投资者出售意大利或西班牙的债权,其目的不是购买不同的风险资产,而是希望资金更保值。理论上,拯救处于危机中的政府存有道义上的风险,但是这与拯救陷入危机中的银行并没有什么

---

① 参见 http://www.ft.com/cms/s/0/955dcf18-fa57-11e0-b70d-00144feab49a.html#axzz1dVXpAWMm。

② 《大胆的马里奥,熄灭那团火》,载英国《金融时报》,2011 年 10 月 26 日。

不同。

威勒姆 · 布伊特[①]对动用中央银行表示惋惜,对因为达不成政治共识,欧洲央行采取大规模收购政府债权行动表示反对,认为“2012 年或最晚于 2013 年,上述行为将导致欧元区的溃败和欧洲央行的大规模准财政滥用。最后,将因为既不能重组资不抵债的主权债务,也不能重组僵尸银行,也不能保护主权,流动性的问题将更加突出,导致金融危机的恶化以及欧洲在 2012 年或此后的财政进一步紧缩。”德国在德拉吉就任欧洲央行总裁后不久,即由德国联邦银行总裁发出了明确信号,那就是欧洲银行不能扮演政府的最后借贷方角色。[②]

7. 财政联盟是可以考虑的最后方法

但这好像是一种中期避免新的危机爆发的办法,而不是一种立即为重债国家提供药方的办法。如同在上面章节提到的,财政转移将有助于提高集体再融资能力。目前,多数评论家都认为,如同乔什卡 · 费舍尔说的,“目前很难进行欧洲条约的修改,以建立一个‘团结或转移联盟’”。目前边缘国家的经常项目赤字已经有所增加,但这是因为通货膨胀以及衰退妨碍了进口。如果这些经济体开始复苏,将很快可以解决支付方面的困难。

---

① 《金融时报》,2011 年 11 月 1 日。

② 《对简斯 · 魏德曼的采访》,《金融时报》,2011 年 11 月 15 日。《金融时报》问:你可以解释一下为什么欧洲央行不可以承担最后的借贷方角色?魏德曼答:对有偿债能力但流动性不足的银行,欧元体系是最后的借贷方。但是对主权债务而言,欧洲央行不能成为最后的借贷方,因为这违反了欧盟条约 123 条款(禁止货币融资或中央银行为政府融资)。我不知道违反了自身法律条款的货币联盟如何才能维持稳定。

表 3 经常项目余额(占 GDP 百分比)

	2012 年	2011 年	2010 年	2009 年	2008 年
爱尔兰	1.5	0.7	0.4	-2.9	-5.6
希腊	-7.9	-9.9	-12.3	-14.3	-17.9
西班牙	-3.0	-3.4	-4.5	-5.1	-9.5
意大利	-2.9	-3.6	-3.4	-1.9	-2.8
葡萄牙	-4.9	-7.5	-9.7	-10.7	-12.6

为避免这种问题,要么在德国和北方经济体实行大规模的扩张政策,大幅增加德国工资,要么减少北方对南方的财政转移。但是,欧盟经常出现的情况是,对改革的理性认知和必要性把握还不够。在下一个章节,我们将讨论欧盟和民族国家政府需要做出决定,进一步推进一体化进程,而不用向弱国大规模转移财富、危及民主以及社会模式。

二、走向监督联盟

欧盟领导人意识到需要在欧元区开展机制性改革。稳定公约,其目的就是确保财政纪律和经济稳定,但是却在两个方面遭到失败。一方面,类似西班牙和爱尔兰这样的国家尽管遵守稳定公约规则却遭遇严重危机;另一方面,类似希腊这样的国家明显违反规则,却一直在这么干。但是欧盟视而不见,以致这些规则未能发挥效用,产生了不平衡,欧元区也出现了历史性的高失业率①。

① 欧洲委员会 AMECO 数据库显示了 1999 年至 2007 年欧元区的就业机会增加 1370 万个(最初 11 个国家加上希腊)。但是三分之二或 890 万个位于边缘国家,包括爱尔兰、希腊、意大利和葡萄牙。

在许多方面，欧盟官方正在谋划后危机时代的机制建设，将对虚弱的经济体实施全面监控。其中一些举措很明显已经在一些危机国家特别是希腊得到运用。为换取欧洲金融稳定工具支持，希腊需要做出巨大转变，比如进行私有化和改变退休金制度安排。债权国对集体谈判权力的下放感到担忧，因为这可能破坏欧盟法规一直推崇的社会模式。

如同哈贝马斯指出的，“政府每年都应该受到检视，以评估债务水平、劳工市场去管制化、社会福利体制、医疗卫生体系、公共部门工资、工资比例、企业税率以及更多方面是否符合欧洲理事会的要求。”他还指出，这种监督可能是强者对弱者的监督。

在第二轮希腊救助计划实施前，希腊政治家和国家都受到令人惊讶的公开羞辱。经济社会危机引发的紧缩政策导致民众极为不满，在备忘录中确定的监督很难实行。救助希腊附加的条款包括以下内容：

2012 年在关闭或缩小一些实体的基础上，将 1.5 万名剩余劳动力转移到劳动力储备市场。劳动力储备市场的人员将在不超过 12 个月内获得基本工资的 60%（剔除加班和其他额外收入）。在此期限之后，他们将被开除。即将退休的人领取基本工资的期限可能从 12 月延长至 24 个月。劳动力储备市场人员获得的收入可以被看作是遣散费。

在德国，这种方法等于开除 15 万名官员，肯定会被看作是非法的。

《增长与稳定公约》是基于一种错误的观念，即公共债务很少、劳动力市场确保经济平衡发展而制定的，被认为是统管欧盟所有成员国财政政策的，对欧元区国家成员也具有效力。事实上，边缘地区的许多国家在 2008 年金融危机之后出现大规模经常项目赤字,不可能获得更多融资。①

2008 年金融危机引发了私营部门支出的迅速下降,加速了世界范围内公共部门开支的增加。欧洲委员会认为更大的公共部门赤字暂时是必要的,但是到 2009 年的时候需要为这些支持性的预算政策寻找一个"出口"。同时,也对稳定公约关于公共部门的借款提出更多的修改建议,并针对宏观经济的"不平衡"引入更多新规则。

对这些转变的官方解释是"协调"和"监督",但是它们并没有促进协调。真正的协调应该首先要求把欧元区宏观政策具体化,然后将不同国家的政策具体化。在提议的修改中却没有涉及上述内容。事实上,唯一聚焦上述政策的举措就是监督单个成员国,但是这也没有得到很好的阐述,关注中心往往是那些经济虚弱的国家,因为它们不遵守纪律导致了目前的危机。因此,整个一揽子解决方案忽视了协调的中心问题,即经常账户的巨大不平衡。

改革包括六条立法,在欧洲议会进行些微修改之后获得通过。前面四条立法通过"过度赤字程序"强化了目前的稳定公约,以及它的强制执行。后面两条立法采用"过度失衡程序"对宏观经济政策的其他方面施加类似的法律限制。令人鼓舞的是爱尔兰和西班牙危机与公共部门赤字没有关系,而是起因于私人资本流入。对上述立法的描述如下。

强化稳定公约:

1. 对稳定公约规则的新解释突出"过度"的公共债务以及年度赤字,引入自行裁量措施来纠正上述问题,纠正的速度也得到细化。唯一例外的情况是,成员国可以将赤字引入养老金项目,但是不能为社会住宅项目融资。

---

① 本章节其余部分出自 2011 年关于增长公约改革的欧洲备忘录,由本文作者起草。

2. 通过逐年提交稳定计划(包括结构性改革)来实施更大程度的监督,其中包括中期预算目标,以游说欧洲理事会接受其"谨慎"的财政政策。每个国家都必须遵守规则,公共开支增速不能超过 GDP 增速(因此任何意图效仿斯堪的纳维亚模式的做法将是非法的)。

3. 对强制存款进行处罚,对相关欧元区国家也予以罚款。由于"过度赤字程序"相对完善,制裁将更多地自动实施,欧洲理事会中的多数应该阻止处罚而不是诉诸处罚。

4. 成员国必须建立令人满意的预算框架。这包括会计制度、统计、与地区和地方政府的财政关系、预测习惯(但是欧洲理事会自身的预测并不令人印象深刻)、预算程度以及"财政规则"。尽管上述规则遇到很多困难,其中多数是美国现今遇到的公共金融问题(无疑德国在不久的未来也将如此),但是欧盟还是强烈建议限制预算数值。

过度失衡程序:

5. 建立一个包括"有限经济和金融指标"的记分机制。"显示"的门槛也将被确立。如果有国家越线了,将启动调查程序,但是不会有自动的警示。经济判断应确保所有信息,无论是否来自记分机制,都成为综合分析依据的一部分。将对成员国进行深入的评估,相关成员国将涉及"加强监督任务"和额外的报告。①

6. 处罚没有及时跟进。当过度失衡被发现后,将给予成员国

---

① 记分机制中提到的指数及其门槛可以查阅欧洲经济 2012 年 2 月临时性 92 号文件《宏观经济不平衡的记分机制》。如同预期的一样,其重点是外部竞争和信用限制。只有一项指数——失业率,涉及经济表现和失业门槛被设置在 10%。记分机制没有包括经常项目盈余和亏损,前者的门槛是 GDP 的 6%,这与德国及邻国的商业化出口促进很协调。赤字当然也有一个门槛,被设置在 GDP 的 4%。

相关“建议”。成员国的反应应该是及时的,应该使用所有可行的政策工具,包括财政和工资政策、劳工市场、产品和服务市场以及金融规范等。但是如果相关反应被证明是不合时宜的,应该实施强制的储蓄和罚金。必须明确处罚金额占其 GDP 的比例,以确保处罚是公平的。

当然,谋求为宏观经济建立一个司法框架是十分可笑的,甚至是荒谬的,任何对纪律有所了解的人都会产生这种想法。同时这个项目也是十分危险的,将威胁到弱小国家。不仅如此,还将影响到对政策的全面监督。很明显,使用的主要指数将反映出所谓的“竞争性”问题。欧洲议会以及一些欧盟成员国的批评已经促使取消了一些立法中的工资参考数值,但是弱小国家的工资水平和社会模式仍是该项目的目标。

许多类型的“不平衡”将不被列入新规则。这些包括:大量的私人财富和公共部门同时饱受债务困扰,从现在起未来 30 年内,欧盟国家工资增长速度与生产率增长速度不相称以及金融和企业领导人的薪酬远远高于普通人等。一揽子计划深刻体现在名为“欧洲学期”的一整套行政程序之中,将于每年的上半年发挥作用,也产生了两种政策,一种是关于宏观经济政策(稳定计划),另一种是关于欧洲委员会通常定义的结构改革(国家改革计划),以保护劳工、私有化和商业环境的宽松。

上述计划于 2011 年启动,它们已达到了预期,也就是无论是欧洲委员会对德国的建议,还是德国自己制定的计划,均因为巨大的贸易盈余没有发现任何问题。整个计划聚焦于进一步强化财政、劳工市场改革以及在经济虚弱国家通过“高价格和成本调整”措施来促进增长,换句话说,就是实行通货紧缩。

在第一个“欧洲学期”中,欧元区成员国实施的 17 个稳定计划,除了法国没有提议增加净出口外,16 个着眼于出口增长。这些计划(几乎所有都被欧洲委员会经济学家定义为“理性”)的一个总体印象是大幅增加对非欧元区国家的出口。可以肯定的是,这些措施被称之为“协调”是毫无疑问的,只有一个涉及纪律和监管的问题,其他则并非如此。

货币联盟的稳定、协调和治理条约,在2011年12月得到广泛认可并于是年3月签署,强化了所有这些纪律架构,严格了一些规则(比如剔除了公共债务最多不超过GDP 0.5%的规定),加强了一些其他规则的法律地位,特别是谋求给予财政限制宪法或准宪法的地位。不像此前的协议,此条约不会因为一到两个成员国的全民公投否决而受阻,只要17个欧元区国家中有12个同意即可通过。这主要是因为它是一个政府间协议。如果一个国家的民众或议会旗帜鲜明地予以反对,也将很难避免它们不受协议的约束。欧洲层面的联邦政府已经发展到了一个令人吃惊的程度。

持有上述态度的后果是,任何人都可以质疑增长推动通货膨胀。到2011年9月,欧洲委员会被迫降低对2011年和2012年经济增长的预期。它显示,“下调增长预期涉及所有成员国,表明成员国遇到了共同的问题以及经济增长动力的再挂钩”。

一个“共同的因素”源自欧盟委员会的持续限制政策压力以及多数成员国的政治领导人。另外一个则是未能有效应对希腊危机引发的若隐若现的金融危机。对“再挂钩动力”的再发现表明,真正的合作问题被那些依赖心理最强的弱国领导人所忽视。这是欧元区将继续采取的方式,大家开始质疑何时危机将被克服。不得不令人生疑,货币联盟还有没有保存的价值。

三、德国政策的延续性

哈贝马斯和费舍尔都正确地指出,德国对欧洲工程失去一定的兴趣。这也许解释了德国在应对不断升级的欧元区危机时的犹豫。但是,这不是说德国领导人在应对国际经济问题时的立场总是建设性和合作的。相反,德国往往是国际体系的破坏性力量。

欧洲货币体系是一个众所周知的事例。保罗·德格罗韦指出,德国联邦银行在20世纪80年代曾长时间遏制通货膨胀,使之不超过5%,力度要比同期美联储应对两位数的通货膨胀率大很多。德国在欧洲货币体系内的伙伴不能承受利率高于10%。德国官方认为,如果其他国家实施货币贬值,德国也准备适度提高利率,以减少德国进口成本并使德国经济紧缩一些,这可能是目前最容易招致批评的政策目标。另一方面,德国的伙伴正在使用贬值的方式应对通货膨胀,贬值意味着其经济战略的失败。有利于德国的政策,很大程度上可能破坏欧洲货币体系,也造成德国伙伴的损失。

30年前发生了一场自1945年以来最重要的经济事件,那就是"沃尔克冲击",德国在其中的作用不大为人所知。1979年年末,在通货膨胀率上升和美元急剧贬值的情况下,美联储果断地限制货币,使利率冲高超越通货膨胀率,导致美国两次走向衰退。其后果极大地改变了世界——发展中国家被拉进持续10多年的债务危机。正如杜梅尼和列维[①]指出的,"沃尔克冲击"就是"新自由主义的阴谋"[②],西欧实施的凯恩斯政策已不大可能成功融资。

很显然,这是服从于美国利益的决策,但是德国当局也是同谋。在1979年秋天,当美元在外汇市场直线下落时,沃尔克访问

---

① *Crises et Sortie de Crises.*

② 另一个重要的插曲是米歇尔·阿格利塔在关于欧元危机的重要分析《*Zone Euro*: *éclatement ou fédération*, Michalon Éditions》中指出的,德国政府拒绝对国际体系进行任何改革使得盈余国或赤字国为调整承担了系统性责任。

德国,要求德国联邦银行提供帮助。德国总理施密特和联邦银行总裁恩明格予以拒绝。恩明格表现出令人吃惊的自满,他告诉沃尔克,美国的货币冲击处于可控制中。沃尔克在离开德国时承认,“恩明格说的是对的——真正的决定性因素是货币冲击。”很难找到比这更煽风点火的事例,德国自身后来也没有免于受到飓风的影响。

我这样说并不是要给现在的德国领导层寻找借口,德国领导层当前的犹豫使得世界经济处于崩溃的边缘。但是不管怎么样,德国在应对宏观经济问题上有着教条以及不作为的长时间纪录。这种纪录在欧元区走向深渊之际并不让人感到乐观。

四、结　论

可能这里对欧元区危机的分析过于悲观。在整个危机期间,德国代表对其他国家的政策提出了非常明确的限制,这表明如果各国都严格遵守这些限制,德国可能接受“财政联盟”和欧元区高度一体化的治理。借用法国乐观主义的言辞,也可能建立一个更为“一致的联盟”,包括经济政府、协调的宏观经济政策等。这个建议从来没有得到仔细地阐述,主要是整合财政资源、在欧元区形成一个协调的预算政策,这对那些重债国家是可以接受的,因为它们必须要为过去毫无节制地行为赎罪。

从这方面来看,在应对危机方面的犹豫、延缓以及设置条件也许不无积极意义,它们可能促使那些处于衰退中的国家作出让步,从而换取德国也作出让步。但是如果德国领导人已经做好推广一个真正联邦方案的准备,他们将使其观点更加清晰。继续对弱小成员国的请求作出惩罚或不予回应,将可能导致欧洲工程的失败。

金融危机:反向的航行

赖海榕　赵　超*

2008 年,美国的次贷危机向全球扩散为世界金融和经济危机,至今已经接近 4 年,但是全球经济似乎还未摆脱困境,走上复苏和繁荣的道路。

危机爆发之初,所有的批评几乎一致指向放松管制的新自由主义,认为由于放松了金融监管,银行得以将大量贷款发放给没有偿还能力的客户,同时通过一系列衍生工具及其大规模的交易将这些有毒资产扩散到整个金融体系,以致在个别房地产融资企业倒闭时,美国金融体系陷入危机,进而导致全球金融体系和经济运行陷入危机。

然而如果全球经济体系的问题仅仅在于放松管制,那么解决问题是比较容易的。通过重新加强金融监管,设置托宾所建议的金融交易税等制度性的改革,配合增加流动性的短期措施,应该可以缓解危机的深化,并使全球经济逐渐复苏。

但是,世界各国特别是欧洲国家,因本次金融危机引起的后果和对这些后果采取的应对措施,却远远超出了反新自由主义的加强管制,而是走向了削减国家福利的方向,这是值得深刻反思的现象。

让我们考察一下欧洲国家近年来采取的危机应对措施,欧洲各国应对危机的具体情况由下表所示。

---

* 作者分别为中央编译局研究员、助理研究员。

欧洲各国应对危机的主要措施

国家	财政赤字预期	收缩公共领域	削减社会保障	增加税收	其他措施
德国	3%(2013) 0.35%(2016)	联邦政府部委减少开支30亿欧元; 公务员裁员1.5万人。	取消父母生育津贴; 降低失业补助。	征收核能税; 征收乘飞机税; 征收银行税。	推迟重修城堡。
丹麦	3%(2013)	公务员工资降低5%。	失业补贴发放时间缩短。	取消对家庭的减税措施。	
西班牙	150亿欧元(2012)	公务员工资2010年降低5%; 2011年冻结公务员工资增长; 部长工资降低15%; 裁员1.5万人。	冻结养老金增长; 取消对有新生孩子儿家庭的奖励金; 取消长期失业补贴。		私有化(机场、博彩)。
法国	3%(2013)	2011年公务员裁员3.1万人; 冻结国家公共支出规模; 减少10%的政府运作开支。	法定退休年龄提高到62岁; 减少对社保参保人员的报销额度。	取消税盾; 高收入所得税升1%; 提高对资本和投资的征税; 企业税收增加。	
希腊	4%(2011) 143亿欧元(2011) 240亿欧元(2013)	公务员工资增长冻结3年; 取消第13和14个月奖金。	延长平均退休年龄。	增值税增加2%; 增加对不动产的征税; 征收企业盈利税; 征收博彩许可税。	
爱尔兰	3%(2014)	公务员工资减少15%; 公务员裁员2.475万人。	最低工资标准降低。	提高收入所得税; 增值税增加2%; 征收房产税等。	

（续表）

国家	财政赤字预期	收缩公共领域	削减社会保障	增加税收	其他措施
意大利	2.7%（2012）	公务员工资增长冻结3年； 部委开支减少10%。		提高对股权和分红的征税。	
葡萄牙	4.6%（2011） 2.8%（2013）	公务员工资增长冻结4年。	设定社会救助最高限。	增值税增加4%； 提高收入所得税； 征收债券增值税； 对富裕企业的盈利征收附加税； 取消征税优惠； 征收烟、酒、燃料、奢侈品税。	减少公共投资； 减少教育支出； 私有化； 推迟公共投资。
捷克	4.6%（2011） 2.9%（2013）	院员和公务员工资减少5%； 其他参与公共运作的公职人员工资减少10%； 撤销部分岗位。	削减社会津贴； 退休改革； 医疗改革（包括提高参保费率）。	缩小住宅储蓄减税优惠； 增值税提高至统一税率19%（代替原来分为10%和20%的两种税率）。	简化私企解雇员工的手续。
罗马尼亚	5.9%（2010）	公务员裁员10万人； 公务员工资减少25%。	退休金降低15%； 失业补贴降低15%； 生育补贴降低15%。	增值税增加5%。	
英国	1.1%（2015－2016）	公务员工资增长冻结2年； 减少30万个岗位； 削减国家日常运行费用。	退休年龄提高至66岁； 社会津贴方面的开支减少120亿欧元。	所得税率提高； 增值税率增加2.5%； 征收银行税。	国防预算削减25%； 降低国债利率。

资料来源：http://www.touteleurope.eu/fr/actions/economie/euro/presentation/comparatif－l－austerite－en－europe.html。

由上表可以看出,欧洲国家应对危机的措施主要有三种,其中两种是为了减少开支,一种是为了增加收入。

1. 削减公共开支。欧洲各国政府都在努力减少公共部门的开支,特别是削减公务员工资,以及裁员。同时,国家对直接创造经济增长的计划减少投资或拨款。

2. 社会保障萎缩。主要包括延长退休年龄,减少失业补助的金额或缩短发放时限,降低各种津贴。

3. 强化税收。包括提高增值税,增收个人所得税或企业和资本所得税等。

此外,这些国家还采取了部分私有化和放松对私有企业管制的措施。这些措施的总体方向是缩减公共部门的规模,鼓励私有部门的发展,是朝向更多自由主义的。因此,随着危机的深入发展,新自由主义的问题反而变得次要了,危机引爆的更严重、更深层次的问题是国家不再能够承受公共福利的重负,以及公共部门规模太大的问题。欧洲在第二次世界大战以后长期致力于建立和扩大国家福利体系,是全球福利国家体系的典范;欧洲又是本次危机最深重的地区,并采取了最剧烈的措施来应对危机,二者之间的联系不是偶然的。这种联系,不仅体现在欧洲与世界其他地区的对比上,也体现在欧洲内部不同国家之间的对比上,在推进福利国家方面比较谨慎的国家如德国,以及在 20 世纪 80 年代经历过撒切尔主义的英国,危机的严重性相对较小,但是在希腊、意大利、西班牙、葡萄牙等国,国家福利体系给予公民的福利水平大大超过了国家财政能力,也是本次危机中形势最严峻的国家,不得不采取比其他国家更剧烈得多的措施,从而也引发了比其他国家更剧烈得多的街头抗议。

本次危机对中国的出口带来了压力,从而对整个中国经济体的运行造成了一定后果,但是从体制上看,中国经济与受危机直接影响的美国和欧洲相比，是差异很大的。中国既没有新自由主义的问题，也没有福利国家体系过度庞大的问题。中国的金融体系离市场化距离较远，能源、资源、通信、铁路运输开放竞争的程度也很有限，民营经济成分只占国内生产总值的50%左右，因此，中国还远远称不上新自由主义主导的国家。中国的国家福利体系近年来才开始逐渐推进，与欧洲国家半个多世纪以前就着手建立和发展相比，不可同日而语。因此，中国也远远称不上福利体系过度庞大的国家。但是，中国并非没有这次危机在其他国家所引发的问题，中国仍然有大量的效率低下的企业，其持续运行所依赖的是预算软约束。它们对中国经济存在潜在的严重威胁，如果不能得到有效解决，引发美国和欧洲金融和经济危机的机制同样会在中国发生作用。因此，中国需要未雨绸缪，并下决心推进体制改革。

国际金融危机对中国外贸的影响

王雪坤*

始发于美国的次贷危机演变为国际金融危机，对世界经济贸易造成了巨大冲击，对世界经济发展和经贸格局调整影响深远。中国深度参与经济全球化，与世界各国的经贸合作非常紧密，对外贸易也受到了严重的影响。

一、国际金融危机对中国对外贸易的影响

国际金融危机发生后，世界经济陷入低迷，发达国家经济增长不力或陷入衰退，2009 年世界经济下降了 2.3%；2010 年，欧洲主权债务危机持续蔓延，国际金融市场动荡，2011 年下半年世界经济再次滑坡；2012 年初一些地区显露恢复迹象，一些国家出现好的增长兆头。但欧债危机远未结束，国际金融危机影响深远，世界经济全面复苏仍是一个长期艰难曲折的过程。我国外贸发展进入转方式的关键时期，国内劳动力工资、原材料和能源价格、土地成本加快上涨，严峻的外部环境使进出口工作面临更多的困难。主

* 作者系商务部政策研究室副主任。

要的影响有以下几方面：

1. 外贸增长态势出现本质性调整

主要表现在两方面，第一，外贸高增长期进入尾声。“十五”时期我国外贸年均增长24.6%。“十一五”的前三年也保持较快增长。2009年，我国外贸下降13.9%，是改革开放30多年来最大的降幅；出口下降16%，进口下降11.2%，出口规模低于2007年水平。2010年外贸实现了恢复性高增长。“十一五”时期年均增长15.9%。2011年上半年增长25.8%，下半年增长19.7%，特别是最后几个月增速明显滑落。2012年1季度，外贸增长7.3%，增幅仅为1位数，全年可能前低后高，总体增幅将有所回落。第二，进口增速反超出口增速。在金融危机前的几年中，出口增速明显高过进口，贸易顺差逐步扩大，2008年达到峰值2981亿美元。危机发生后，出口增速低于进口，顺差逐步缩小，今年前两个月逆差42亿美元，一季度顺差6.6亿美元。这主要是由于我国经济增长快于其他主要国家，坚持扩大内需战略，国内需求和进口需求较为强劲。

2. 我国对发达国家出口明显受阻，新兴国家占我市场份额上升

发达国家是这次金融危机的重灾区，导致经济倒退、大批企业倒闭、失业增加，进口需求也明显降低。2009年发达国家经济下降3.7%，美国下降3.5%，欧盟和欧元区均下降4.3%，日本下降5.5%，我国对三大市场出口分别下降12.5%、19.4%、15.7%。2011年发达经济体再次陷入低迷或衰退，特别是欧债危机加剧，紧缩政策更加限制经济增长，我国对发达国家出口明显放缓。2011年，我国对美国出口增长14.5%，对欧盟出口增长14.4%，均慢于总体出口增速近6个百分点；对日本出口增长22.5%，快于总出口增速2个百分点。从各个经济体进口的角度看，2011

年,美国统计自中国进口增长9.4%,低于其总进口5.9个百分点;欧盟统计自中国进口增长3%,低于其总进口9个百分点。我国占美欧进口市场份额已经出现了下降的势头,在美欧市场份额分别下降1和1.25个百分点。美欧加快推进再工业化战略,美国实施出口倍增计划,引导制造业回归国内,都有助于缩减进口。一些欧美跨国公司在金融危机中调整经营策略,弱化依托中国制造向其他国家出口的作用,强化其在华企业开拓中国市场功能。2010、2011两年外资企业出口增幅低于总出口增幅3个和5个百分点。

新兴市场和发展中国家成为我国贸易增长最快的地区。2011年,我国对非贸易额超过1660亿美元,对拉美贸易额超过2400亿美元,我国向非洲、拉美出口分别增长21.9%、32.6%;自非洲、拉美进口分别增长38.9%、30.4%,都大大高于对欧美的贸易增速。我国对“金砖四国”出口增长27.3%、进口增长48.4%,在我国贸易中的比重上升0.4%和1.3个百分点。2012年1季度,非洲和拉美仍是我国对外贸易增长最快的地区。

3. 外贸企业遭遇前所未有的经营困境

我国外贸发展进入了从数量扩张型向质量效益提升型的关键期,外贸出口要在稳步增长中实现转型升级。国际金融危机爆发后,企业受到内外环境的双重夹击,普遍反映外贸形势的严峻程度超过了亚洲金融危机时期。外贸企业面对的客户发生很大变化,订单总量减少、单笔订单变小、订单周期缩短,对商品质量、交货期的要求更加挑剔,对价格更加敏感。2012年第111届广交会出口成交比2011年有所下降,机电和轻工产品下滑明显。浙江省商务厅外贸企业监测系统每月对1700家重点联系企业进行调查,2月份出口订单景气指数为102.1,连续第5个月处于微弱景气区间。出口订单同比增长及持平的企业比重自2011年4月份80.4%的高位开始一路下滑，至11月份后逐步趋稳，一直在70%附近，2012年2月份为71.2%。出口订单短期化现象仍然明显，三个月之内的短期订单占比超过一半的重点联系企业比重为57.3%。虽然企业提高了出口商品价格，2011年出口价格平均上升10%左右，但由于成本上涨更快，利润普遍下降，许多中小企业介于盈亏平衡点，或亏本维持经营。东莞市2012年3月对300家出口外向型企业进行调查，2010年这些企业的出口利润是5.7%，2011年下降为3.7%，2012年预计利润率再降0.8个百分点；纺织服装、制鞋、玩具等行业利润率分别下降2.5、2.6和1.4个百分点。

4. 我国面临更加激烈的贸易摩擦

历史经验表明，经济危机容易引发贸易限制、贸易报复甚至是贸易战。本次国际金融危机发生后，二十国集团（G20）峰会、世贸组织（WTO）贸易部长会议屡屡呼吁，反对贸易保护主义，慎用贸易救济措施，虽然没有发生明显的贸易摩擦泛滥，但欧美更多采用贸易救济措施，特别是针对中国的贸易纠纷加剧。2011年我国遭受贸易救济调查案件69起（2010年66起），美国对我国产品发起337条款调查16起。2012年以来，美国加紧对我人民币汇率施压，美国成立跨部门贸易执法中心，针对中国的意图非常明显；美国修改法律，允许对一个国家的产品既征收反补贴税又可以征收反倾销税，并把时间追溯到2006年11月20日，使得美国商务部针对中国产品作出的24个反补贴裁决合法化；短短数日内，美国商务部对我钢质高压气瓶、太阳能电池、镀锌钢丝、钢制轮毂、荧光增白剂等采取反补贴反倾销措施，其业界准备对我汽车零部件、不锈钢拉制水槽等发起“双反”措施。2011年，欧盟对我无线数据卡、三氯氰胺、铜版纸、不锈钢钢管采取贸易措施，对我铜版纸是首次采取“双反”措施。欧美在对我焦炭、矾土、氟石等原材料出口措施诉诸WTO后，2012年又将我稀土等出口措施诉至WTO。美欧这些贸易措施是不公正的,也带有很大歧视性,美欧的“双反”措施违反了WTO的规定,严重干扰了正常的贸易关系。2012年2月,世界第二大陶瓷卫浴展——西班牙瓦伦西亚陶瓷卫浴展,中国只有近20家陶瓷企业前往参加,而往年参加这个展会的中国商家有40多家,参展企业减少的重要原因就是欧盟对中国产品的反倾销。2011年中国陶瓷产品对欧出口额下降30%,2012年1月份同比下滑了15%。

二、克服金融危机冲击,实现外贸稳定发展

2012年政府工作报告确定的目标是,进出口额增长10%左右,国际收支状况继续改善。国务院常务会议研究了加强进口促进对外贸易平衡发展的政策措施。商务部、发展改革委、财政部等10部门制定出台了《关于加快转变外贸发展方式的指导意见》。2012年外贸工作的重点是,围绕“稳增长、调结构、促平衡”,保持出口稳定增长,进一步扩大进口,继续转变外贸发展方式。我们的重点工作是:

1. 保持外贸政策的稳定性和连续性

在财税政策方面,保持出口退税政策基本稳定,加大出口退税力度;在货币政策方面,保持人民币汇率基本稳定,引导企业采取积极措施应对汇率波动。积极开展跨境贸易人民币结算工作,扩大出口货物贸易试点企业名单。在金融政策方面,完善贸易融资业务差异化监管政策,支持商业银行增加对小微企业贷款。提高出口信用保险覆盖面。在贸易政策方面,加快加工贸易转型升级,引导加工贸易向产业链高端延伸、向中西部转移。

2. 适当扩大进口规模,优化进口结构

加强进口,是利用国内外两个市场、两种资源,缓解资源环境

瓶颈压力,以及改善居民消费水平,加快科技进步和创新的必然要求。国务院确定的主要政策有,调整部分商品进口关税,降低部分能源原材料进口关税,降低部分与人民群众生活密切相关生活用品的进口关税,降低战略性新兴产业所需而国内不能生产或性能不能满足需要的关键零部件进口关税;鼓励商业银行开展进口信贷业务,支持先进技术设备、关键零部件和能源原材料的进口,鼓励政策性银行对高新技术产品和资源类商品进口提供政策性金融支持,鼓励商业保险公司推出有利于扩大进口的保险产品和服务,推进跨境贸易人民币结算工作;提高贸易便利化水平,加快电子口岸建设;清理进口环节不合理收费,降低进口环节交易成本。

3. 转变外贸发展方式

转变外贸发展方式是一项长期任务。在金融危机背景下,重点推进结构调整。深入实施科技兴贸、以质取胜和市场多元化战略,支持企业培育自主品牌、营销网络和研发中心,稳定劳动密集型产品出口,扩大高技术、高附加值产品出口,控制高耗能、高污染产品出口。推进外贸“三项建设”,即外贸转型基地(产业集聚区、各类开发区、海关特殊监管区)建设、贸易平台(会展、专业市场、电子商务、进口促进)建设、国际营销网络建设。优化外贸“两个布局”,在稳定传统市场规模的同时,深度拓展新兴市场。力争到2015年,我国与除欧美日港以外的市场份额提高5个百分点左右;在稳定东部沿海地区外贸规模、支持东部地区加快外贸转型升级的同时,加快中西部地区外贸发展。力争到2015年,中西部地区外贸占全国外贸比重提高5个百分点左右。

中国应对金融危机的思路和做法

孙学工*

肇始于美国的本次国际金融危机对中国产生了较大和持久的影响,其不仅影响短期经济增长,也对中国现有的经济发展模式提出严峻挑战。中国应对金融危机的基本思路是立足现实、着眼长远,长短结合:一方面积极采取经济刺激措施,防止经济增长速度严重滑坡,保持宏观经济基本稳定;另一方面则加大结构调整力度,加快经济发展方式转变,重构适应新发展环境的新增长机制。

一、金融危机对中国的影响与中国的应对措施

本轮金融危机对中国经济造成了较大冲击。在金融危机从发端到集中爆发的2007—2009年间,中国的经济增长率(季度)由接近15%下滑到6.6%,下降了一半还多。其中作为中国经济增长重要动力的出口增速由20%以上下降到-20%左右。外商直接投资也由10%以上的增长速度,转为绝对下降。经济增长明显趋缓导致中国沿海地区大量中小企业倒闭,数以千万计的农民工

* 作者系国家发展和改革委员会经济所副所长、研究员。

失去工作机会被迫返乡。面对严峻的经济形势,中国主要采取了三方面的应对措施。

第一是加强了宏观调控,出台了应对金融危机一揽子经济刺激计划。首先,实施适度宽松的货币政策,通过公开市场操作、取消商业银行贷款规模控制和下调利率与存款准备金率等政策手段,明显改善了实体经济的货币信贷环境。2009 年新增贷款将近 10 万亿元,较上年增加了 4.7 万亿元。从 2008 年 9 月开始四次有区别地下调存款准备金率,合计调减 2.5 个百分点。五次下调存贷款基准利率,一年期存贷款利率分别累计下调 1.62 和 1.89 个百分点,较大幅度地降低了经济主体融资成本。其次,实行积极的财政政策,扩大政府支出。推出四万亿政府投资计划,主要用于基础设施建设、改善民生、推进节能环保、灾区重建和促进创新。在全国范围实行增值税转型,切实减轻了企业税收负担约 1200 亿元。再次,实施刺激消费增长的政策,出台了家电下乡和以旧换新补贴、降低小排量汽车购置税和节能惠民补贴等多项政策。截至 2011 年 11 月份,全国家电下乡产品累计销售 2.1 亿台,实现销售额 4874 亿元,发放补贴 556 亿元。四是加大了对出口企业的支持力度,在贸易信贷、出口保险、市场开拓等多方面对出口企业给予扶持,此外还提高了部分产品的出口退税率,取消了部分产品的出口税。

表 1　中国四万亿元经济刺激计划支出方向

支出方向	规模(亿元)	比重(%)
廉租住房、棚户区改造等保障性住房	4000	10
农村水、电、路、气、房等民生工程和基础设施	3700	9.25
铁路、公路、机场、水利等重大基础设施建设和城市电网改造	15000	37.5

（续表）

支出方向	规模（亿元）	比重（%）
医疗卫生、教育文化等社会事业发展	1500	3.75
节能减排和生态建设工程	2100	5.25
自主创新和产业结构调整	3700	9.25
汶川地震灾后恢复重建	10000	25
总计	40000	100

资料来源：国家发改委网站 www.ndrc.gov.cn。

第二是加快转变经济发展方式，加大经济结构调整力度。金融危机极大改变了中国经济的发展环境，要有效应对金融危机的影响，就必须对原有发展模式做出重大调整，把经济增长由过度依赖出口投资转向依靠内需和消费，由过度依赖资源和劳动力投入转向依靠创新和人力资本。为此，从2009年2月开始中国陆续出台了汽车、钢铁、纺织、装备制造、船舶、电子信息、轻工、石化、有色金属和物流等十大产业振兴规划，加大了经济结构调整力度，加快淘汰高能耗、高污染的落后产能，提升行业技术水平、产品档次和国际竞争力。在"十二五"规划中又提出大力发展节能环保、新一代信息技术、生物、高端装备制造、新能源、新材料、新能源汽车等战略性新兴产业，把战略性新兴产业发展成为先导性、支柱性产业。适应发展阶段和国际环境变化，中国还把促进服务业发展作为结构调整的重要主攻方向。

第三是着力改善民生。改善民生既是社会发展的需要，也是有效应对金融危机的重要政策措施。在危机期间，中国进一步完善了失业救济和最低生活保障制度，2008年2334万城市居民得到政府最低生活保障，比上年增加62万人；4291万农村居民得到政府最低生活保障，比上年增加725万人。各地还普遍提高了最低生活保障标准，多次提高离退休人员的退休金标准。在危机最严重的时期,政府还有针对性地实施了大规模的职业培训和就业创业辅导计划,提高失业人员的工作技能和就业能力。2009 年中央政府的社会保障和就业支出比上年增长了 20.2%。为减轻居民负担,提高消费能力和消费信心,政府还大大增加了对医疗卫生、教育等民生领域的投入,如和危机前的 2007 年相比,2011 年中央财政教育支出由 395 亿元增长到 3249 亿元,增长了 7.2 倍;医疗卫生支出由 34 亿元增加到 1748 亿元,增长了 50 倍。中国还加大了保障房建设投入,设立了“十二五”期间建成 3600 万套保障房的目标,中央财政对保障房建设的支出由 2009 年的 726 亿元提高到了 2011 年的 3822 亿元,增长了 4.3 倍。

二、中国应对金融危机的特点与经验

在以上各项政策的作用下,中国较好地抵御了国际金融危机的不利影响,在世界各国中率先实现经济复苏。自 2009 年 2 季度以来,中国的经济增长始终保持在 8% 以上,基本实现了经济又好又快增长的政策目标。中国应对金融危机是较为成功的,以下是其主要特点和经验:

*一是政策及时力度大。*中国是最早出台经济刺激方案的国家之一,且政策力度较大。面对危机,中国的决策与实施效率很高。2008 年 11 月中国就宣布通过了经济刺激方案,并在 2008 年四季度就开始付诸实施。而此时很多国家的刺激方案还处于讨论之中,真正作出决策多在 2009 年的 2 季度。到 2009 年,中国经济刺激方案中的项目特别是大量的公路、铁路建设和机场等基础设施项目就开始大规模实施。中国的这种实施速度一方面和中国所处的发展阶段有关,中国经济对基础设施等项目仍存在着大量的现实需求;另一方面也是由于中国注重长期规划,未雨绸缪开展了大

量前期准备工作,因而有较为充足的项目储备。此外,中国各级政府的组织动员能力较强也是重要原因。从政策力度上看,中国的一揽子刺激方案达到了当年度 GDP 的 6% 左右,在世界各国中也属于较高的。

二是把短期调控和长期发展有机结合。中国领导人较早地认识到金融危机不仅仅是对经济运行的短期冲击,而且是对中国以往发展模式的冲击,有效应对危机就必须要改变过去不平衡、不协调和不可持续的发展模式。因而中国把加快转变经济发展方式作为应对危机的重要举措。采取了一系列结构调整措施,以扩大内需,发展战略性新兴产业和服务业,鼓励技术创新,缩小地区差距。因而中国的经济复苏并不是在旧有发展轨道上复苏,而是力图走一条绿色平衡创新复苏之路。这一努力取得了一定的成效。在绿色低碳发展方面,中国在实现经济快速复苏同时,基本实现了单位 GDP 能耗下降 20% 的目标,风能、光能等新能源产业发展迅速,中国目前新增风电装机已居世界第一。在外部平衡方面,目前中国外贸顺差占 GDP 的比重已由危机前的 8% 下降到了 2011 年的 3% 以下,基本实现了经常项目收支的平衡。在创新方面,2008 年以来中国研发投入年增长率都在 20% 上,研发投入已跃居世界第二位,研发投入占 GDP 的比重也由 1.52% 上升到 2011 年的 1.83%。在地区和收入平衡方面,地区间和居民间收入差距不断扩大的势头得到初步遏制,在复苏过程中,中国中西部地区的经济增长速度已经明显快于了东部地区。近年来,农村居民的收入增长速度也开始快于城市居民。2011 年农村居民人均纯收入比上年增长 17.9%,扣除价格因素,实际增长 11.4%;城镇居民人均可支配收入比上年增长 14.1%,扣除价格因素,实际增长 8.4%。2012 年第一季度居民收入这种农村快于城市的格局仍在持续。

三是将经济建设和制度建设有机结合。中国认识到要克服旧有发展模式中不平衡、不协调和不可持续的问题,需要强化制度建设。因此,中国不仅投入大量资金用于经济建设,还投入了大量资金用于各项制度性建设,特别是出于短期需要和长期发展的考虑,加快了社会安全网的建设。在应对危机过程中,中国不断加大各项社会保障制度的覆盖面,提高保障水平。2008 年到 2011 年间,参加城镇基本养老保险人数增长了近 30%,参加城镇基本医疗保险的人数增长了近 50%,失业保险参保人数增长了 15%,新型农村医疗参合率提高了 6 个百分点,达到 97.5%,已接近全覆盖。而新型农村社会养老保险从无到有,发展迅速,2011 年底参保人数已达到 3 亿元多人,接近全部农村人口的一半左右。制度建设特别是社会安全网建设的推进使中国经济自动稳定器的功能开始发挥越来越大的作用。

表 2　各项社会保障制度进展情况

	2008 年(万人)	2011 年(万人)	增长(%)
城镇基本养老保险	21890	28392	29.7
城镇基本医疗保险	31698	47291	49.2
城镇基本医疗保险农民工	4249	4641	9.2
失业保险	12400	14317	15.5
新型农村养老社会保险	0	32643	
新型农村医疗参合率	91.5%	97.5%	6 个百分点

资料来源:国家统计局 2007—2011 年经济社会发展公报。

三、中国应对金融危机的教训

在看到中国应对金融危机取得积极成效的同时,也要看到受到一些主客观因素的制约,也有一些应对危机的政策措施效果不尽如人意甚至产生了较大的负面影响,其教训需要认真汲取。教训之一是在应对危机过程中，有些领域的基建项目摊子铺得过大，新开工项目数量过多，结果一旦宏观形势发生改变，政策取向调整就容易导致项目资金紧张，产生“半拉子”工程、“烂尾”工程，造成很大的浪费。同时基建项目摊子过大也导致了一些地方政府或其融资平台盲目借债过度负债，蕴含了一定的金融风险。教训之二是在应对危机过程中，未能有效控制房地产等资产泡沫的发生发展，一些地区房价上涨过快，大大超越了合理房价水平和普通居民的购买力，结果既造成了严重的社会问题，也加大了经济波动的风险。教训之三是对中小企业和民营经济的发展支持力度不够，导致中小企业和民营经济在危机中受到的不利影响更为严重。尽管在应对危机过程中，也出台了一些支持中小经济和民营经济的政策措施，但由于惯性思维和缺乏细则等各方面的原因而贯彻落实不力。教训之四是一些关键领域的改革进展相对滞后，影响到了经济增长的质量和效率。如垄断行业改革、资源价格改革近年来总体进展不大。

资本主义危机与欧盟的经济社会问题

诺拉·舒特佩尔茨*

本文主要阐述对欧洲当前所面临危机的看法以及欧盟应对危机所采取的措施，并重点讨论危机的影响和欧盟及其成员国的应对政策，以及有关欧盟制度模型和围绕一体化所进行的争论的后续思考，并简要述及金融危机等全球性挑战背景下，对欧盟在各大国际力量中角色变化的看法。

我会论述尽管存在目前的危机，或者说得益于目前的危机，欧洲一体进程仍在进一步深入。不过，我也会指出，由于经济和社会的失败以及民主的缺失，整个欧盟计划仍可能失败。

一、对危机的看法和欧盟应对措施

在欧洲，人们普遍认为此次危机起源于以雷曼兄弟公司破产为标志的银行业危机，并在过度的政府公共开支等因素综合作用下最终发酵成当前困扰欧陆的主权债务危机。不论这一观点正确与否，政府已采纳了基于这一假设的政治和经济措施。

---

* 作者系欧洲议会左翼党团主席洛塔尔·比斯基博士政治顾问。

当然,也有经济学家明确指出了其他一些主要原因:如为了增加资本利润和促进资本增长而不断压低工资导致的内部需求不足,以及随之产生的公共和私人债务问题。但这些都不是主流观点。

因此,各种旨在削减政府开支、对20世纪末以来放松监管的银行和金融市场加强监管的立法和协议的出现,并不会让人感到意外。虽然在围绕危机本身的争论中,有观点认为资本主义已被自身意识形态所击败,但人们还未考虑放弃资本主义或新自由主义理念。而资本主义可能再次证明其适应新情况的能力。

很少被提及的是:欧盟一体化已达到前所未有的深度,并且一体化进程还将继续推进。欧洲精英们一致认为,只有进一步加强一体化才能战胜危机,并使欧洲在政治和经济领域继续保持国际领先定位。

如果考虑到在气候变化、可持续发展、技术革新、人口结构变化、能源和原材料安全等全球挑战,以及金砖国家迅速崛起冲击原有全球治理体系秩序所带来的现实挑战中加强合作的需要,上述共识更加明确。然而,由于缺乏协调一致的财政、税收和经济政策,欧盟作为货币联盟运转困难,这一点不仅备受左翼批评,决策者们也都认识到了问题所在。

自危机爆发以来欧盟采取的具体步骤印证了上述观点。此外,欧盟在落实二十国集团(G20)匹兹堡金融监管的承诺方面步幅很大。

在研讨会上,我并未一一列举欧洲相关立法和协议,只是将它们归为以下几类:

重新对金融和银行部门进行监督和监管;

为救助希腊、葡萄牙、爱尔兰而设立的已经到位的财政援助和稳定机制,以及未来的永久性欧洲稳定机制(ESM);

对财政、税收、预算以及其他方面经济政策采取的监督和协调;

为设立欧洲债券、金融交易税或共同统一公司税基的相关提案。

接下来我要概述一下欧盟范围内在金融市场监管和“经济治理”方面的一些关键措施。

欧盟自2009年以来通过的关于危机的法案以及正在讨论的提案:①

1. 银行家奖金上限和更严格的资本要求法案(2010年7月)

新规定对银行家的预付现金奖金上限进行了限制。欧洲境内所有银行都需根据法案设定其职员基于工资的奖金。此外,针对银行交易活动以及再证券化活动的新资本要求规定将确保银行很好地规避投资交易活动中的风险,如那些处于危机漩涡中心的住房抵押贷款证券。

2. 对金融机构的监管法案(2010年9月)

该项法案设立了四个新的具有约束力的权力机构:三个新的欧洲监管局,即欧洲银行业管理局、欧洲保险与职业年金管理局和欧洲证券与市场管理局和欧洲系统风险局。欧洲系统风险局旨在取代目前的欧盟咨询委员会以监控整个金融部门的风险。这些新的监管机构从2011年1月1起正式成立,在解决各国监管部门的争端和分歧时,它们的决断具有约束力。他们还可以禁止高风险的金融产品和活动。②

---

① 还可参见:http://ec. europa. eu/economy _ finance/economic _ governance/index _ en. htm, http://www. europarl. europa. eu/news/en/pressroom/content/20111205BKG33270/html/The-European-Parliament-2009-2011-key-legislation-approved-by-MEPs。

② 其目标在于在早期阶段识别系统中的风险并通过在欧盟层面加强监管以更有效地应对紧急情况,确保金融稳定。这些监管部门将设在法兰克福、巴黎和伦敦。欧洲央行行长将兼任5年风险委员会主席。

3. 对冲基金、私募股权基金等另类投资基金指令法案(2010年11月)

该法案旨在通过将欧盟所有另类投资基金的管理人员置于具有约束力的权力机构和监督体系下,以促进投资者保护和金融稳定。新规定要求,在其他欧盟国家进行基金营销需持"护照"。①

4. 对卖空和信用违约掉期的监管法案(2011年11月)

该法案旨在加强对卖空和信用违约掉期交易的约束,因为这两者常为市场不稳定推波助澜。信用违约掉期"裸交易",即在没有与掉期交易相关债券参与的情况下单纯买卖信用违约掉期的交易,将在一定程度上被禁止②。前文提到的欧洲证券和市场管理局能够禁止卖空行为,并要求有关机构采取特殊措施以应对困难情况。该规定将于2012年11月生效。

5. 欧洲市场基础设施监管规则:金融衍生品交易管理法案(2012年3月)

该法案规定,一切金融衍生品交易活动(如远期合同交易)都需经过买方和卖方间的中央交易者之手,这个中间交易者将确保买卖双方获得他们应得的东西,即使一方陷入困境。目前,大多数衍生品交易直接在买方和卖方间完成,因此许多交易甚至未登记,更不要说一方交易失败时,另一方能否得到相应的保护。

所有衍生品需在中央登记处登记,这样一来,监管机构就能更好地了解衍生品市场的全貌,并在某家金融机构出现困难时降低

---

① 该规定涵盖了持有投资超过1亿欧元的基金机构,包括对冲基金、私募股权基金、商业基金、房地产基金和基础设施基金。

② 主权债务市场已不再正常工作的情况除外。而所谓的"裸卖空"是指在尚未确定能否借入股票的情况下对股票的卖空行为,新规定要求交易者必须持有股票,或者有一个"合理的期望"来证明他们能够从相关方借来股票。

市场不确定性。这些规定旨在减少被受困金融机构“传染”的风险,并提高衍生品交易的透明度,并对可能实施的金融交易税具有重要意义。

6. 金融工具市场指令修正案(2007 年生效,2013 年修订完成)

该修正案旨在通过增加对高频贸易的控制和限制、增加对原材料衍生品交易的报告要求和持仓限额、减少对原材料的投机机会、加大欧洲证券和市场管理局的监管职能来对金融工具的交易进行重新规定。

7. 关于经济治理

(1)“六部法案”(2011 年 9 月)。指为处理财政问题以加强欧盟经济治理的六部立法。包括对现有的欧盟《稳定与增长公约》进行了较大修改,从而发现和应对欧盟和欧元区宏观经济不平衡问题。今后,不光在赤字和债务方面会加强监管,对宏观经济不平衡方面的监管也会加强,如房地产泡沫、竞争力丧失、贸易不平衡问题等。并且,新的监管更加注重采取预防性措施。制裁将是半自动式,即在欧盟委员会已起草了制裁措施后,政府可以同意暂不实施,这和以前的做法正好相反。违反财政纪律的国家将会被处以罚款。欧盟委员会还将对国家财政和预算政策拥有更大的监督权。公共债务超过国内生产总值 60% 的国家需每年将债务降低 5%。

(2)“两部立法”(正在讨论中)。欧盟委员会在 2011 年 11 月 23 日还提出了加强对所有欧元区成员国预算过程的协调和监督的草案,尤其是对那些赤字过多国家、正在经历金融不稳定或存在金融不稳定风险的国家以及正在实施财政救援计划的国家加强协调和监督。

8. 稳定机制

为确保欧元区整体的稳定、协助遭遇财政困难或严重失常压力的成员国,欧洲建立了一些临时机制作为阻止困局恶化的最后手段。而欧洲稳定机制则是一个永久性的机制,于2012年7月1日正式批准生效。

(1)对希腊提供金融救助。为应对希腊破产这一迫在眉睫的威胁,欧盟成员国于2010年5月2日与国际货币基金组织一道建立了一个特设机制,对希腊提供1100亿欧元双边贷款形式的财政援助。2011年7月21日,17个欧元区国家的元首或政府首脑通过协议对希腊进行第二轮救助,以缓解希腊债务危机,并确保欧元区作为一个整体的金融稳定。协议包括为希腊提供新的价值1090亿欧元的财政支持计划,银行以及保险公司等私营部门本着自愿的方式参与对希腊的第二轮救助,延长第一轮救助贷款的还债期限,降低贷款利率。

(2)临时金融支持机制。欧洲金融稳定机制(EFSM)可从27个欧盟成员国筹集600亿欧元。而欧洲金融稳定基金(EFSF)则是一个政府间机构,最高可从成员国筹集4400亿欧元。国际货币基金组织决定为配合这些机制向欧元区国家提供2500亿欧元的财政支持。爱尔兰和葡萄牙已分别从这些机制获得了850亿欧元和780亿欧元的援助。2011年7月21日欧盟首脑会议发表的声明表示,要继续加强目前的欧洲金融稳定基金(EFSF)和未来的欧洲稳定机制(ESM)的作用,坚持欧元区的财政整顿和增长,并加强欧盟经济治理。

(3)永久性的欧洲稳定机制(ESM)。按照既定计划,欧洲稳定机制该于2012年7月1日生效,比最初计划提前。但目前还需各成员国的批准。它将取代欧洲金融稳定基金和欧洲金融稳定机制履行稳定欧洲金融系统的职能,并拥有5000亿欧元的借款能力。

9. 旨在协调经济和财政政策的"欧洲学期"机制

这是协调经济政策的新途径。第一个"欧洲学期"于2011年上半年首度付诸实践。各国政府在下半年,即其"国内学期"起草预算草案并提交各自议会讨论前,先在欧盟层面讨论财政政策、宏观经济失衡问题、金融部门的问题以及促进增长的结构性改革问题。欧盟委员会、欧盟执行机构与欧洲理事会代表各国政府审查各国预算,实际上意味着审查各国在社会和卫生系统、工资、公共投资等方面的支出。

年度周期从欧盟委员会公布年度增长调查时开始,该调查对欧盟层面和各成员国需要采取的优先行动给予广泛的指导。根据该调查,各成员国对其财政计划提出"稳定与集中计划"并提出旨在进行结构性改革的"国家改革计划"与相关措施以刺激增长和就业。

欧盟委员会将基于对财政、宏观经济和结构性政策的综合分析对各国提交的计划进行评估,并在此基础上对各国提出具体的政策建议。2012 年 6 月欧洲理事会讨论了这些建议,并予以采纳。

10. 确立经济优先权的欧元附加协定(2011 年 3 月)

为进一步推动治理改革,包括欧元区以外的保加利亚、丹麦、拉脱维亚、立陶宛、波兰和罗马尼亚的 6 国在内的 23 个欧盟成员国于 2011 年 3 月签署了"欧元附加协定"。

该协定要求缔约方承诺对竞争力、融合程度甚至各自国力进行更有力的经济协调,具体目标需征得各方同意并每年提交国家元首或政府首脑审查。欧元附加协定已纳入上述"欧洲学期"制度,欧盟委员会负责监督承诺的执行情况。

该协定还包括税收协调目标和取消工资指数化。"债务刹车"的内容未纳入其中,但被纳入在财政协定中。

11. 欧洲 2020 战略:实现智能、可持续性和包容性增长(2010 年 6 月)

欧元附加协定是根据欧盟层面通过的"欧洲 2020 战略"所确

立的经济优先权有关框架制定的。该战略确定了在就业、创新、气候和能源、教育和社会等领域的目标。它继《里斯本条约》后确立了七项“旗舰创意项目”:“欧洲数字化议程”、“创新联盟”、“青年人流动”、“资源效率型欧洲”、“全球化时代的工业政策”、“新技能和就业议程”、“欧洲反贫困平台”。这些项目一直遭到左翼的强烈批评,因为它的具体建议过于集中于经济竞争力层面,但却未涉及解决社会问题所需的实际财政投入等内容,虽然在字面上有所提及。

12. 设立稳定债券(即欧元区债券)的提案(正在讨论中)

2011 年 11 月 23 日,欧盟委员会发布“引入稳定债券可行性绿皮书”①,设置了三个主要选项:一是在欧元区范围内发行“稳定债券”,17 个成员国提供共同担保。二是发行有限的优先“稳定债券”,“稳定债券”按一定比例取代各成员国国债。三是用“稳定债券”取代部分成员国国债,但该债券仅能从各国政府获得一定程度的担保,而非欧元区共同担保。

13. 建立“共同统一公司税基”的提案(正在讨论中)

这一提案旨在建立一套单一的规则,使在欧盟范围内经营的公司可以用它来计算其应纳税的利润。换句话说,公司或符合资质的公司集团只需根据欧盟系统的统一规则来计算其应纳税所得,而不是根据它们开展业务的不同欧盟成员国各自的规则来计算。

14. 欧洲经济货币联盟稳定、协调与治理公约(预计 2013 年生效)

已有 25 个成员国签署了该项所谓财政契约,但它需得到至少 12 个成员国批准才能生效。

该契约的主要目的是建立一个更为紧密的财政联盟,包括对

① 发布该绿皮书旨在就设立欧洲稳定债券问题进行更为广泛的探讨。

国家预算和预算规划采取更有力的监督、在国内宪法中引入平衡预算规则,即"债务刹车"机制等。这一公约对相关事务的规定要比以往法案或协定更加严格。

但合约也饱受诟病,一方面在于根据合约,国家议会无法控制该国的预算权,但同时又没有一个相应的或更高层的机构对预算权进行民主控制。另一方面由于作为政府间达成的合约,欧洲议会其实并未参与。此外,人们担心紧缩政策会随着该合约生效而取得合法地位。

上述政策措施绝非完美,法案的某些细节一直受到左翼政治家的批评,如它们缺乏强制性、设计得不够好、缺乏充足的资金或人员支持等,还有一些人自始至终对法案持反对态度。最大的问题在于,决策越来越多地在政府间进行,这一决策过程规避了欧盟立法的所谓"同盟途径",即把欧洲议会排除在外,换言之,把应有的各成员国共识排除在决策过程之外。

但简单地说,以上步骤实际上也意味着更深层次的一体化。比如,财政或预算政策原本属于一国的专属权限,是欧盟协调一致政策无法染指的领域。仅仅在几年前,金融市场才因事实上的开放、不受监督或监管而实现了"欧洲化"。

然而,尽管我用了这么多事例来佐证欧洲一体化在危机中进一步深入这一观点,但欧洲一体化,或言欧洲化或欧洲统一的进程仍可能中断。其中,两方面挑战愈发明显:

1. 经济、社会失败

当前的经济政策似乎并不为大多数人谋利益。但认为只有银行被救助了而没有人救助普通百姓是过于简单化的看法。欧盟委员会 2012 年 5 月 11 日公布的经济预测报告显示①,2012 至 2013

---

① 欧盟委员会春季预测报告:《通往缓慢的复苏》。

年欧洲经济复苏将非常缓慢。同一份统计数据表示,9 个欧盟成员国 2012 年的 GDP 增长率可能为零或者负增长。只有 3 个国家的赤字低于其 GDP 的 1.5%。14 个国家政府赤字超过其 GDP 的 60%。27 个欧盟成员国中,4 个国家尚未采取任何措施处理过度负债问题。欧盟的失业率在未来两年内都将保持在 10.3% 左右。

不仅希腊处于违约边缘,欧盟形势依旧脆弱,成员国间在增长速度、基础设施、融资成本、社会保障水平、贫困水平、公共财政以及失业率上的现有差距短时间内还难以消除。希腊、葡萄牙、西班牙、爱尔兰实施紧缩政策以获得欧盟救助,其他欧盟国家也采取了相应政策,导致那些对危机不该负责的民众不得不承受削减社会开支、公共投资缺乏、工资减少、社会转移以及工作不安全感的影响。

希腊是一个极端的例子——失业率高达 20%,年轻人失业率甚至达到 50%,而最低工资标准被削减了 22%,25 岁以下年轻人的最低工资标准被削减了 32%。类似的趋势在西班牙同样存在。但即使是在瑞典,这个一直被认为是社会主义程度最高的发达国家之一,年轻人失业率也达到了 20%。虽然奥地利、卢森堡、荷兰和德国可以声称其失业率低于 6%,但这一数据在地方层面则从不足 2% 到 17% 不等,比如,德国的东北部的梅克伦堡—前波美拉尼亚地区失业率为 12.5%,但巴伐利亚地区则是 3.7%。

当然,欧盟国家的民众一向享有比世界其他地区国家更高的福利待遇。在过去的几十年里,社会制度是相对可靠的,这一定程度上也是由于为了同“另一种”经济模式竞争,欧洲国家在第二次世界大战后,尤其是冷战期间加大了彼此间合作。无论如何,社会福利水平目前面临重大调整,冷战后兴起的新自由主义学派和其政策建议并未消失。相反,一旦称其对“巩固国家财政”或“提高竞争力”必不可少,相关政策建议一定程度上就更容易被采纳。

因此,虽然社会动荡还未大规模爆发,但由于前景不太乐观,社会不安全感和真实的经济挫败感(收入、社会转移、公共服务等方面)连同其他因素正在使不满情绪持续上升。我比较愿意稍后谈一下是否欧盟所取得的社会成就越少,欧盟的模式对世界其他地区的吸引力就越低。

2. 信任危机

欧盟所面临的另一个主要挑战在于公民信任危机。近来,受危机和应对危机的政策的影响,法国、希腊、荷兰、爱尔兰等欧盟国家正在经历政府变革。以"占领运动"、"愤怒运动"为代表的社会运动说明,广大民众认为"现行政策并不奏效"。

更为糟糕的是,自 2008 年金融危机爆发以来,欧洲各国的右翼政党和民族主义势力似乎在整个欧洲重新抬头①,其中法国的例子尤为突出——在刚刚落幕的总统大选中,极右翼国民阵线候选人玛丽娜·勒庞在首轮投票中获得 18% 的选票,仅次于社会党候选人奥朗德和前总统萨科奇。

有一个原因似乎非常明显:政府,尤其是民粹主义政党往往非常乐于陈述自身竞争力、重要性、优点和成就,从而宣示导致不尽人意情况的责任应由欧盟承担。这种宣传政策毫无疑问催生了反欧盟、甚至民族主义情感。

然而,除了上述尚待解决的经济问题外,欧盟陷入信任危机的另一大原因在于,设计或执行应对危机的政策及推进一体化进程时一直存在着民主和透明度欠缺的问题,然而这些政策很大程度上不是欧盟制定的,而是各国政府制定的。

欧洲和中国不同,欧洲没有五千年的文明史可以借鉴。然而,

---

① 《是什么让欧洲议会具有政治权利?》,提罗·杰森研究,2012 年 1 月(仅限德国)。

欧洲也拥有自己独特的历史文化，其中包括19世纪大革命时期产生的自由、平等、博爱精神，以及随后逐步发展起来并被纳入宪法、深入人心的公民权利意识。欧洲人不仅习惯于高生活水平和高福利待遇，而且拥有更为广泛的民主参与权。在欧洲，政治合法性很大程度来源于社会凝聚力加上民主透明度和参与权。缺少上述因素的任何政治计划长远来看都将注定失败。

在旧的民族国家模式中，这些权利虽或多或少得以制度化，但尚未充分融入现代的跨国界、多层次（如欧盟或全球）决策过程中。欧盟在公众生活中扮演的角色越重要，公众对问题的认识越深入，要求解决民主和透明度缺失问题的呼声就会越强烈。

二、结　论

2009年10月，欧洲议会设立了金融、经济和社会危机特别委员会，2011年7月6日议会全体会议表决了该委员会提出的最后一份报告①，其工作宣告完成。该报告得出的一项关键结论是，政府对危机的反应使它们尚未达成也无法达成解决危机的可持续方案。进一步推进政治和经济一体化，同时解决民主赤字和公信力缺乏问题是唯一有希望的战略。

毫无疑问，在当前短视的民族主义论调占据公共领域情况下，未来欧洲可能或者说似乎更倾向于采取其他的、同时是前途更渺茫的发展路径。最坏的情况表明，民族主义思想会导致合作和整个一体化进程的失败。其他人预测，可能会出现双速或多速发展的欧洲，这样的欧洲由一些核心国家组成内圈，一些边缘国家处于

---

① 参见 http://www.europarl.europa.eu/document/activities/cont/201109/20110901ATT25750/20110901ATT25750EN.pdf。

外围。一些人认为,货币联盟会分裂或终结,但由于其负面影响,目前没有相关政党支持这一观点。

尽管部分由于金融危机,欧洲一体化是在进一步深入。越来越多的政治家认为在目前的财政和经济联盟外建立一个政治联盟是十分必要的。这种一体化将继续在社会和民主层面发展。比如,财政契约这类政府间协调方案,如果一直缺乏应有的民主监督、各国政府承担的义务不平衡,那么这样的契约必定是过时的,长远来看不会被人们所接受。然而,从长远看,欧洲一体化进程必须由能够带来经济社会成功的政策所引导,与此同时,欧洲一体化的合法性必须通过强化民主结构、提高参与度和透明度来加以保障。

国际金融危机与资本主义经济制度演变

桑百川[*]

美国等资本主义国家应对金融危机和经济衰退的手段，本质上是通过对私有权的限制或对私有权的局部剥夺来缓和社会经济矛盾的。这表明：单纯的私有制经济已经不能适应现代社会化大生产的需要，资本主义经济制度正在不断演化变革。未来资本主义发达国家还会在金融危机、财政债务危机与私有制的矛盾纠葛中运行。

一、金融危机与自由主义经济学破产

美国金融风暴席卷华尔街，波及实体经济，冲击全球经济。这场金融风暴的实质是自由主义经济主张泛滥的结果。

早在20世纪30年代以前，古典政治经济学就极端崇尚市场这只“看不见的手”的作用。在自由市场经济下，呈周期性爆发的经济危机，特别是1929—1933年西方经济大危机，彻底粉碎了自由主义的神话。此后，罗斯福新政、凯恩斯主义问世，西方捡起了

* 作者为对外经济贸易大学国际经济研究院院长、教授。

政府干预的工具,陆续放弃了纯粹自由主义经济学的主张。

由于不存在完全竞争的市场结构,存在公共产品的市场领域,存在外部性问题,以及私人信息不完全等原因,市场机制自发的作用往往产生“市场失灵”。为了弥补市场缺陷,矫正市场失灵,政府干预不可或缺。西方长期采用凯恩斯主义的政策主张,实施扩张性财政政策刺激社会有效需求,的确对于缓解经济衰退产生了积极作用。然而,实施扩张性财政政策也积累起巨大的财政赤字和债务,成为政府和社会的包袱。在20世纪70年代末以来,为了甩掉财政包袱,撒切尔主义盛行,西方大量实行私有化,出售国有企业,新自由主义逐渐成为主流的经济主张,政府放松了经济干预。

在新自由主义经济政策主张下,金融创新迅速发展,虚拟经济的泡沫越吹越大,但却疏于对金融创新的风险监管,终于酿成华尔街金融风暴,演变为全球金融危机。

金融创新本身并没有错,错在与实体经济之间的反差越来越大,才会出现所谓的经济泡沫。实体经济与虚拟经济之间存在密切关联,实体经济决定虚拟经济,虚拟经济为实体经济服务。超越了这一限度,就会产生问题。

生产是为了满足消费需求,产品价值在市场上得到实现,以获取利润。为了使产品价值得到实现,人们首先是在流通领域中做足了文章,千方百计改善流通活动,建立营销网络,改进流通技术,缩短流通时间,扩大流通空间,改善交通运输设施,拓展更加广阔的市场。当生产无限扩大超过社会有支付能力的需求时,金融创新又为扩大需求服务,提供消费贷款,刺激超前消费,当消费者缺乏支付能力时,银行卖力地为消费者提供贷款,可以延期付款,甚至实行零利率。于是,越来越多的事实上已经破产的负债家庭出现,银行当然知道过度放贷的风险,为了降低风险,银行资产证券化迅速发展,资产评估机构粉饰银行资产证券的信用,鼓动世界踊跃购买,银行债权证券化后打包出售给世界各国,银行风险由全球分担;保险公司为了拓展业务,甚至过度担保,银行风险也转嫁到保险公司。在金融创新中,1929—1933 年大危机后实行的传统银行业务与投资业务分离的分业管理原则被打破,众多银行开始拓展投资业务,创投公司飞速发展,金融泡沫越吹越大,在表面上一片繁荣的背后,是流通活动和金融创新支撑着虚假的需求,生产与真实需求脱节,银行等金融机构的资产质量下降,风险日益凸显。

当支付链条断裂,金融风险立即显现出来,金融恐慌在迅速开展蔓延,整个金融帝国崩塌,金融危机到来,并由全球各国埋单。金融危机不可避免地波及实体经济,最终归于实体经济本身的真实状态,这一过程中经济衰退,失业率攀升,老百姓不得不承受金融寡头们制造的灾难!

自由主义经济学的泛滥,为削弱政府对无节制的高风险金融创新业务监管提供理论依据,任由市场失灵,成为金融危机和经济危机的帮凶。金融危机和经济危机的爆发,已经证明自由市场本身不是万能的,存在着市场失灵,自由主义经济学的主张已经破产。

二、金融危机的本质仍然是生产相对过剩

人们高度关注金融监管问题,希望找到协调金融深化与金融监管的方法,既要继续发挥金融创新支持经济发展的功能,又要避免再次发生类似的金融危机。当人们努力改善金融监管,甚至金融危机的始作俑者美国也在加强金融监管中取得进展之际,未来的世界经济将走向何方?回答这一问题,还必须探究这场席卷世

界的金融危机的实质。

许多人把这场金融危机归结于美国对华尔街的金融创新和投机缺乏有效监管。殊不知，这只是金融危机的表象，并非本质。这场金融危机的本质仍然没有逃离马克思所说的“生产相对过剩的危机”。

在资本对利润贪婪的追求中，一方面推动着社会经济技术进步和发展，使社会供给能力大幅度提高，另一方面，在技术进步、社会资本有机构成提高过程中，又造成大量相对过剩人口，社会消费能力被压在低水平上，这造成所谓的“生产无限扩大的趋势与有支付能力的需求相对不足的矛盾”加深，产生经济危机，并加剧社会矛盾，工人运动风起云涌，社会主义革命开始威胁资本主义制度生存。在这样的背景下，欧美发达资本主义国家为了缓和经济社会矛盾，开始逐步建立社会保障制度，刺激社会有效需求，凯恩斯主义走上前台。

但是，随着社会资本有机构成提高，以及欧美主要发达国家纷纷走向福利国，工人收入水平明显提高，投资的收益率也明显呈下降趋势。资本为了寻求有利的投资场所，开启了生产全球化和投资全球化的进程，跨国公司把资本投向利润率更高的国家和地区。20 世纪 50、60 年代，美国的跨国公司纷纷把生产制造业转移到日本，也逐步成就了日本世界制造中心的地位，同时也不得不大量从日本进口工业制成品，使美国对日本的贸易逆差急剧上升。

随着日本经济实力增强和国民收入 10 年倍增计划的实现，日本劳动密集型制造业的竞争力逐步削弱，70 年代，日本劳动密集型制造业纷纷向“亚洲四小龙”转移。80 年代，特别是 90 年代后，不仅日本，而且“亚洲四小龙”劳动密集型制造业的成本上升，开始大规模向中国内地转移投资，中国内地成为新的国际直接投资吸引中心，美国、欧洲等发达国家也把中国内地作为最佳投资选择地,资本和生产制造业大量向中国转移,中国从日本等东亚地区进口零部件加工组装,出口到美欧市场。这一方面使中国成为新的世界制造中心,另一方面又使过去日本等东亚地区对美国的顺差,转化成为中国对日本等东亚国家和地区的逆差、对美欧的顺差。

资本在追求高利润过程中,形成了今天这样的全球生产网络体系:美欧等发达国家成为全球研发中心和品牌营销中心,而中国等发展中国家成为全球生产制造中心,发达国家处于全球价值链的高端,中国等发展中国家处于价值链的低端。同时,也形成了今天的全球贸易格局和国际收支格局:中国对美欧经常项目大量顺差,美国的国际收支中贸易赤字居高不下,成为世界上贸易逆差最多的国家。

总之,当今所谓的全球经济失衡,恰恰是生产领域的失衡,是美国等发达国家生产过剩条件下向全球特别是中国转移过剩生产能力造成的,表面上的贸易失衡、国际收支失衡,实质是生产失衡的表现,美国等发达国家才是造成全球经济失衡的始作俑者。

在高贸易逆差条件下,为了平衡国际收支,从而保持美元的强势地位(这是美元作为世界货币的基础),吸引贸易逆差中流出的美元回流,美国必须创造出有吸引力的金融产品,美国对金融创新也就具有无法割舍的强烈爱恋;与此同时,流出的美元也需要找到高回报的投资品种。这成就了美国的大量创投公司和华尔街的繁荣。在美国对金融创新缺乏有效监管的条件下,金融资产泡沫膨胀,最终破裂。

三、政府干预逐渐引发社会经济制度变革

在应对金融危机冲击过程中,美国等资本主义国家捡起政府

干预，动用扩张性财政政策救助经济，利用社会保障制度缓和因失业增加而上升的社会矛盾。

1. 实施扩张性财政政策，实质是对私有财产权的限制或对私有财产权的局部剥夺

在实施扩张性财政政策过程中，增加财政支出，扩大政府投资、采购规模，增加政府对私人企业的订货，提高政府转移支付标准，增加财政补贴，通过财政支出扩大产生的乘数效应，带动私人投资与消费的增长，救助私人企业，避免其大量破产，缓解经济衰退。但政府的财政资金从哪里来？要么是税收，要么是发债。

征税，是政府凭借行政权力强行取得收入的手段，对于纳税人来说，则是私人财产以税收的形式交由政府支配，是私人财产权的转移，是政府对私人财产权的局部剥夺（税率小于100%）。

在经济危机时期，政府没有增税，政府要取得财政收入用于增加支出，往往靠增发国债。发债，是政府利用国家信用取得收入；私人企业或个人购买国债，是为了增值，没有放弃私有财产权，并凭私人财产权获得利息，但却暂时放弃了财产的使用权。发行国债，本质上是对私人财产使用权的限制。

总之，实施扩张性财政政策救助经济，无非是通过对私人财产权利的限制或局部剥夺取得财政收入，用于增加财政支出，拉动社会总需求，缓和社会总供求失衡的矛盾。

2. 构建社会保障制度，同样离不开对私人财产权利的限制

为了应对金融危机引发的经济衰退、失业增加和社会矛盾上升的难题，美国、欧盟等国家和地区纷纷涉足调节国民收入再分配，构建社会保障体系。社会保障制度被称为社会安全网和稳定器，但它也是通过对私人财产权利的限制起作用的。

按照社会保障的分配机制划分，目前世界各国实行的社会保障制度分为三种类型：现收现付制、基金积累制、混合制。

现收现付制是社会为当前没有工作的一代人事先设定基本的生活费用标准,以正在工作的一代人创造的一部分财富来进行支付,也叫“代际转移支付”,表面上没有哪一代人会有财富再分配上的净损失,但就每个人而言,个人缴纳的社会保障金却是由上一代人使用的,存在着个人财产所有权的转移。

基金积累制是强制性地让个人从自己的工作收入中拿出一部分储存在社会保障基金为他设立的个人账户上,当需要动用社会保障金时,把在职期间的这部分收入用于以后的支出。如果这种社会保障基金是完全由个人积累的,不存在私人财产所有权的转移,但它体现了强制储蓄以应付未来风险的特点,存在着对私人财产使用权的限制。

混合制则是一部分社会保障基金的收缴实行现收现付制,另一部分实行基金积累制,既存在着私人财产所有权的转移,又存在着对私人财产使用权的限制。

四、结　论

美国金融危机的本质是生产相对过剩的危机,金融危机的爆发暴露了自由资本主义固有缺陷,经济全球化只是使生产相对过剩的危机扩展为世界性的经济危机。为了缓解经济危机冲击所采用的扩张性财政政策,以及构筑社会保障制度,本质上都是通过对私人财产所有权或使用权的限制起作用的。这意味着以私有制为基础的资本主义经济制度在悄然变迁。

依赖扩张性财政政策和高福利制度缓解金融危机引发的主权债务危机,又使美国、欧元区国家在化解主权债务危机中选择削减财政支出和高福利。资本主义经济将在“两难选择”中周期性重复自身的恶性循环。

美国加强金融监管,意味着短期内美国无法像以往那样提供有吸引力的金融产品,因贸易逆差流出境外的美元,以及救助金融危机大举投放的货币流出境外,难以及时回流,美元泛滥,贬值不可避免。在美国加强金融监管,金融资本项目顺差下降的趋势下,要维持美元的强势和世界货币地位,美国只能通过降低贸易逆差,实现国际收支的平衡。由此,美国开始重视实体经济,推出“再工业化战略”和“出口翻番计划”、贸易保护措施,是走在了“正确的道路”上。而这又不可避免引发全球产业结构调整和制造业的全球重新配置,加剧世界经济结构变革。

社会性欧洲的终结?

约翰·格拉尔*

一、作为仪式的社会政策

沃尔特·白芝浩(Walter Bagehot)在他的关于英国宪法的著名研究中这样区分英国政体中形式和实质性因素之间的差别:君主制度只是一种仪式象征;实际权力由议会和内阁行使。如果将这一区分标准应用于今天的欧盟,这可能会使欧洲社会同欧洲经济一体化区分开来。

在经济领域,人们创建了刚性规定、被严格限制的国家政策以及受到公正司法对待的权利。欧盟的核心是由"四个自由"定义的单一市场——即物流,服务,资本和劳动力在欧盟所有 27 个成员国间畅行无阻。如果这些权利遭受侵害,相关行为主体——通常是大企业——将不仅能通过欧洲法院而且能在已经将市场融合逻辑与理念深深内化的本国法庭获得赔偿。

而在社会政策领域,人们创制软性法规、原则性声明以及"开放性协调方法"。然而,欧盟所强调的欧洲社会模式在现实中仍

---

* 作者系英国密德萨斯大学经济学教授。

然只是停留在抽象层面。这一模式基于单个成员国内部某种类似于家庭成员之间的关系(仅限于部分成员国,很多后来加入的新成员国根本就没有建立这一模式所需的全面社会保障体系)。

事实上,单一市场的发展促使成员国政府保护他们在社会政策领域的自治权。单一市场的竞争性原则剥夺了成员国大部分经济干预手段。例如,要想通过公共采购来支持本国公司或者扩大本国就业,而又不违反欧盟有关所有公司在各国公共部门有平等竞争权的条约是很难的。所以,只有社会政策手段能用以应对欧洲一体化和经济全球化过程所带来的经济压力。

拥有最复杂精巧和优越社会保障制度的北欧国家一直拒绝融入欧洲的社会政策,主要原因是担心这种融合会降低本国的生活水准。他们这种态度也是有道理的。尽管较高的税率是维系斯堪的纳维亚国家社会保障系统所必需的,欧盟委员会却一再建议这些国家削减税率,因为它们的做法减小了欧盟层面社会政策倡议的政治压力。

在欧元区,丧失经济政策手段的问题更为突出。因为利率和汇率的控制权已经收归欧洲央行(ECB)。此外,随着危机的深入,欧元区一些较弱的成员国甚至不得不将本国财政政策手段也转让给了一个新近加强了的政策监管系统。

因此,欧盟的基本架构赋予了联盟在经济领域的能力,却将社会政策留给成员国。当然,这种看法或许过于简单,因为很显然在一些交叉领域经济和社会政策权限有时候也会发生碰撞冲突。

二、欧盟劳动市场法

最重要的欧盟及其成员国家政策交叉领域是在劳动市场政策这一块。有明确的原因可以解释这点:将劳动力市场政策全面放权给成员国可能冒着损害单一市场的风险，因为他们可能使用劳动力市场干预手段来规避单一市场规则。

另一方面，在欧盟层面非常有影响力的大企业是不会乐意看到一个全欧洲一体化的劳动市场机制的。这将妨害其在各成员国之间进行交易的机制，并结束这一机制所带来的竞争。联盟和成员国之间的权力分割是合乎逻辑的出路。

在早期的欧洲一体化进程中，曾试图通过立法设定一个最低限度标准来改善雇员的工作条件。在这一时期，欧洲北部的大企业都试图避免与那些低收入国家进行以廉价劳动力为基础的竞争，而这种竞争也被称作是“社会倾销”。但是当来自德国、法国、荷兰和瑞典等的大公司日益发展成为跨国公司的同时他们的利益也发生了变化——现在，其他成员国的廉价劳动力成本对他们来说意味着更多的是机会而不是威胁。

在20世纪八九十年代，欧盟劳动市场的相关法律法规还有点含混不清。大多数成员国有着一种强烈的追求劳动力市场“灵活性”的意愿，这种冲动尤其体现在引进涵盖临时工作、代理劳工等的“非典型”合同方面。欧盟领导层在这些“改革”中理所当然地起了促进作用，但与此同时他们也试图规范“非典型合同”具体条款来设立一个与工人息息相关的工作条件最低标准。在一些国家，尤其是就业法非常宽容的英国，这些方法对员工来说是非常有益的。

本世纪早些年间有关这一调整的议程还是完整的。现在，“非典型合同”已经在欧盟范围内覆盖了数百万的工人；但是另一方面，“灵活性”也为低收入和弱势工人带来了难以避免的不良后果。于是欧盟领导人开始推动“灵活性保障”，并将其作为劳动力市场“改革”的核心主题。“灵活性保障”涉及的是丹麦和荷兰这两个国家的劳动力市场条件，在这两个国家雇佣保护法规可能相对薄弱,但是活跃的雇佣手段避免了长期的失业状态。可以肯定的是这些国家工作条件和社会保护有较高标准,远远高于大多数其他成员国。

事实上却没人愿意普及严重依赖高税收和大量公共部门雇佣的丹麦模式,“灵活性保障”的精髓大有不同:它的重点在于弱化标准就业合同的条款,从而减少就业保护。这一目标为社会不平等所引起的非标准化合同迅速增生所取代。参考“内部人士”位置所有的“特权”的标准合同,再看看对“外人”不利的非典型的标准合同,此举被证明是有其道理的。标准化合同是被合法化的重新吸纳失业人员的措施。但实践证明,正是最薄弱和易受攻击的标准化合同工人成为了“灵活性保障”的受害者。

无论如何,“灵活性保障”议程似乎标志着欧盟层面主要就业立法的结束。雇佣合同的性质是成员国内部事务。显然没有人想要去公布一个适用于整个欧盟的劳动合同。如果这样做,将是对政治财富的一种抵押,雇主将没有办法避免这种出于工人利益而得到增强的一般性合同。

也确实有迹象表明欧盟委员会希望放宽现有欧盟就业立法,尤其是在最大工作时间上。然而,这在政治上似乎有困难。但是,尽管欧洲法院最近的一些决定对这一套条例中某些保护特定东道国权利和工作条件标准的重要规则作出了很大让步。但是一旦这些规则遭到破坏,整个欧盟的许多雇主将对雇员施加更大的竞争压力。

三、无社会性内容的经济和货币联盟

除了上文所讨论的劳动力市场方针,直到当前危机的出现,欧盟也没有在社会政策上有事实上的影响力,各成员国各扫门前雪。

其实欧盟层面并非毫无行动,其针对诸多社会问题,譬如贫困、失业等已经做了很多重要研究,相关数据库也已经建立。相关建议也已送到各国政府。欧洲社会共同体开始显现。但是这些决定也仅仅停留在国家层面,各国州政府对此置之不理。譬如说英国,研究人员有时很难找到熟悉《欧盟就业战略》的公务员,而该战略是"协调"各成员国促进就业的核心内容。

与此同时,欧盟经济层面发展迅速。1999 年,十一个成员国发行统一货币,作为排他性经济架构的整体货币联盟成立。但是除了强调宏观经济对话的重要性之外,欧盟层面却没有安排任何社会性措施,而仅仅是摆出了"社会对话"这样一个形式上的姿态。其情形就像是"欧洲社会模式"在有关欧盟的谈论中泛泛存在一样。

社会对话起源于某些成员国的社团主义传统。这一传统将雇佣领域的决策权力委派给所谓的"社会性合作者"。也就是说组织工人和雇主代表进行对话。这种双边,有时发展到包含政府在内的三边对话,经常能在成员国层面促进社会发展和提高经济效率。然而,即使在这一层面,现在也在发生倒退。各个雇主倾向于非集中式的讨价还价。这样他们就可以充分地利用其已经增加的市场权力来占据主动地位。

在欧盟层面,除了在少数领域联盟依然有些讨价还价的影响力外,社会对话也无关痛痒。宏观经济对话集中了委员会成员、欧洲央行以及工人和雇主代表。原则上来说,他可以将这些对话结果制定到货币政策里面。事实上,他们什么也做不了,一是因为欧洲央行会拒绝此类建议;再者,在欧盟层面缺失薪金谈判,"社会合作者"也无法提供什么手段来影响整个宏观政策。

因此,货币联盟、对利率和汇率的中央集权,意味着对参与其中各成员国经济控制权的更大丧失,却无法提供给他们欧盟层面的社会政策来缓解由此产生的压力。

货币联盟的第一个10年刚好和里斯本10年战略重合。其目的是为了扩大和加深单一市场,简单来说就是增强竞争力缩小欧盟和美国的经济差距。里斯本战略里确实有些社会政策内容,但都是服从于经济目标的权宜之策——这些社会政策目的是为了提高劳动力市场的效率。

在这期间,出现了一些带有非常不利社会含义的侵略性极端单一市场倡议。其中影响最恶劣就是以欧盟单一市场专员命名的博尔克斯泰因指令。该指令授权所有人有权在提供跨国服务时,采用本国规定替代服务实际发生地的规定。这一指令广泛地解除了欧盟的服务规定。规定解除最初仅涉及与该服务相关的就业领域。后来,缩水版的博尔克斯泰因指令版本在欧盟议会通过。尽管联盟内部和一些其他受威胁的团体极力反对这一指令,但是也有人担心给服务提供商在25国的司法领域内自由选择权将会导致司法混乱。

另一个单一市场措施涉及金融一体化。这种在成员国金融领域解除管制的做法,显然会增加欧洲暴露于2007—2008年次贷危机的风险。欧盟委员会本来计划走得更远:其建议统一的抵押制度的提议将赋予欧盟建立自己的次贷市场。幸好危机的爆发终止了这项计划。

里斯本战略确实包含了一些就业增长的目标。2008年危机前,这些目标几乎完成。但是这与市场一体化的成功无关。大部分的就业增长发生在五个主要的国家:意大利、西班牙、希腊、葡萄牙和爱尔兰。换言之,就业的增长并非源于单一市场或者是货币联盟,而与之相反,恰恰是源于单一市场和货币联盟的失灵,确切地说是源于非持续性投机资本带着不断增加的收支失衡向各个成员国源源不断地流动。危机的爆发很快抹平了所有的就业增长。

四、危机和监管联盟

现在的问题就是以市场为基础的一体化给成员国社会环境不断增加的压力,以及更加严格和侵入性的竞争规定。经济危机之后,这种侵蚀被全面消减较弱国家的工资、降低就业条件和社会标准所取代。

以希腊为例,2008 年的危机部分地造成了公共债务,也部分地揭露了现存的问题。这些问题未必会导致债券市场的危机或者是国家财政的破产。如果事先采取措施,施压波罗的海沿岸国家,然后是希腊和爱尔兰,或许可以避免危机传染至西班牙和意大利,也不会造成整个欧盟巨大的财产损失。

经济教条主义和对市场原则极端地推崇将务实的应对措施排除在外。压力之下对政府的紧急信贷往往无法及时达成,而且数量远远不够,从而无法及时避免政府财政的破产。此类信贷的条款中涉及不仅仅是暂时的紧缩,而且是建立永久的监管——原则上是欧盟委员会和议会对所有国家的监管,实际上是强国对弱国的监管。

新监管的两个关键方面就是 2011 年实施的"六项打包"指令和 2012 年 3 月签署待批准的"财政条约"。前一项极大地加强了对欧元区国家的金融政策约束,详细规定了必须遵守的统计和预算程序,加强对现存的宏观经济不平衡、公共部门赤字、债务的约束和对违反规定的处罚。财政条约强化了这些规定,致力于为这些规定赋予其宪法上的地位,无论是在成员国层面还是欧盟层面,对公共财政进行更加严格的监管。

监管体现在一套新的程序叫做"欧洲学期"。每半年,成员国必须提交两项计划,一项为促进财政和宏观经济稳定,另一项为促进“改革”。后一项包括一些社会和环境目标,但大部分带有新自由主义性质:放松监管,私有化,等等。这些计划由欧盟委员会进行审批,或许会要求重新修改,又或许违法了稳定条款,需要进一步修改。这些程序现在又被强化。依据10项宏观经济指标的“记分卡”将会对违规的成员国提出诸如“赤字超标”、“债务超标”、“收支差额超标”的警告。

就像卡夫卡的作品一样,这些规定滑稽又有害。但是他们的社会性含义紧随其经济内容。他们都指向“竞争力”。对各成员国陷入困境的诊断结果就是,他们忽视了这些强制性和规定的治疗方案,却试图采取各种措施,包括牺牲基本的社会目标,来重新恢复竞争力。

这种观点忽视了德国对于欧元区内部失衡的影响。自货币联盟成立以来,德国政策制定者就追求出口导向型的战略。尽管德国统一带来短暂的贸易逆差,很快就被大规模的长期顺差取代。虽然主要的战略工具是压缩工资,但是也有一些其他的政策,包括惊人的政策转向,从社会安全到更高的增值税——就像是拥有贸易逆差同时货币贬值的经济体,仅次于中国。这种新的重商主义立场是造成欧元区外围国家失衡的主要原因。然而,新的监管措施都责成弱国进行调整——结果造成极大的经济紧缩。

外围国家紧缩措施带来的社会压力众所周知。还有一些例子可以表明,正在发生的不是短期的调整而是这些国家社会模式的瓦解。

在希腊,最近的政府救助条件是非集中化的进行工资谈判,这种方式允许雇主利用市场的力量达到有利于他们的结构。对成员国的雇佣关系施加这样的改变在欧盟是非法的,但是问题在于三巨头(欧洲央行、欧盟委员会和国际货币基金组织)需要就金融谈判采取这一手段时,是不需要直接负责的。

在爱尔兰,最新的国家改革计划清楚表明,爱尔兰反贫困目标已经被抛弃。由于追求财政稳定,贫困又将增加。欧盟条约明确提倡将各成员国的工作条件和社会规定保持在相对一致水平,但同时欧盟又通过降低弱国工作环境,使得差距拉大。

严厉的财政诚信新规包括且只包括一个重大的例外。成员国允许就达成基金担保退休金体制进行举债。他们不能因为其他诸如为社会住房计划等项目等原因进行发债。对于受到危机冲击弱国而言,其受到的保护将再一次被用以重塑社会模式就,并将外部优先权加于成员国社会政策之上。

五、社会性欧洲还剩下什么

欧盟的社会性政策也并非都是形式上的。欧洲社会基金,其重要性如今虽然已经降低,其历史可以追溯至欧盟前身——欧洲煤钢联营时代。该基金的目的是为了补偿那些在经济一体化中受损的一方。它有效地完成了目标,其早期的主要受益者为比利时矿主。在法国的压力下,早期的欧洲条约也对劳动力市场的性别平等起到了一定的促进作用。

对社会倾销的反抗主要目的在于试图减少基于松弛的雇佣标准和不公的社会规定所产生的不当竞争。毋庸置疑,他保护了更为成功的经济体的工人,同样地,也促进了欠发达地区工人的社会保障。

现如今可以毫不夸张地说,社会倾销已经成为欧盟实际上的社会策略,降低劳动成本,驱动欧盟竞争力的重建,采取一切可能的措施,已经成为欧盟应对债务危机,非正常的、倒退和教条式反应的核心组成部分。而该危机本身就源于欧盟和北欧领导的短视和怯懦。

毫无疑问,最佳的解决办法是在整个欧盟层面完全改变方向,重新回到建立一个真正的社会性欧洲的道路上。但是如果缺乏重新评估,那些承受严重压力的国家和地区,为了寻求自保而反对真真切切存在的欧盟规则和制度,也是无可厚非的。

当前资本主义的适应性、改革和前景

约翰·普伦德*

2012年1月，我开始在《金融时报》发表关于资本主义危机系列文章。我认为，合法性越来越成为资本主义制度面临的问题，我还提出了资本主义制度运转的经济效率和道德问题。在此我不会重复那些观点。我今天的主题是，在经济和金融稳定方面，我们将何去何从。资本主义体系天生就是不稳定的。正如经济学家海曼·明斯基指出，长期的稳定和繁荣孕育自满，鼓励冒险。更具体点说，一些个人、公司和银行过分举债，资产负债表过度扩张，最终导致金融危机出现，政府不得不为银行的道德风险埋单。在一些极端的案例里，救市行为花费了大量资金使得政府的偿付能力受到质疑。

最近的金融危机以及随之而来的大规模衰退符合明斯基提到的模式。危机发生前，许多经济学家和各国央行的银行家们相信，如果有健康的货币政策能使经济具有竞争力，并控制好通胀预期，那么现代资本主义经济就将保持稳定。有关"大缓和"（the great moderation）的说法也曾风行一时。而现在，他们不得不再次从历

* 作者系英国《金融时报》专栏作家、高级编辑。

史中吸取教训。

当各国为拯救全球经济而采取各种财政和货币政策并已经起效时,复苏步伐却始终缓慢,发达国家的失业率也持续走高,尤其是英语国家的失业率更达到了20世纪30年代以来的最高点。公司高管越来越不关注普通老百姓的诉求。这样的情况再加上政府对银行实施救援,促使人们开始质疑现代资本主义的合法性,看见占领华尔街运动打出的口号了吗:"我们是百分之九十九!"而尽管依赖于国家支持,银行家们却依然大分红利,这更激起了人们的怒火。纳税人为银行家们提供了福利保障,后者却将世界经济带到崩溃的边缘,并对此缺乏悔意。

现在的问题是:政策性举措能否同时解决好经济稳定与合法性这两个问题。我的回答是:或许不能。

金融体系的改革议程中包含诸多要点,其中包括:

1. 巴塞尔资本充足率机制(The Basel capital adequacy regime)

该机制主张增加银行资本,这是应对危机的关键监管对策。在提高风险资本水平的同时,新规则要求必须具备流动性缓冲,减少银行举债经营比率的权重。为达到新的资本金要求,银行增加了市场中的新股本,并通过资产处置和减少借贷来缩小资产负债,但由此导致信贷投放减少而使经济增长受限却是人们始料未及的。

2. 宏观审慎政策(Macroprudential policy)

危机发生前,各国央行的银行家们和金融管理者想当然地认为,如果个体银行能得到适当监督,也就是微观审慎监管(micro-prudential supervision),系统性风险便能实现自我监管。现在大家意识到这种监管必须覆盖整个金融系统,也就是实施宏观审慎监管。宏观审慎政策的目标之一就是消减资本充足率机制和"以市值计价”的会计制度中固有的顺周期性(pro-cyclicality)。宏观审慎监管的工具包括反周期的资本缓冲(counter-cyclical capital buffers)和贷款价值比率(loan-to-value ratios)。

3. 投资银行(investment banking)和自由资金交易(proprietary trading)规则

为了保护存款人利益,降低体制性风险,立法者们在控制自由资金交易的同时,也正在限制银行拥有对冲基金(hedge funds)和私募股权(private equity),如英国就打算要对投资银行实施隔离以保护存款散户。

4. 解决机制

监管者们正在努力建立更多更有效的渠道,以平安化解失败的金融机构造成的失误。包括建立自救制度,由此在拯救银行的同时使债券持有人不得不承担亏损,或在信贷质量恶化时,使债券持有人被迫接受转化为股权的应急资本。

5. 公司治理(Corporate governance)

现在人们越来越重视专业知识,尤其是关于危机管理和纷繁复杂的金融产品。人们普遍认为,银行董事会成员里,了解规模如此巨大、结构如此复杂的机构的金融运营问题的人寥寥无几,而银行经理早已对其客户失去了受托义务感。股东们本对管理风险起到制约作用微乎其微。

在更广泛的合法性问题上,由于那些反对资本主义的抗议者虽然在指出社会不公问题时义正词严,但在描述他们想要的政策变化时却显得语无伦次,而使改革议程举步维艰。民意调查明确显示,在发达国家,人们对企业越来越缺乏信任。马克思曾提出自由市场不会造就政治上可以接受的收入分配制度,人们再度对此感到恐惧。在那些关注不平等问题的国家,最著名的就是法国,该国迎来了新任总统奥朗德(François Hollande),他主张向富人征收高额税收。一定程度上,一些资本主义发展模式在危机中相对其他模式显示出了优势,可以说斯堪的纳维亚模式就是成功的案例。它们的社会比英语国家更为平等。由于在20世纪90年代经历过严重的银行业危机,它们的银行业在这次危机中显得相对强劲。

改革议程又有哪些缺陷呢?收紧资本体制是明智的,但这一方式又对外界批评持开放态度,以使许多批评意见在早期调控中得到采纳。风险权重(risk weights)常常遭受质疑,例如主权债务承担零风险权重,而在欧元区陷入主权债务危机时这又成了胡说八道,因为中小规模企业受到重罚。资本规则也鼓励有调控地套利。《巴塞尔协议Ⅱ》(the Basel Ⅱ)鼓励银行将资产负债表上的抵押资产转变为证券化工具,以节约使用资本,《巴塞尔协议Ⅲ》(the Basel Ⅲ)又对此提出了更加严格的要求。所以说,规则的本质之一就是监管者总是比实践者“慢一拍”,而监管者的努力也总是“入不敷出”。这将是一个持续的问题。

一个根本的缺陷在于,绝大多数应对危机的立法和监管措施都是各国国内举措,而大多数破产的金融机构都是庞大而相互联系的国际性组织。对这些举足轻重的机构进行全球性监管是必要的,但当前为落实这种监管而进行国际合作的政治意愿根本不存在。这一点在跨境处理破产银行的问题时尤为突出。当雷曼兄弟(Lehman Brothers)崩盘的事实显露后,尤为困难的一点就是解除极为繁杂的跨国境对手方风险(counterparty risks)。

同时,宏观审慎政策也不过是一次尝试。目前还不清楚该政策与货币政策如何并肩运行,二者之间发生冲突的可能性是存在的。该政策也会为央行独立行事制造困难,因为在经济过热时,央行往往需要就经济增长“踩刹车”。一部分政客、商界人士和广大民众也对该政策不感冒,因为他们可能感觉自己在为不确定的利益而付出经济上的代价。

明白无疑的是，当前应对危机的政策不如20世纪30年代时那样稳健有力。1933年美国的格拉斯—斯蒂格尔法案（the Glass-Steagall Act）将投资银行业务和商业银行业务严格划分开来。而今天，美国银行界对政界施加了巨大影响，因为前者为后者提供了竞选经费。令人震惊的是，在银行界院外集团成员的支持下，政治家们正在努力拆散《托德—弗兰克法案》（the Dodd-Frank act）中的大部分内容，而该法案正是应对危机的主要立法措施。英国银行界能否设法“打掉”对投资银行实施隔离保护的提案也还是未知数。在德国和法国，人们不愿改变目前通行的银行业模式，在这一模式里，投资银行业务、商业银行业务和零售银行业务共存于相同的金融机构中，虽然欧洲委员会和欧洲议会的决策者们正在审议是否应改变银行结构。

关于危机的一个悖论是：与以前相比，银行业已成为一个业务更加集中的行业；同时，相关监管措施却没有为那些巨大而相互紧密联系的金融机构提供完整的破产应对方案。与股权红利相比，目前所有发达国家的税收制度仍然继续给予债务利息更多优惠，这就鼓励了大家都“一边倒”地青睐举债经营（即杠杆式投机，leverage），从而催生了过度的风险。最近摩根大通（JP Morgan Chase）亏损事件就显示银行业的危机管理能力还存在根本性缺陷。所以，当目前的“去杠杆化”进程（deleveraging process）最终结束时，或许一个更深层次的危机将会逐步建立并出现。

那么我们该从哪里着手呢？资本主义总是易发金融事件，而最终也总能设法适应和改变。资本主义天生突出的逐利主义倾向也总让从马克思到现代教会人士在内的知识分子们担忧这一制度的道德和合法性。

与20世纪30年代不同的是，当时苏联的制度被视为资本主义制度外另一种高速增长的发展模式，但现在世界上不存在另一种明显不同的模式。正如凯恩斯在20世纪30年代曾经说过的那样，真正的问题是如何改进目前的资本主义发展模式。问题在于，在金融危机冲击之后，宏观经济政策的调整空间已极为狭窄，尤其是在财政辩论凸显政治极化程度并陷入僵局的美国。在人们对企业缺乏信任的今天，爱德曼信任度调查报告（Edelman Trust Barometer Survey）显示，英美公民对其"大政府"的信任度更低。因此，对于这些国家而言，加大资本主义中央集权的做法更不可取。

越来越清楚的是，重新对银行进行监管可以降低金融风险，并使金融系统以更能体现其作用的模式运转。在英美企业界，从管理层到股东的信任链正被强化，这一点在董事会薪酬上表现得比较突出，而在更广泛的公司战略问题上也有明显体现。英国，一定程度上包括美国都比较倾向于管家模式（stewardship model），即股东更多地参与其所投资的公司的治理。

今天我们面临的一个特殊挑战是，金融体系的规模和复杂性都达到了前所未有的程度。与20世纪30年代相比，今天的不平等问题变得更为棘手，因为它不仅是全球化和高科技发展的产物，也是建立在"赢者通吃"基础上的新兴产业发展的产物。同样与20世纪30年代相比，今天人们没有进行税收再分配的强烈欲望，尽管富人依旧是各种税收减免政策和税制漏洞的最大受益者。

也就是说，目前经济和财政不稳定的问题主要存在于发达国家。新兴市场国家的金融状况要更加稳定一些，因为他们自1997—1998年亚洲金融危机以来积累了巨额官方储备，经济表现强劲，我们现在所在的中国无疑是其中表现最为抢眼的国家。正如我们此次研讨会前期曾讨论到，这些新兴市场国家所面临的困难是，他们不能回避贸易和金融共存共生的发展结果。因此，能否有效解决当前美国和欧洲的财政和金融问题事关每个人的利益。

理清发达国家资本主义所面临的问题还需多久？即使无论欧

洲选民是否对“更加欧洲”失去了兴趣，欧元区领导人未来几年内能够在货币联盟的政治和财政框架上达成一致，但在私人和公共债务方面仍将存在巨大的缺口。可以确定的是，政府永远不会足额偿付债务。在私人债务方面，债务会通过让人痛苦的违约行为一点点地被减少。而在公共债务方面，唯一的问题是，正式的违约能减少多少债务，而通过通胀这种“后门违约”（backdoor default）方法又能减少多少债务。我的猜测是，在持续的去杠杆化和违约背景下，欧洲未来10年的经济增长将低于世界平均水平。

对美国而言，低估其经济的适应力从来就是极为危险的。在比尔·克林顿第一个总统任期内，美国消除了里根、老布什时期遗留下来的巨额财政赤字，并且大规模地削减了公共部门的债务。当今美国政治极化严重，不可能采取中期减债战略。美国的问题从根本上来看是由于坏政策束缚了强大的经济实力。但如果欧元区再次陷入严重危机、世界经济再度走向危险的边缘，我相信美国将再度找到复苏的途径并又一次拯救我们所有人，虽然它也面临问题。我同样也相信，在目前的危机中，中国通过更加积极地从投资拉动型向国内需求拉动型转变以重新平衡其经济，也将帮助我们摆脱危机。

全球失衡:储蓄不足和流动性过剩

殷剑峰*

一、全球失衡:储蓄过剩?

一些国家经常项目持续盈余而一些国家长期赤字带来的全球失衡,是眼下世界经济最突出的特点,也被视为造成当前全球经济危机的根本动因。由于经常项目可定义为国民储蓄和投资之间的差额,因而不同国家的储蓄率,尤其是盈余国家的储蓄率成为主要争论焦点,其中三种观点最受追捧,但却经不起推敲。

第一种观点是美联储主席伯南克所谓的"全球储蓄过剩说"(2005)。他认为,高储蓄率是造成全球失衡的罪魁祸首。人口老龄化和国内投资不足导致工业化国家储蓄过剩;而积累外汇储备的需要、推动出口导向型经济增长模式以及石油价格的飙升导致新兴国家储蓄过剩。不论原因何在,储蓄过剩导致大量资本流入美、英等少数发达国家,造成其经常项目赤字和世界低利率。大量流动性和低利率催生了欧美国家的信贷繁荣,并最终引发了2008年金融危机。

---

* 作者为中国社会科学院金融研究所副所长。

第二种观点是“金融发展失衡说”(卡瓦列罗, 2010;伊藤和陈庚辛, 2007;陈庚辛和艾奇林,2011)。其逻辑很简单,即:比起那些拥有深层次开放、灵活且成熟的资本市场的赤字国家,盈余国家金融体系发展严重滞后,因而无法吸收自身储蓄。换言之,全球失衡反映出的是各国金融体系发展水平的失衡。

第三种观点是“全球金融资产短缺说”(卡瓦列罗等,2006,2008)。这一观点是上述两种观点的自然引申,即:一方面,储蓄过剩造成全球金融资产需求上升;另一方面,各国金融发展不平衡限制了金融资产供给。这一供求不平衡导致大量资本从高储蓄国家涌入发达资本市场(主要是美国),以追逐稀缺的金融资产供给。美国的金融资产占全球总量的比重从 20 世纪 90 年代的 10% 升至本世纪的 15% 很好地说明了这一点(卡瓦列罗等,2006)。

以上三种观点有直接的逻辑关系并基于共同的假设,即全球储蓄率不断上升。但泰勒指出(2009),并没有证据证明过去几十年间确实存在过全球储蓄过剩;相反,21 世纪头 10 年的全球储蓄率比 20 世纪七八十年代要低。假如全球储蓄率在过去几十年间不升反降,全球金融资产则不可能如此稀缺,对其需求也不会过剩。由此可见,造成金融发展失衡的是供给方而非需求方。换言之,受指责的不应是金融体系尚待完善的盈余国家,而应是那些几十年来放任金融过度扩张的赤字国家。

二、事实:储蓄不足和流动性过剩

过去几十年里,世界经济的实际情况并不能印证“储蓄过剩”的观点,其中有三方面事实需要说明。

第一个事实是,全球储蓄率近 40 年来一直呈下降趋势,因此

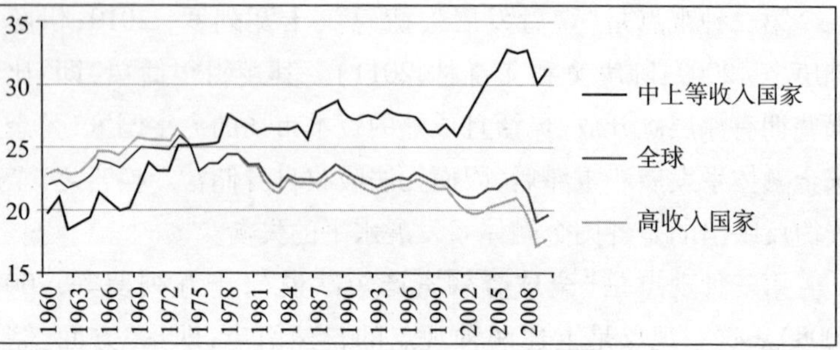

图 1　全球储蓄率、中上等收入国家及高收入国家储蓄率(%)

似乎存在长期的储蓄不足而非储蓄过剩。从 20 世纪 70 年代初到 2010 年,全球储蓄率从 26% 降至 20% 以下,同时期高收入国家储蓄率下降趋势更为显著。即使中上等收入国家储蓄率在过去几十年间一直呈上升趋势,并在 2000 年以来出现显著的跃升,全球储蓄率下降的趋势也难以改变,因为中上等收入国家的储蓄和 GDP(国民生产总值)占全球总量的比重较高收入国家而言要小得多。

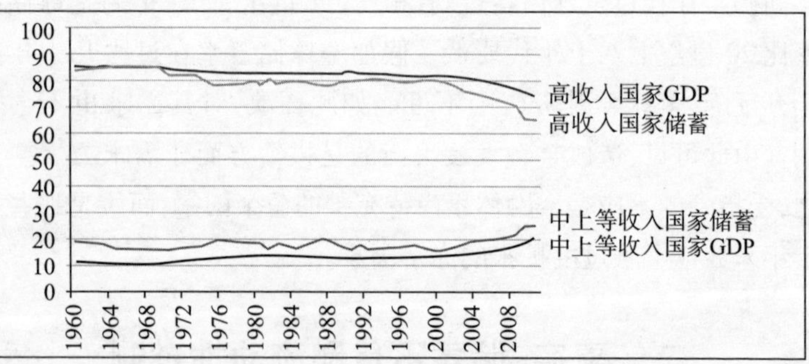

图 2　中上等收入国家和高收入国家的储蓄及 GDP 占全球总量的比重(%)

第二个事实是,高收入国家占据了大部分的全球储蓄和 GDP,因此诸如全球储蓄不足等世界经济行为很大程度上是由高收入国家决定的。20 世纪 60 年代以来,高收入国家储蓄和 GDP

占全球总量的比重虽呈下降趋势,但仍分别占 70% 和 80% 。同时另一个特征也相当显著,即 20 世纪 70 年代以来,随着布雷顿森林体系的解体,高收入国家储蓄占全球总量的比重始终小于其 GDP 所占比重。这就意味着中上等收入国家储蓄占全球总量的比重要大于其 GDP 所占比重,毫无疑问这些国家对全球储蓄的贡献要大于其对全球 GDP 的贡献。

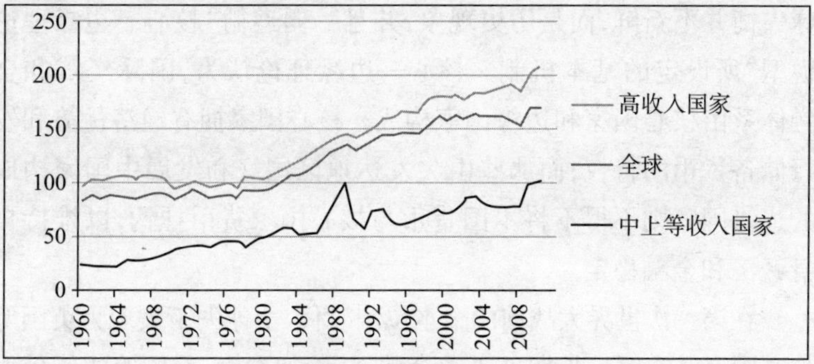

图 3　信贷占 GDP 比重(%)

第三个事实是,20 世纪 70 年代末以来,流动性过剩,而非储蓄过剩,催生了信贷繁荣。20 世纪 70 年代,全球信贷占 GDP 的比重不足 100% 。但 20 世纪 80 年代以来,随着国际货币体系进入后布雷顿森林体系时期,美、英等发达国家开始采取金融自由化政策,这一比重攀升至当前的 150% ,高收入国家国内信贷甚至高达 GDP 的 2 倍以上。比较信贷占 GDP 比重的变化趋势和储蓄率的变化趋势,不难看出,全球经济失衡的症结并非储蓄过剩而是流动性过剩,而造成流动性过剩的罪魁祸首是高收入国家信贷过度繁荣。卡瓦列罗等学者所列举的持续增加的美国金融资产份额,充分证明了当前世界经济存在流动性过剩。

三、全球失衡:并非异常

既然问题是伴随着流动性过剩的储蓄不足而非储蓄过剩,那么我们要问,如何解释当前的这种全球失衡?

事实上,如波多(2005)、艾奇林(2004)和伊藤(2009)所说,全球失衡并不新鲜,而是历史现象,并且一向遵循"核心—边缘理论模型"所设定的基本机制。核心—边缘理论认为,国际经济和金融体系由核心国家和边缘国家构成。核心国家拥有经济优势和发行储备货币的特权,而那些由欠发达地区国家和发展中国家构成的边缘国家则不得不将本国货币与核心国家货币挂钩,以维持自身经济和金融稳定。

在第一次世界大战前的金本位制时代,全球失衡表现为英国等核心国家经常项目长期处于盈余状态,而加拿大、美国等边缘殖民地国家则长期赤字。这种失衡状态同当前情况恰恰相反,原因在于金本位制下,发行储备货币的国家需要通过积累黄金储备来强化自身货币的地位,而这一过程就导致了其经常项目盈余。同时,为使那些边缘国家能吸收核心国家出口的商品,核心国家需要将资本流向边缘国家,由此导致其资本项目赤字。1944 至 1972 年,布雷顿森林体系实行准金本位制的几十年间,相同机制依旧存在。

布雷顿森林体系解体后,全球失衡表现为核心国家经常项目长期处于赤字状态而边缘国家长期盈余。在法定货币制度下,货币发行没有黄金作为保障,核心国家只能通过赤字向世界提供流动性(即储备货币)。边缘国家则将其通过经常项目盈余获得的储备货币通过资本项目赤字的方式返还给核心国家。这种资本从发展中国家向发达国家流动的现象就被称为"卢卡斯悖论"(1990)。

表1　美国储蓄率、投资率及经常项目余额占 GDP 比率(%)

	20 世纪 30 年代	20 世纪 40 年代	20 世纪 50 年代	20 世纪 60 年代	20 世纪 70 年代	20 世纪 80 年代	20 世纪 90 年代	2001—2007 年
投资率	8.14	10.56	15.79	15.49	16.77	16.88	15.46	12.91
储蓄率	8.41	11.71	16.09	16.11	16.59	15.07	14.16	9.12
经常项目余额/GDP	0.27	1.14	0.30	0.62	-0.18	-1.81	-1.30	-3.80

资料来源:美国商务部。

美国经常项目余额的变化(见表1)清楚说明了准金本位制和法定货币制度的区别。简言之,全球失衡并非异常现象。但是如同万有引力带动钟摆的摇动一样,将全球经济从失衡状态拉回平衡的万有引力就是所谓的"特里芬难题"。在金本位制时代,难题在于世界对储备货币的需求同核心国家积累黄金的能力脱节,而在法定货币体制下,难题在于世界对储备货币的需求同核心国家经常项目赤字的可持续性脱节。布雷顿森林体系解体、金本位制度瓦解以及当今全球金融危机都是"特里芬难题"导致的结果。

虽然全球失衡比较常见,但全球金融危机则属异常。少数核心国家过度且不可持续的经常项目赤字反映出国际货币体系的根本缺陷,即美元处于霸权地位。美元的霸权地位使得美国能利用其特权在过去几十年里不断压低储蓄率,并为全球提供过剩的流动性。然而,当欧元区正面临结构性问题,当中国仍需改革国内经济和金融体系,解决上述根本缺陷的方法还远在天边。

西方经济的问题与调整刍议

江　涌*

当前资本主义危机仍在持续甚至恶化,其成因复杂,可谓周期性因素、趋势性因素与结构性因素相结合,是一种综合并发症。迄今,就学界、政界的文章和论述来看,对资本主义及其危机的认识依然是不清晰的,反思是不彻底的,调整也是不到位的,只是在做局部修补。发达国家(主要是美国)经济缓慢复苏的原因,主要不是反思与调整的结果,更多的是美国利用强权,比较成功地转移风险、转嫁危机(如量化宽松),还有掩盖风险、拖延危机(如最新摩根大通风险暴露)。

一、西方经济理念与政策存在问题

1. 在思想理念层面

"存在即是合理的"。新自由主义者由此演绎:资本主义都是好的,全球化、自由化都是好的,甚至贪婪也是好的。如此导致华尔街金融家"自由规则,没有道德",不顾一切、没有明天似的疯狂赚钱。

---

* 作者系中国现代国际关系研究院研究员。

经济主体(企业)第一位的指导思想是“创造价值”而不是“创造财富”,如此导致实体经济萎缩,虚拟经济膨胀,金融服务昌盛,诸多制造企业都开办金融(财务)、地产公司,积极从事投机、以钱生钱的交易。

社会达尔文主义“弱肉强食,适者生存”盛行,把精英主义推向极致,不只是无产阶级(弱者、穷人),甚至连中产阶级都成了掠食对象。产业空心化、经济虚拟化、资产证券化摧毁了中产阶级,债务证券化(如次级债券)绑架了无产阶级。如此,橄榄型社会崩塌,“M”型社会形成,贫富对立,流动停滞。

2. 在经济社会政策层面

新自由主义者鼓吹“最小政府就是最好的政府”,“市场永远正确”,经济政策主张放任自由,任由市场调节(即资本肆虐),任由社会经济精英对大众的肆意侵夺。

金融资本主义导致资源配置错乱或扭曲,金融创新旺盛,科技创新趋缓,技工队伍萎缩,企业家精神懈怠,如此导致生产力趋缓或停滞。国家只能不断通过刺激消费来促进经济增长,这样导致政府、企业、个人借债度日、寅吃卯粮盛行。三大评级机构颠倒黑白,把融资能力而不是财富创造能力作为维持高信用等级的必要条件,加剧了金融与债务泡沫。

强国大国推行政策以邻为壑,不断欺压弱国小国,平常时期转移风险,非常时期转嫁危机,如此国家间缺乏互信,进而在危难时间缺乏有效政策协调,来应对资本跨国无序流动,风险与危机跨国传递。

3. 不当理念与政策的结果

金融经济郁积系列风险,最终导致危机,金融经济危机导致社会乃至政治危机。由于风险与危机成因复杂,有周期性因素、趋势性因素与结构性因素相结合,资本主义痼疾沉疴,积重难返,面临深刻危机。当前及未来，尽管美国经济似乎大病初愈，动荡欧洲似有德国这一中流砥柱，但是高失业（高比率临时性工作），高负债，高流动成本（如油价上涨，找工作难），社会保障趋于恶化，由此在加速经济失去动力，社会失去了活力，政治失去凝聚力，欧洲在分裂，“美国梦”在破灭。

二、西方经济金融存在的问题

金融大危机原本是由一系列基础失衡与结构裂变导致的，大危机没有根本性改变这些失衡与裂变，相反使一些失衡与裂变更加严重。可以预见，这些失衡与裂变在可预见的未来很难得到有效治理，因此未来还会爆发危机而且很可能是连锁性危机。

1. 基础性失衡

一是经济结构严重失衡。发达国家经济已空心化，虚拟经济超过实体经济。多年来，美国制造业对国民经济贡献率略高10%，而金融占 GDP 比重则超过 20%。危机爆发前，全球金融衍生产品市场价值是实体经济的 6—8 倍，每天数万亿美元交易中与实体经济相关的只有 1%—2%。虚热实冷，头重脚轻，必然不利于国际金融稳定。二是国际收支严重失衡。美欧等发达国家在产业空心化、经济虚拟化后，利用储备货币与国际分工优势，吸收世界商品、服务，长期作为净进口国，导致国际收支失衡日益严重，特别是中美国际收支失衡、跨太平洋国际收支失衡、发达国家与新兴市场的国际收支失衡。三是资源配置严重失衡。当今，新兴市场渐成世界经济增长、财富创造、消费品制造的主力，但是可以获得的信用资源十分有限。世界前 15 大债务国，全是发达国家，占世界信用资源的 90%，它们占据这些宝贵资源不是用来生产或促进生产力的发展，而是用来消费，甚至用于战争等消极开支。

2. 结构性裂变

一是金融资产结构发生裂变,欧美银行“有毒资产”(不良贷款与贬值证券)远超自有资产。IMF 与欧盟资料显示,2008 年金融危机爆发后,发达国家银行体系的“有毒资产”高达数万亿乃至数十万亿美元。希腊等主权债务风险暴露后,原本被巴塞尔协议认定为“零风险”的主权债券也变为“有毒资产”。随着债务危机不断恶化,“有毒资产”规模将日趋庞大。二是金融市场结构发生裂变,资本市场超过货币市场,金融投机远超市场投资。当今世界原本有两大金融模式,即以美英为代表的直接融资模式,和以德日为代表的间接融资模式。自 20 世纪 80 年代,美英模式盛行,而后近乎一统天下,国际融资由此便由资本市场占据主导,金融投机日益兴盛。三是金融功能结构发生裂变。在自由化思想牵引下,金融创新过滥,金融监管缺失,金融异化严重,由此导致金融投机盛行,金融动荡加剧,而金融动荡又为投机者提供获取暴利机会,如此金融功能由“投资——稳定”的良性循环,裂变为“投机——动荡”的恶性循环。

3. 连锁性危机

在基础性失衡、结构性裂变下,2008 年美房地产泡沫破灭引爆次贷危机,美英等国通过政府承揽私人机构债务予以应对。但是,政府承揽私人债务,使本已债台高筑的政府包袱愈发沉重,如此向外转移风险、转嫁危机成为大国强国的必然选择。那些处于金融链条最薄弱环节、国际或区域金字塔底部的弱小国家,如冰岛、希腊,易于成为强国危机转嫁对象,率先爆发危机。在金融危机冲击下,基础性失衡、结构性裂变更加严重,国际金融市场风声鹤唳,动荡连着动荡;发达经济体火烧连营,危机将接踵而来。在希腊债务危机之后,葡萄牙、意大利、西班牙等国家,甚至法国等欧盟核心国,都极有可能成为“多米诺骨牌”中的一张。在主权债务危机之后,银行危机、股市危机、货币危机、大宗商品价格危机等金融危机都在排队酝酿,无论哪一个率先爆发甚或集中爆发都很正常。在连锁性危机冲击下,国际金融动荡势必常态化,世界经济低迷势必长期化。

三、西方经济金融政策的调整

危机爆发后,在"太大而不能倒"的威胁下,美英等奉行自由主义的国家不得不改弦易辙。在国内,抛弃自由资本主义,实行国家资本主义,实行"私人债务国家化",缓和了危机,美国由此实现了温和复苏。在国际上,抛弃了和平发展合作主义的面具,直接实施帝国强权主义或大国沙文主义,利用不公平的国际秩序、国际体系,大力推行"国家债务国际化",转移风险,转嫁危机。由于对资本主义及其危机的认识依然是不清晰的,因此反思是不彻底的,而且调整也是不到位的,只是在做局部修补,本来需要大手术,结果只粘了个"创可贴"。近期,希腊危机狼烟再起,摩根大通风云突变,显示欧美发达国家内部仍淤积着巨大风险,资本主义正面临新一轮危机。归纳发达国家的经济金融政策调整,主要表现在以下几个方面:

1. 金融监管强化,去杠杆化

多年来,西方金融机构通过不断扩张负债,以较小的资本金控制较大的资产规模,从而扩大盈利能力。次贷危机暴发前,不受监管的金融创新使美国金融杠杆化愈演愈烈,平均杠杆率在30倍左右。杠杆促进了经济繁荣,助长了金融泡沫,同时在危机到来后,放大了投资损失,加剧了金融动荡。有鉴于此,美欧等国都纷纷通过金融监管改革法案,强化金融监管,约束金融机构肆意投机与扩张。

2010年6月欧盟公布改革方案，计划成立“欧洲系统性风险理事会”，升格现有3个专门委员会（分别负责银行业、保险业和证券业的监管协调）为监督管理局，以及由3个监督管理局与欧盟委员会联合组成一个指导委员会，对所有可能引发系统性风险的金融市场、金融产品和市场参与者进行监管，重点包括信用评级机构、对冲基金和私人股本公司、金融机构内部治理、跨国银行、信贷衍生品市场等。

2010年7月美国通过《多德—弗兰克法案》，旨在汲取金融危机的教训，针对危机暴露出来的问题，全面重塑美国的金融体系，即通过改善对金融机构的监管，提高市场透明度，遏制市场失灵的风险，确保金融系统稳定，确保金融机构平稳运营，确保消费者合法权益。法案所包含的“沃尔克原则”（限制银行的自营交易等）被认为对华尔街最具杀伤力。

2010年9月，巴塞尔银行监管委员会通过了加强银行体系资本要求的改革方案，即“巴塞尔协议Ⅲ”。根据该新协议，截至2015年1月，全球各商业银行的一级资本充足率下限将从现行的4%上调至6%，由普通股构成的“核心”一级资本占银行风险资产的下限将从现行的2%提高至4.5%。新协议要求银行建立新的普通股“资本留存缓冲”，在信贷增长过快时必须建立“逆周期资本缓冲”。可以预见，随着美欧监管改革法案与“巴塞尔协议Ⅲ”的落实，国际金融去杠杆化进程有望加快。

2. 经济再工业化，去虚拟化

在西方，随着经济增长与社会发展，银行、证券、保险、房地产信贷等广义金融业在国民经济中的比重不断上升。自20世纪80年代以来，经济金融化日益明显，经济关系日益金融化（如债权与债务），社会资产日益货币化、证券化。20世纪80年代初，发达国家的股市市值与其GDP基本相当，而如今其股市市值已普遍是

GDP 的 3 倍以上。最近 20 年来全球 GDP 增长速度平均不到 4%，全球贸易增速平均为 6%，但是全球资本增速是 14%。另有数据显示，在最近 20 年内，贸易增速是生产的 2 倍，而金融增速是贸易的 2 倍，是生产增速的 4 倍。

在美国经济中，实体经济创造的 GDP 比重由 1950 年的 62% 降到今天的 34%，尤其是制造业占 GDP 比重由 27% 降到 11.7%，国民经济中充斥着虚拟泡沫。次贷危机使过度依赖虚拟经济的美国受到沉重打击。世纪金融大危机后，以美国为首的西方国家纷纷回归实体经济。为了重振本土工业，美国将“再工业化”作为重塑竞争优势的重要战略，为此推出《美国制造业振兴法案》和《国家出口计划》。

但是，夯实实体经济，发展制造业，并非如制订发展计划、竞选纲领、政治口号那么简单。美国发展制造业不仅要具备生产成本控制、国内市场保护以及外部市场拓展等必要条件，更是要依托持续的科技创新、庞大的技工队伍以及不朽的企业家精神等坚实基础。而天时、地利、人和决定了这个吸毒成瘾多年的轻狂少年难以一时根除恶习。前不久，摩根大通陷入巨额投机亏损，即清楚表明，美国浪子回头之路还较长。

3. 经济民族化，适度去全球化

全球化一定意义上似乎令经济疆界日趋模糊，人流、物流、资金流与信息流使资源要素在全球范围内配置。金融危机袭来，面临经济基本面的恶化，各国政府纷纷出台刺激经济的政策方案。然而，刺激效应会通过进口而“漏出”到本国经济系统之外，不能使本国经济受益，这就为贸易保护提供了堂而皇之的理由。有鉴于此，一些发达国家纷纷采取“本国优先”政策——社保与就业国民优先、投资与融资本土优先、优先购买本国商品与服务，并不断增加人流、物流、资金流与信息流的流动障碍，提高其流通成本。

一贯高举经济自由主义大旗的美国，首先祭出贸易保护主义旗帜，购买本国制造产品。美国的“首因效应”导致其他国家纷纷效仿，民族主义普遍抬头，各国政治和经济体制趋于闭关自守，这就是“去全球化”。在第一次世界大战以及“大萧条”(1929—1933年)后，曾经出现过这种现象。IMF一反昔日积极推动金融自由化的主张，建议亚洲在必要时，实行资本控制以预防危机的发生。尽管今日世界不太可能再次进入“闭关锁国”时代，但是全球化速度放缓、经济壁垒增加，人流、物流、资金流与信息流变慢，似乎势在必然。

4. 经济问题政治化、意识形态化

此次金融经济危机爆发于世界资本主义体系的核心地带——美欧发达国家，并重挫了美欧经济实力、发展潜力与国际形象，自由资本主义黯然失色。与此同时，新兴市场尽管受到危机的牵连波及，但是因始终一贯地积极推行国家资本主义，而使国民经济与社会依旧保持较好的增长与发展势头。如此，新兴市场与发达国家的硬、软实力差距迅速缩小。金融危机爆发后，新兴经济体积极推动贸易结算本币化(如“金砖国家”)、能源标价去美元化(如俄罗斯)和货币国际化(如中国)。“边缘性挑战”上升、美元体系离心力增强、欧元危机因欧债危机而凸显，这些引发了美欧的不快与不安。一段时期以来，美欧努力捍卫自由资本主义，诋毁国家资本主义，似乎成为美国对外经济政策的主旋律，其经济政治化、意识形态化非常明显。

资本主义当前的适应性、改革与观点

——反思并提高国际经济与金融治理

贝恩德·施耐德*

几年前，当经济危机的症状开始显现，欧洲一些左派人士变得非常兴奋。在许多讨论中你都可以听到“资本主义已死”这样得意洋洋的宣言。好吧，就像马克·吐温在评论一家报纸报道他可能已经死亡的消息时所说的：“这太夸张了。”

正如我们在许多精彩报告中所了解到的那样，资本主义再次面临着它需要适应的挑战。确实如此。（但）这不应被认定为坏消息。市场经济已经被证明是有价值的，它对货物和服务的分配十分有效。企业精神的一个内在品质是创新。如果不被官僚主义或者过于野心勃勃的规划所阻碍，创意和发明将更多的涌现出来。一个私人投资者可能比一个厌恶风险的公务员更容易被说服，从而赞助一个创意使之转化成产品。如果风险可以通过如股票交易所这样的机构而被更多地分担，或者投资者可以确保他们能防止（金融）衍生产品市场上可能的损失，那么投资资本将更有机会集聚。投资资本积累的数量越高、在全世界循环流通得越自由，就会更好地惠及我们社会所需要的新发明。

---

* 作者系欧洲议会高级政策顾问。

简而言之,这就是在过去30年来已经取得巨大成功的自由主义论述。现在我们得到的痛苦教训是,它是无效的。其突破性时刻是“华盛顿共识”,替代性的苏联模式在1989年崩溃,在20世纪90年代坚持第三条道路的社会民主主义领导人,如托尼·布莱尔和杰哈德·施罗德对企业新自由主义模式的拥护,以及先是在中国,而后在巴西和印度的政府经济政策变化中,尚未被发现的效果。

在西方,新自由主义不仅仅是一种经济理论。他已经成功地与个人主义观念融为一体,导致了持久且无时不在的竞争。我们学校里的孩子和他们的父母认可竞争,工人、经理人和创新部门也是如此。每个人将其视为自然法则。人们很难想象一个并非如此的世界。亚洲观念中集体优先于个人的观念对我们来说十分奇怪。请记住,在欧洲我们曾有一段非常负面的经历:集体主义与宣称所谓国家或者种族至上(的论调)结合起来,产生了帝国主义和法西斯主义,并最终引发了两次世界大战这样的灾难。

我不想在尚未提及一个短暂历史时刻前就将我的开场白草草结束——20世纪90年代中期,当不同的世界发展模式看似成为可能时,紧接着发生了一些事情。当两极世界的瓦解放松了对跨国公司的束缚,使其不需再因两极体系竞争而尊重甚至促进社会主义市场经济时,当弗朗西斯·福山庆祝“历史的终结”时,传统上掌握军队系统和政府权力的人,感到一阵困惑。曾经,来自戈尔巴乔夫的威胁十分真实,现在敌人消失了,随之消失的是赋予他们强大力量的结构的合法性基础。老布什未能成功地将世界团结在他打击萨达姆的战争中。从1992年的里约热内卢到1997年的哥本哈根,一系列主要的联合国会议都遵从如维利·勃兰特和格罗·哈兰姆·布伦特兰等富有远见的政治家的建议,以解决人类最重要的共同问题为目标。我参加了其中的一些会议,并密切追踪了另一些。人们的情绪乐观。但是通过树立一个新敌人——伊斯兰世界,两极世界被重新建立了起来。萨缪尔·亨廷顿的著作《文明的冲突》被广泛接受。大公司赞助的智囊机构十分成功地在可持续发展前面添加了"经济的"这一形容词,而被 IT 技术变革并自由化了的金融市场产生的经济繁荣数字,让我们忘记了地球资源的有限性。

我之所以花很长篇幅讨论自由主义概念,是为了理解政府和其他机构中的监管者在尝试应对金融危机所带来的挑战时的心态,也是为了理解左派在探讨替代性解决方案时所遇到的困难。我选择这个讨论路径也是因为我相信,如果想避免一场可能招致毁灭的军事冲突,我们面对的任务,远不止改变几条银行业的规则那样简单。在欧洲,克服自由主义是我们斗争的核心。

这是本次会议的最后一个专家小组(讨论),所以目前我们已经听到很多欧盟正在发生的事情。我们注意到债台高筑的国家现在除了全面的结构调整方案外别无选择。此方案在创纪录的时间内削减政府开支,从而削弱微观经济的金融流动。政府忧虑他们不再有资源进行反周期投资。像在西班牙发生的那种使很多家庭获益的短暂房地产繁荣已经终结,只留下一些毫无用处的新建筑。事实上,那些房子从来不是为了居住,而是为了从这些项目的衍生金融产品中套利而建设的。目前开展的救助措施无助于建筑工人或降低高涨的失业率,它只以帮助衍生产品交易员为目的。西班牙已经投入超过 11.9% 的国内生产总值去救援银行业,这与它投入到科研、发展与教育领域的数量相当。当青年的失业率超过 50%,人们迫于生计从事非正规部门的工作时,失去的十年就将到来。我们已从很多非洲国家听闻过此类故事。

但因为我们迄今可能已经讨论过所有这些方面,又因为我获邀参会的原因是具备不同领域的专业知识,所以我将重新聚焦于欧盟的对外政策方面，该政策同样也受到危机情绪的影响：这就是贸易政策。

事实上，欧盟可能是一个在众多国家中建立一体化市场的让人感兴趣的例子。众所周知，中国在2000年前就完成了统一，但对于其他国家来说，欧洲是一个现在正在进行整合的有趣例子，它正试图超越政治与语言的边界。得益于欧盟经验，我们得知经济行为体的利益能成为非常重要的驱动力。但它教会我们最重要的一点是，市场整合不能与社会（整合）相脱离。经济必须服务人民而不能另作他用。

为使欧洲内部市场得以运转，一个包括环境、劳动者权利、消费者保护和大量其他政策领域的复杂的共同法律体系被建立了起来。欧盟也没有忘记设立一系列机构，其中包含一个民选的、进行共同决策的欧洲议会。其中一些机构目前正面临危机。

任何有远见的旨在未来推动全球经济治理的观点，都应该参考欧盟的经验。贸易整合将直接作用于社会参与。因此，这意味着我们不仅仅是在谈论关税壁垒。同样的，法律与法规不应被用作非关税贸易壁垒而颁布，而应用以达到服务各自社会目标的共同目的或是发挥其本来作用。在此过程中，自主原则十分重要，但共同目标的树立却是最重要的。

在这方面，我十分欣赏将中国“十二五”规划和欧盟“2020战略”进行比较的例子，该比较范例发表于2011年底在布鲁塞尔举办的中欧政党高层论坛。可以确认二者有许多相似的目标，包括加强对可再生能源的利用。但分歧仍然可见，这其中很多是由于二者处在经济发展的不同阶段，以及具有不同的决策结构造成的。

我分享的有关共同目标的建议是，一个具有包容性且生态环境可持续的增长模式。我知道在北京，你们将爱国主义和美德加入这个清单（有关共同目标），但这些可能不太容易转化为全球性的方法。在欧洲,仍然有很多左派人士质疑这样的增长,但他们可能忽略了一个事实,那就是当英国人、德国人或法国人已经享受到高质量生活的同时,生活在这个世界上的大部分其他人都渴望经济增长所带来的体面生活。我们的任务是将新的全球包容性和可持续发展标准联系起来。对欧洲的左派来说,欧盟"2020 战略"并未充分服务于这一目标。应该承认,该战略已将减贫列为目标,但很明显这将难以实现。相反,目前通过所谓"欧洲学期"的手段以精简成员国经济与社会政策的实践,将导致把社会的大部分排除在经济福祉、获取基本服务、民主与文化参与之外。有关生态可持续发展方面的结果较好,但仍落后于它本该能达到的程度。这方面正是公共投资和就业政策需要进入的。

以"全球性欧洲"为名运作的欧盟对外政策,显然既不具有包容性也不具有可持续性。特别是该战略中贸易战略的特点是争取竞争优势和市场准入需求。尽管里斯本条约规定了相关的义务,欧盟的对外政策仍远未能达成一致,特别是在消除贫困方面。但当欧盟谋求一个雄心勃勃的发展合作政策时,其对外贸易政策奉行具有侵略性的市场准入办法。随着成员国开始经历经济危机下的经济衰退,他们的政府已经准备好授权行使这一富有侵略性的办法。就在上一周,新当选的法国总统奥朗德在他的就职演说中强调了这一点。

如今欧盟外贸政策的主要工具是双边贸易协定。由于在世界贸易组织框架下进行的多哈发展回合多边谈判已经陷入僵局,更主要是因为"五大国(国家集团)",即美国、欧盟、中国、印度和巴西有着无法弥合的分歧,欧盟专注于双边或者多边外贸关系的发展。

欧盟已经成功与韩国缔结了《自由贸易协定》(FTA),与加勒比地区、非洲的多个国家以及太平洋岛国斐济和巴布亚新几内亚缔结了《经济伙伴关系协定》(EPA)。与乌克兰、中美洲地区、哥伦比亚和秘鲁谈判缔结了多方贸易协定。该协定为另外两个安第斯地区国家厄瓜多尔和玻利维亚制定了相关准入部分。欧盟也在继续进行和印度、加拿大、新加坡、亚美尼亚、格鲁吉亚、东非共同体以及南美洲的有关谈判。与马来西亚、越南、南锥体共同市场(MERCOSUR)以及日本的谈判即将展开。一个工作组正在准备与美国的某种贸易协定,而在中欧之间,为准备相关投资协定的对话也在进行,该协定可能包括市场准入条款。通过特别协议及其睦邻政策,欧盟也与俄罗斯、中亚及南地中海地区开展合作。

如果你看一下世界地图,已经鲜有国家不在其目标之内。这些协定和谈判的主要内容是寻求所谓深化与全面的协议。他们甚至超过了"新加坡议题"的范畴并服务于欧盟主要的富有进攻性的市场准入利益,这些利益主要在服务、金融服务和公共采购上。他们在人力资源流动方面也设置了非关税贸易壁垒,准入原材料,并解决如出口税等议题。

在之后的议题上——确保主要的欧盟公司获得原材料——欧盟委员会已经不仅仅是争取一个竞争优势,还明显地开始听取那些呼吁"采取一切必要手段"的声音,这意味着对抗。这其中柔和些的观点,举例来说,(要求)在《经济伙伴关系协定》(EPA)中植入"最惠国"贸易条款,以阻止签字国与欧盟的竞争对手,如中国,签订更优惠的协定。这削弱了资源大国通过需求变化而获利的机会。而来自工业势力的声音谋求强硬立场,其中包括建立一个欧盟军事力量的建议。考虑到近期关于原料供应的限制,这件事变得可怕了起来。欧盟和中国或者美国因为非洲的原材料而发生一场冲突的情况又有谁能想到?而欧盟并不是这场竞赛的唯一竞争者。美国、中国、印度、日本、韩国,这些国家都十分迫切地想和非洲签订属于本国的双边条约。不论如何,这都有点类似于19世纪世界所面临的被诸多大国带入的分崩离析的状态。而在拉美,局势的发展带来了地区分裂的威胁。拉美地区有兴起于第二波独立浪潮中的新兴政府,主要是委内瑞拉、厄瓜多尔、玻利维亚和南锥体共同市场国家,如巴西、乌拉圭、巴拉圭和阿根廷等;同时,该地区也有一些国家和欧美国家早就签订了贸易协定,这些协定禁止它们进入南锥体共同市场的消费市场,主要是墨西哥、中美洲、哥伦比亚、秘鲁和智利。值得一提的是,厄瓜多尔目前被迫在二者中做出选择。

与此同时,多边协议和多边协商也正成为一种新的趋势。国家之间因为自身意愿而主动结成的联盟,比如《反假冒贸易协定》(ACTA)、中国可能很快就会加入的公共采购领域的《政府采购协定》以及美国和他的盟友们,推动形成了一个与金砖四国对抗的多边格局。

我认为,由双边协议、多边协议和正在建立中的双地区协定所构成的合作网络会极大地影响我们所讨论的、在全球经济治理领域现有的和即将迎来的变化。欧洲、加拿大、印度和非洲的左派批评这一类谈判是因为他们认为这些设想都是主要服务于大型合作和巨额融资的利益。那么,谈判桌另一端的人们为什么要签订这样的协议呢?因为欧盟委员会在必要的情况下是会采取强硬行动的。目前正在进行的欧盟普惠制(GSP)改革便是个很好的例子。这项改革将把所有被世界银行纳入全球中上等收入(每年的人均GDP超过4000美元的国家)的国家从受援名单中剔除。厄瓜多尔就是其中的一员。此外,欧盟委员会想修改2007年第1528号关于欧盟市场准入标准的规定,限制那些没有与欧盟签订《欧盟伙伴协定》的国家进入欧盟市场。简而言之,那些拖后腿的"麻烦制造者"们将被迫签订一份《自由贸易协定》。

不过,让我在这个部分开始的时候重新申明一下我个人的观点:如果不能用一种有参与感的、有包含力的和经济上可行的方式表达出不同社会的需要,我们就不能成功地整合市场和社会。在欧洲,如果一切是建立在对世界的其他地区进行经济探索的基础上,我们就不能维持我们的生活标准,甚至包括福利体制的融资。我们的光明未来需要以其他人的美好生活作为基础。

金砖国家可能是最发达国家的替代者。一个人可以大胆地说,不要和欧洲交易了,去中国吧!不过,这样的情况只能在对民众有益的前提下发生。如果我们面临着这样一个情况:中国和欧洲一样需要资源,而中国找到了一个对于政府而言更容易的安排,但在这样的安排下,那些拥有资源的国家的民众并不会受益。那么,这就不是最好的结果,因为民众的利益必须被政府所考虑。我想指出,现在美国和欧盟都在进行一项和我正在谈论的这类交易有关的立法。在美国,这是多德—弗兰克法案的一部分;在欧盟,这是对于会计和透明度指令的一项修改措施。两个法案都支持将"发布你所支付"(PWYP,旨在促进开支透明化的一项运动)运动推广到政府的行为上。虽然,这项运动本意是督促采掘业和伐木公司公开财务开支,但左派正尝试将其推进到其他领域。现在倡议中国进行相类似的立法不会特别有帮助,至少对上市公司和大型事业是这样。如果我们在此对这个话题能有一些更为深入的讨论,我会十分感激,因为这个问题对南南贸易和全球性的资源管理也是非常重要的。

不过,讨论资源贸易中的合作行为会让我们看到这个话题很有影响力的另外一面:金融部门的利益。食品危机是一个很好的利益带来了现实困境的例子。因为食品的短缺会提升食品的价格,所以我们其实是在纵容这个能让一些人通过其他人的饥饿而富裕起来的商业模式。这个商业模式是在美国的房地产业崩溃后建立起来的。游资当时正寻找着新的投资机会。

资本追逐利润,这是众所周知的。不过是什么使得资本转移到金融市场比重新投资到生产中获利更大呢?金融市场不只是我们所以为的那个有着各种物质界限的市场。它是一个封闭的球体。资本在地球上的流通很少接触其他的东西,而一切就是在这个特定的球体内实现的。这些资本因而脱离了民众和其真正的价值。

资本只有在能获得15%,有时甚至要求达到25%的收益率时才会被投资到现实世界的经济活动中。为了满足这个需求,雇员们像被雇主劫持了一样辛勤工作,整个公司都像被当做了人质一般充满了危机感而不停运转——只有这样才可以补偿上投资者承担的贷款。对外直接投资上的相关数字不比经济发展相关的数据能在这个问题上提供更多的信息。

我们见证的这个不断积累的投资资本的新维度,当信用违约互换和其他形式的金融衍生物被应用到扩大购买政府债券所带来的利润中时,金融市场的财富总量甚至富可敌国。还本付息成为了一种债务奴役,而政府通过它的税收官员为金融市场进行融资。人们已经开始预测最终什么时候会有一次起义。

近来欧盟和它的成员国以及欧洲央行的反应没有有效地处理这个商业模式,也没有打破这个邪恶的循环。我们缺少在政治上采取行动阻止危险的金融产品和建立一个新产品的许可证批核程序的意愿。相反,在一次为了保持现有的货币体系的绝望的尝试中,金钱被引入银行,人们原本希望这些钱可以成为一个中介物,但结果他们却带来了机器中额外的汽油。

如今,我们见证着一场欧元和美元之间的战役。谁能在人们注意之前印更多的钞票呢?如果这场战争有一天会有一个失败者,那么中国和其他的储备持有人都会成为其中的受害者。

在这个关于重新掌握控制权的问题上,中国经济有一些有趣的经验可以提供。

让我们来想象一下这样的场景:人们对于欧盟财政一体化的讨论少了,开始更多地关注全球经济。而这的确发生过,它给我们带来的是布雷顿森林体系。这就是我们为了给予全球化一个货币反映而需要再做一次的事情。就现在来看,这意味着重新定义货币提款权的货币基础。巴西币和人民币都需要整合。不过,这个新的设计需要拥有足够的灵活性来应对未来在生产力发展方面可出现能的变化。同时,一旦我们开始着手这个设计,我们在未来全球进行金融交易时所使用的货币单位的名称上需要更有创意。现在,比如在《自由贸易协定》的公共采购一章中,特别提款权被用作货币单位。但是,没有一位城市参事知道这是什么以及它的相关价值。

这不是意味着要禁止地区货币,毕竟它们和民众的日常生活息息相关。不过我们需要在一定的监管和控制下,让它们流入全球交易的货币中。这个灵感来源于中国的经验,它不仅顾及到了积累的或是预计的储备,也照顾到了生产效力的变化。

我个人也赞成解决利率问题。难道真的存在有客观的经济原因允许一名债权人收取超过4%或5%的利率么?我不相信这个方向上的一次一致行动会使得国际基金货币组织的会员国危及他们所需的投资资金的收集。不过我相信,现在导致利率增加的因素要求西班牙、意大利或者是此前泰国所提供的债券不会反映它们各自的经济状态。

同时,我们可以从德国和法国战后经济的发展看到,公共投资银行可以成为为生产领域和个体企业家提供其所需的投资资本的绝佳工具。我们需要的是一个定义明确的任务,以阻止这样的公共投资银行玩弄金融市场的巨头们的企图。德国复兴信贷银行已经成为了一个为私人家庭在融资现代化建设中的能源消费控制,或是压缩德国太阳能和风能的热潮方面的现代投资资金的榜样式的提供者。不过,我们也见证了政治上的决定和这个资金的结合能在短时间内摧毁一个原本前途光明的领域。

为了克服现在的和未来的困难,我们需要合作而不是中国和欧洲的竞争,更不用说这个竞争关系是建立在一个共同的目标之上的。清洁技术的转让和加入到有意义的生产工作中可以成为合作的起点。不过,绿色经济是不够的,它还需要变得包容。这不能成为一个封闭的解决方案,它应该是在全球范围内有利于穷人的措施。

金融危机、经济危机、食品危机、气候变化危机——这些我们现在见证的危机,都是新自由主义占领全球文化霸权受挫的结果。这可能是一次机遇。

危机、发展与变革的需要

弗拉迪米洛·贾凯*

一、一个时代的终结

所有关于资本主义新发展的讨论都以2007—2008年爆发并仍在持续的金融危机为起点。一旦解决了危机,就将迎来"新发展"。因此,资本主义的未来很大程度上取决于危机解决方案的方向和效用。

我们面临的主要问题是:当前的危机不仅意味着债务超级周期的终结,同时意味着信贷/金融拉动型增长模式的终结,以及资产泡沫通胀和信贷繁荣的终结。在信贷繁荣时期,工资下降的情况可以被克服或被隐藏,生产出现相对过剩,金融活动的收益高于制造业成为可能(主要发生在西方国家)。

2008年雷曼兄弟公司破产是这一增长模式突然崩溃的标志性事件,它一方面揭示了西方世界所有金融机构都在利用不可持续的高杠杆(美国房地产业的超额信贷不过是总趋势的冰山一角),另一方面几乎冻结了资金流通(在2008年末的几个月里)。

---

* 作者系意大利共产党人党理论家、萨多尔股份公司公共事务部主管。

此外,它还是导致国际贸易和世界各地的工业生产严重下挫的原因之一(2008 年第四季度至 2009 年第三季度)。

二、金融危机及私人债务危机转移到公共债务领域

值得我们注意的一点是,危机本身其实也是通过资本耗损来适应新情况的一个过程。按照马克思的理论,这种耗损对于恢复盈利并开始新的积累是必要的。

资本耗损分为两种类型:一种是耗损实际资本,即"一旦阻止了再生产过程,限制甚至完全阻止了劳动过程,就耗损了实际资本……现有的生产条件……不会付诸行动"。在这种情况下,资本不仅失去了使用价值,还失去了交换价值。另一种是耗损虚拟资本,即"商品价格毁灭性的下降"。在这种情况下,"使用价值没有被耗损。一方所失去的,正是另一方所得到的……被耗损的是大部分社会名义资本,即现有资本的交换价值。"马克思认为,"简单的虚拟资本、国家债券的下跌"会导致"财富从一方向另一方的简单转移",但并不耗损实际资本——至少不会导致"国有或股份制企业破产",从而缩小再生产(马克思,1861—1863 年),理解这一点是十分重要的。

马克思所论述的资本耗损的两种类型在当前的危机都有体现。2009 年全球 GDP 总量自 20 世纪 30 年代以来出现最大幅度的下降,全球贸易额自第二次世界大战结束以来首次出现下降,国际贸易萎缩,许多国家工业利用率降低,全球特别是西方国家失业率大幅上升都体现了实际资本的耗损。问题是多大的资本耗损量足以为投资盈利创造出更好的条件,以开始新的积累,我将以欧洲为重点进一步解释这一问题。

这是一个至关重要的问题,因为金融危机期间资本的耗损确实是巨大的(亚洲开发银行于 2009 年 3 月公布的一份文件认为,损失的财富大约相当于全球一年的 GDP),但却避免了股份制企业大规模的“破产浪潮”。

企业之所以没有大规模破产,是得益于国家大规模的救市和干预。国家将庞大的私人债务转化成公共债务,也可以说是将损失社会化。这些干预措施的规模是空前的(英国央行,2009 年)。

政府干预的结果是,在欧洲(包括英国)、美国和日本,以及在大多数经合组织国家,如果我们将私人债务和公共债务视为一个整体,会发现其实并未去杠杆化。这种情况非常令人担忧。(见图 1)

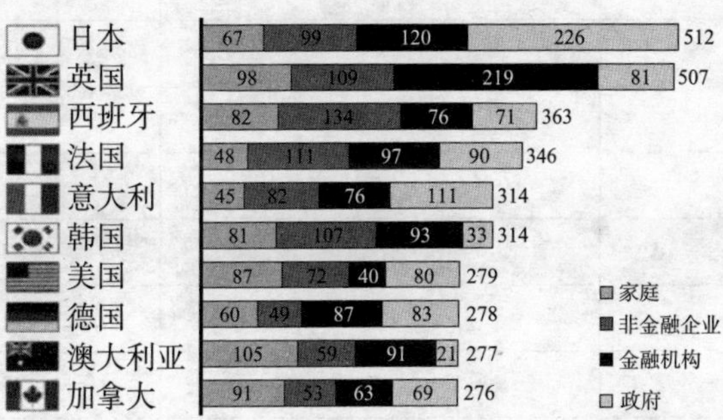

图 1　10 个最发达经济国家 2011 年第二季度各类债务总额(占 GDP 百分比)

此外,公共债务越来越庞大的问题更加令人担忧。这不仅仅源于政府干预,也源于财政收入下降(由于经济不景气和危机中 GDP 下降)。这为更深层次的债务危机,即主权债务危机埋下了隐患。我想在此强调的是,这不仅是希腊的问题,也不单纯是欧洲的问题,而是一个全球性问题。根据国际货币基金组织2009年公布的一项报告,最发达经济体的公共债务占GDP比重到2014年看起来不可避免地将会比2007年水平上升34%,平均达到GDP的114%。不排除发生这样的情况,即如果经济增长进一步放缓,债务可能会达到GDP的150%。(IMF,2009年)这不仅非常危险,且代价高昂。(见表1)

表1　2012年各国债务展期与利息支付(单位:10亿美元)

国家	2012年债券、票据赎回	利息支付
日本	3000	117
美国	2783	212
意大利	428	72
法国	367	54
德国	285	45
加拿大	221	14
巴西	169	31
英国	165	67
中国	121	41
印度	57	39
俄罗斯	13	9

三、欧洲的"主权债务危机"

欧洲主权债务危机爆发于2009年11月,至今仍在继续。

因此,欧盟及各成员国主管部门都把公共债务的去杠杆化作为应对危机的根本步骤。

将公共债务去杠杆化作为优先目标看似非常明显。事实上，在没有引起任何大规模公众争论的情况下，这些政策就得以制定，并且社会主义、民粹主义和保守主义政党一致认为这些政策必不可少。这就赋予"单一思维"更具体的含义。

但这并不能解决欧洲经济存在的问题。相反，优先使公共债务去杠杆化是一个政治选择，并存在许多理由去质疑或拒绝这一选择。我会尽可能简要概述这些理由。

第一，我们始终应该审视的是债务总额，而不仅仅是其公共部分。请注意，从图 1 可以看出，私人债务（家庭、非金融企业和金融机构的债务）总是占未偿还债务总额的大部分（即使在政府采取更有利于私营部门的干预政策后，情况也是如此）。如果看一下英国的情况，不难发现，单单金融机构所欠债务就超过公共债务的 3 倍以上。因此，在存在其他可能选项（如通过破产的方式大规模削减私人债务）的情况下，优先使公共债务去杠杆化实则是一种政治选择。从图 2 可以看出，目前私有部门的债务杠杆在金融领域已经达到了难以为继的程度。此外，全世界的公司在未来 5 年内需要约 30 万亿美元对现有债务进行再融资。

第二，我们不能在不考虑一国对外赤字的情况下妥善处理公共债务问题，这一点非常重要。一国对外偿还能力和其消除自身财政赤字的能力不能混为一谈，且前者比后者更为重要。法国外贸银行集团（Natixis）首席经济学家帕特里克·阿尔图斯（Patrick Artus）指出，"仅有巨额财政赤字但无外部赤字的欧元区国家不太可能再次经历金融危机，国内投资者和银行家拒绝为消除财政赤字出资的情况非常罕见"。换句话说，银行家和投资者有强烈的本土情结，在其他情况不变的条件下，他们更倾向于购买本国债券而非外国债券。但反过来说，如果一个欧元区国家消除了财政赤字，但仍存在外部赤字，则会陷入困境。说服非本国投资者出资消

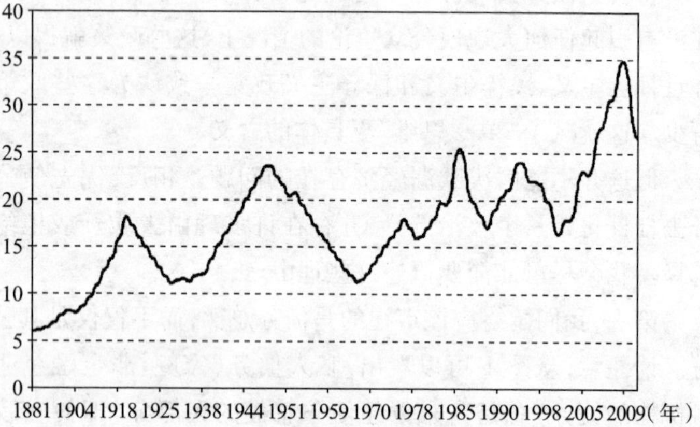

图 2　英国银行长期杠杆率(%)

除其外部赤字和债务，远比说服本国投资者出资消除国内财政赤字要困难得多(阿尔图斯，2012 年)。毫无意外，那些陷入主权债务危机的欧洲国家过去几年都存在贸易逆差和经常项目赤字(且赤字通常呈上升趋势)。例如，2008 年希腊的贸易逆差超过 20%。此外，还有许多其他欧洲国家多年来也背负了沉重的财政和贸易赤字。

第三，减少公共债务更有效的途径似乎是消除财政赤字，实现财政盈余当然是更好的情况。然而令人感到矛盾的是，减少财政赤字若处理不当，将导致更大的债务负担。不幸的是，限制性的财政政策往往导致国内需求减少，从而导致实际经济活动减少和 GDP 下降，这反过来会使债务占 GDP 的比重升高。希腊正在生动地上演这一情节：在欧洲央行、欧盟和国际货币基金组织自 2010 年 5 月迫使希腊实施紧缩措施后，由于实体经济活动崩溃，希腊债务占 GDP 的比重进一步升高，从 2010 年的 145% 发展到 2011 年的 162%，2012 年几乎高达 180%。最近公布的经济增长预测显

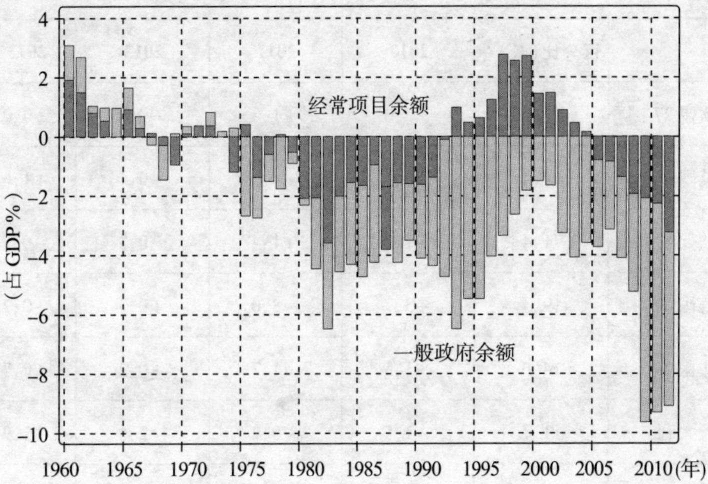

图 3　法国双赤字创历史新高

示，几乎所有实行紧缩政策的欧元区国家前景都很悲观：意大利 2012 年增长 −2.6%，2013 年增长 −2.9%；西班牙 2012 年增长 −1.5%，2013 年增长 −1.7%；希腊 2012 年增长 −6.7%，2013 年增长 −6.2%；葡萄牙 2012 年增长 −4.3%，2013 年增长 −3.0%；爱尔兰 2012 年增长 −1.3%，2013 年增长 −1.3%。（IMK，2012，见表 2）

我们同样可以看到，英国由于采取了严格的财政紧缩政策正陷入二次探底的境地，其复苏速度甚至没有赶上大萧条时期。马丁·沃尔夫曾撰文抨击卡梅伦的紧缩政策，称“在债券价格暴跌阴影带来的恐惧下，政府正把英国带向停滞”。

第四，公共债务去杠杆化意味着：其一，投资规模缩小（例如在基础设施、教育和研究方面），对全要素生产率产生负面影响，并从长远削弱国家竞争力。其二，工资水平降低，表现在两方面：

表 2　欧盟经济增长情况(国民生产总值实际变化,%)

	百分比(%)①	2010	2011	2012	2013
欧盟 27 国	100,0	+2,0	+1,5	-0,4	±0,0
英国	14,4	+2,1	+1,0	+0,1	+1,4
欧元区	71,4	+1,9	+1,4	-0,8	-0,5
德国	19,4	+3,7	+3,0	+0,3	+0,7
法国	14,0	+1,5	+1,7	+0,2	+0,7
意大利	11,7	+1,5	+0,2	-2,6	-2,9
西班牙	9,0	-0,1	+0,7	-1,5	-1,7
希腊	2,1	-3,5	-6,9	-6,7	-6,2
葡萄牙	1,6	+1,4	-1,6	-4,3	-3,0
爱尔兰	1,2	-0,4	+2,6	-1,3	-1,3

① 以美元计算的国民生产总值与实际购买力比值(2010 年 IMF 数据)。

来源:欧洲统计局;2012 年起有关数据系预测。

一是减少社会服务和权利(即我们所说的"福利国家"待遇)。我们必须牢记,削减社会服务意味着间接削减薪金,削减退休福利意味着削减将来的工资。用正式的方式来表述,即这意味着本应由国家承担的一部分社会再生产成本,被直接转嫁为个人承担,而且这是在"福利国家"产生之前的情形。这类薪金削减应纳入被直接削减的薪金中,而后者是危机导致的直接后果(失业率上升削弱了工人阶级的谈判实力)。最后但并非最不重要的一点是,许多国家(其中包括意大利)目前正在实施的所谓的"结构性改革"

意味着削弱劳动合同中保护员工权益的相关条款的效力。毫不夸张地说，这一做法正是让广大工人为危机买单。其三，私有化，这意味着国家在经济中的作用进一步减弱。

所有这一切缘于一个清晰的理由：减薪提高了私营部门的盈利能力，私有化使私人机构可以进入公共事业部门。

但仍可以对上述措施提出强烈反对：减薪将不利于私营部门对研发领域进行投资（这是意大利 20 世纪 90 年代以来劳动生产率低迷的原因之一）；减薪也可以在不对投资产生任何积极影响的情况下提高盈利能力（这似乎是西班牙、意大利、葡萄牙和希腊目前的情况）；减薪还将严重影响家庭需求和国内需求。更糟糕的是，国内需求下降产生的漏洞没有被新增加的出口和企业投资所填补（以希腊为例），在这种情况下，减薪就成了一项适得其反的策略。同样，由于公众对战略行业或战略企业（如银行业、电信业等）失去控制权，私有化带来的个人收益很快就被淹没了。在某些情况下，私有化对生产性投资也可产生反向挤出效应。意大利的情况是，20 世纪 90 年代大规模私有化（价值高达约 110 亿欧元）期间，大量意大利资本家将资金从国际竞争激烈的领域转向了受到更多保护的公共事业部门。而接下来的 10 年，就经济增长而言，是意大利失去的 10 年，这 10 年间意大利经济增长速度跌落至第二次世界大战后最低水平。这也可以解释为何 2008—2009 年以来，意大利债务占 GDP 比重会如此之高。

简言之，我们可以说欧洲正在用处理财政赤字的方式处理外部赤字危机（很多欧洲国家都如此）。人们一直从公共债务的角度看待债务问题，这种看法是有局限的，应从整体上看待该问题，而不是仅仅把债务问题看作是缺乏盈利能力或竞争力的突出表现。在这种情况下，由于人们简单而教条化地理解了《马斯特里赫特条约》，即认为“货币稳定”等同于与通胀作斗争，因而总以该条约的名义,反对欧洲央行为打击外界炒作欧洲国家主权债务而干预市场,更不必说将债务货币化。央行干预本来是对抗货币不稳定的一个强大工具,也是在我看来唯一的武器,却被束之高阁。各国央行在危机中采取的行动各有不同,这一点非常有趣,美联储(见图4)、英国央行就是十分典型的例子(见图5)。

来源：SG十字架资产研究，美国资本金的流向。

图4　2008 年以来美联储已将 60%左右增加的国债/政府支持企业债务货币化

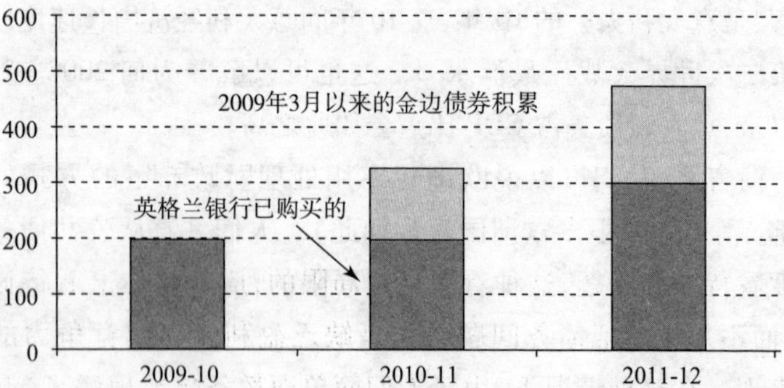

图5　2009 年 3 月以来英格兰银行已将大约 60%的净金边债券货币化

通过从欧洲央行和欧洲私人银行贷款——即2012年12月推出的1万亿美元“长期再融资计划”——来购买主权债券，从而间接解决问题的努力被事实证明是失败的。

所有这些因素加剧了欧元区各经济体间在经济方面和财政方面的分歧，使得欧洲央行的货币政策最终对欧元区的所有国家均缺乏效力（目前德国的利率过低，而其他外围国家的利率又过高），加速了始于2008年的资本再国有化（这与20世纪30年代的情况如出一辙，当时德国将大量收益偿还给美国，成为导致大萧条的致命因素之一），为一国脱离欧元区打开了缺口，并将最终导致欧元区解体。

正如索罗斯所说，危机一爆发，欧元区解体的后果就让人不敢想象，因为共同货币导致各国资产和债务相互交织，所以危机会造成无法控制的经济崩溃。但是，随着危机的发展，欧元区各国已经沿着各自的国内路线进行了调整。

这可能会对欧洲的未来和国际稳定带来可怕的后果，其负面影响不仅仅局限于经济领域。将货币稳定作为绝对优先目标导致的灾难在现代史上不止发生过一次。里昂·潘尼彻（Leo Panitch）和山姆·吉丁尼（Sam Gindin）在《金融时报》上发表的文章中，曾引用了卡尔·波兰尼20世纪20年代的杰作《大转型》的观点，“偿还外国贷款并使货币回归稳定状态被视为检验政治是否合理的试金石；私人经历痛苦，主权被侵犯，被视为恢复货币完整性所必须付出的巨大代价。通货紧缩使得本来就很贫困的失业者无法再就业；被解雇的公务员因得不到任何遣散费而异常窘困；为使预算合理、货币可靠并满足那些先验的经济自由主义的标准，人们甚至认为放弃国家权力、丧失宪法自由都在所不惜。”

欧洲人很熟悉这些话。货币稳定的图腾与经济自由主义的口号相结合，本是里根—撒切尔时代新自由主义的一种特殊形式，却成为完全不同的资本主义历史阶段新问题的解决方案:即更多的市场自由,更少的国家干预,进一步放松监管和更少的劳工权利。如此说来,目前情况和当时“几乎相同”。柏林墙倒塌后,华尔街的“墙”变得比以往更为坚固。

四、改革前景:金融分析师与决策者之争

人们始终持“基本相同”的观念,不对金融市场进行实质性改革,也不把西方经济看作一个整体。金融稳定委员会未对金融市场进行更好的监管。美国的多德—弗兰克法案本可以在雷曼兄弟公司破产后的危机时期进行最雄心勃勃的改革,连奥巴马都称赞它为“史上最为严格的消费者保护条例”,但实际上却被美国国会的华尔街游说团体所扼杀(泰比[Matt Taibbi],2012 年)。最终结果是,场外交易市场不受任何监管,信用违约掉期市场比以往任何时候都更为集中,四大美国银行几乎统治了整个市场(占 94% 的份额)。

具有讽刺意味的是,决策者执拗地坚持古老的自由主义教条,最优秀的金融分析师和理财经理似乎都担心公开质疑紧缩政策。凯特·麦肯齐(Kate Mackenzie)在 2011 年 8 月 22 日的《金融时报》上撰文称,“有趣的是,政治现在变得越发谨慎,甚至说越发反动——同决策者相比,世界经济和金融界的一些大佬们提出的政策建议使他们看似更像共产主义者。”(麦肯齐,2011 年)

其中一些建议包括:

乔治·马格努斯(George Magnus,瑞士银行高级经济顾问)所说的“过度生产和消费不足的矛盾”,即陷入贫困的人越多,他们能消耗的商品和服务就越少。当一家公司通过降低成本来提高效

益,我们说这是聪明的做法,但如果所有公司都如法炮制,收入构成和有效需求就遭到了破坏,取决于这二者的公司收入和利润就无从谈起。这一问题在当今世界发达国家是显而易见的。我们有大量的产能,但在中下等收入人群中,金融不安全问题和低消费率极为普遍。(马格努斯,2011 年;类似观点也可参见鲁比尼[Nouriel Roubini],2011 年)

BCA 研究公司战略分析师达瓦尔·乔希(Dhaval Joshi)认为,"紧缩是错误的政策"(乔希,2011 年)。马格努斯较为客气,认为"决策者在制定经济议程时应首先考虑就业问题,并考虑其他非常规措施。危机不是暂时的,思想上的激情和紧缩政策肯定解决不了问题"。(马格努斯,2011 年)此外,阿尔图斯指出,"投资者不要求大规模削减财政赤字,但需要一个可信且具体的中期减赤计划,它必须既不会损害短期经济增长,又包含促进长期经济增长的相关政策"。(阿尔图斯,2011 年)但是,国际评级机构标准普尔公司已经对紧缩政策的后果提出了质疑。其在 4 月 26 日发布的对西班牙主权债务评级进行降级的声明中表示:"西班牙的紧缩政策可能会加剧中期经济增长的各种风险。"

鲁比尼认为,"我们需要使市场和公共产品供给回到适当的平衡状态"。"今天,适当的平衡需要通过额外的财政刺激措施来达成。这些措施应旨在刺激生产性基础建设投资,以及创造就业机会。这还将需要:更加积极的税收政策,更多短期的财政刺激和更规范的中长期财政纪律,货币当局的紧急贷款支持(以防止银行毁灭性地运行),减少缺乏偿付能力的家庭和其他糟糕经济主体的债务负担,严格监管金融体系的过度运转,以及打碎大而不倒的银行和被寡头垄断的信托基金。随着时间的推移,发达经济体们将需要投资于人力资本,技能和社会保障网络,以提高生产率,促进工人们的相互竞争;同时这也使得它们自己变得灵活,在全球化经济中茁壮成长。”(鲁比尼,2011 年)另一种方法可能是毁灭性的。“另一种方法是 ,像在 20 世纪 30 年代一样:货币和贸易战争、无休止的停滞、萧条、资本管制、金融危机、主权破产,同时带来巨大的社会和政治不稳定。”(鲁比尼,2011 年)

五、结论:为美好未来而采取非常措施

不应低估鲁比尼的警告。历史教育我们必须小心处理危机,比如当前这场危机。

简单罗列一下大多数西方国家需要面对的主要问题,我们就更容易意识到采取非常规措施的必要性。这些问题包括:第一,日益严重的不平等——几乎所有西方国家的社会鸿沟都在持续扩大,约翰·普伦德(John Plender)四年以前就在一篇非常重要的文章中提醒我们注意贫富差距问题(普伦德,2008 年);第二,工资水平下降;第三,失业反弹和劳动参与率下降(美国、欧盟和日本的情况);第四,生产能力受损,许多发达经济体出现去工业化趋势;第五,中产阶级的衰落,彼得·格罗茨(Peter Glotz)在 20 世纪 80 年代设想的“三分之二社会”(Zwei-Drittel-Gesellschaft)现在看来太过乐观;第六,对制度失去信心,这是目前我们民主形态的合法性危机。在欧洲,这场危机在政治层面不仅表现为极右(也包括公开的法西斯主义)运动死灰复燃,也表现为“无政党运动”(比如德国海盗党、意大利喜剧演员格里洛发起的政治运动)、单一议题运动等多种形式。如此看来,“单一思维”运动看似同“无思考”或“单一目标”运动形成了鲜明对比,因为后者是既没有不同社会的概念、也没有具体实施策略的政治运动。

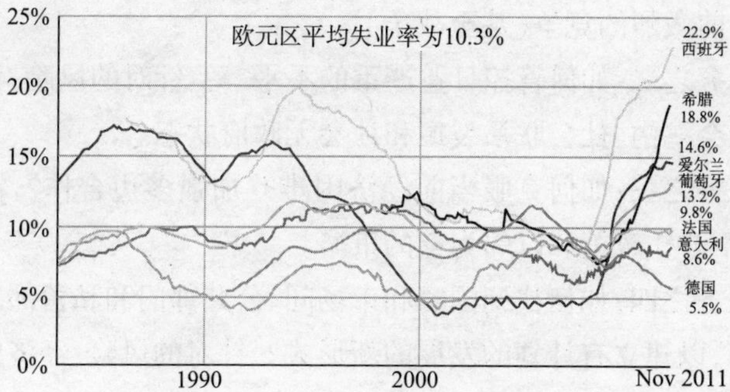

图 6　欧元区面临的失业情况

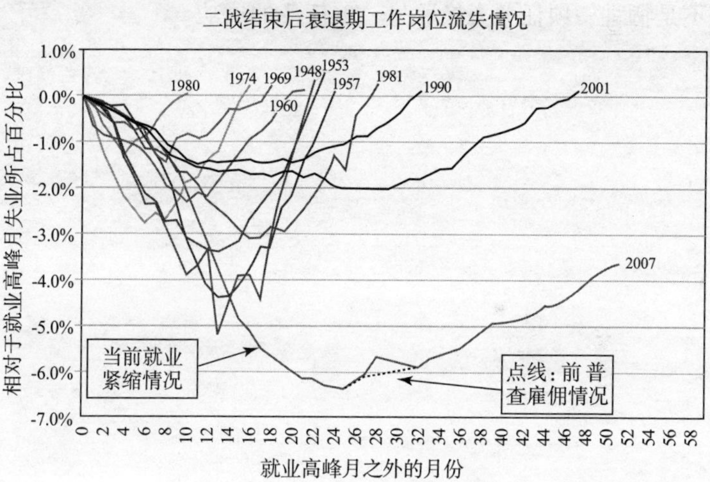

图 7　美国面临的失业情况

在我们需要面对的任务和风险中，我需要着重强调以下几对任务与风险之间的关系：

任务之一：如何找到离开债务怪圈的出路（我们不能像以往那样继续积累债务，但去杠杆化的速度又不能太快）？针对的风险：全球层面上的资本短缺（麦肯锡，2010 年）和为争夺资本而进行的空前激烈的竞争(甚至战争)。

任务之二:如何管控日益严重的不平等?针对的风险:无法管控的社会鸿沟、社会联系裂痕和社会无政府状态。

任务之三:如何克服当前经济困难并加强多边合作?针对的风险:不合作政策和以邻为壑的策略。

任务之四:如何找到国家和市场间、公共部门和私营部门间的新平衡,以建立有计划的发展的新形式?针对的风险:经济监管严重缺位,国家只拥有一丝残余的、低效的作用。

我们承担的责任非常复杂,因为我们需要同时完成所有任务,而不是牺牲一项任务去换取另一项任务的成功。

欧盟紧缩政策对中国的影响

玛莉卡·弗朗哈斯基*

一、欧盟与中国的经济关系

1. 贸易方面

2011 年,中国成为仅次于美国的欧盟第二大贸易合作伙伴,而欧盟则是中国第一大贸易合作伙伴。同几年前相比(如 2008 年,见表 1),中国在欧盟对外贸易中的地位进一步加强。

表 1　欧盟和主要贸易合作伙伴的贸易额(%)①

欧盟进口来源国			欧盟出口目的国			欧盟贸易合作伙伴		
	2008	2011		2008	2011		2008	2011
世界	100.0	100.0	世界	100.0	100.0	世界	100.0	100.0
中国	15.9	17.3	美国	19.1	17.0	美国	15.2	13.8
美国	12.0	10.9	俄罗斯	8.0	7.1	中国	11.4	13.3
俄罗斯	11.2	11.8	瑞士	7.5	7.9	俄罗斯	9.8	9.5
挪威	6.1	5.6	中国	6.0	8.9	瑞士	6.2	6.6
瑞士	5.1	5.4	土耳其	4.1	4.7	挪威	4.9	4.4

* 作者系希腊智库“普兰查斯研究所”专家。

① 来源:http://ec.europa.eu/trade。

以上数据进一步说明,以2008年雷曼兄弟公司破产为标志的全球金融危机并未对欧盟同中国的贸易关系产生持续的负面影响,这在全球层面上证明了中国经济的活力和竞争力。

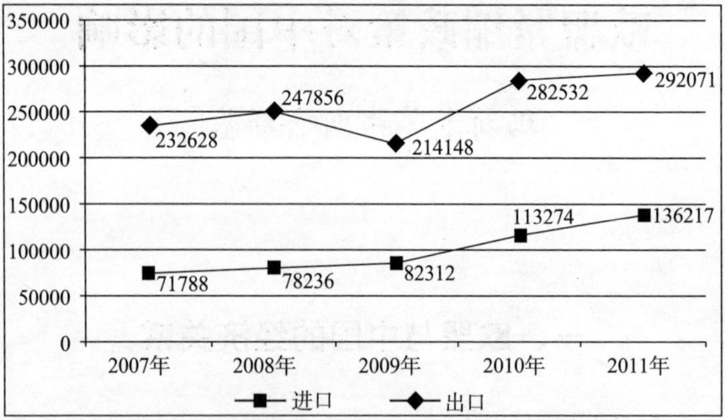

图1 欧盟对华贸易额(单位:百万欧元)①

2. 货币方面

人民币和欧元的关系包括直接和间接两方面。直接关系在于,欧元是人民币汇率所参考的一篮子货币中的一种。在中国实行有管理浮动汇率制度情况下,欧元在货币篮子中的权重有望加大。

由于欧元与美元的联系,以及这种联系对金融市场尤其是无本金交割远期外汇交易市场(NDF)②的影响,欧元同人民币存在着间接联系。虽然欧盟在贸易领域对华施压的力度不及美国,但

---

① 来源:http://ec.europa.eu/trade。

② 无本金交割远期外汇交易市场是一种场外交易市场,交易远期合约和期货合约。无本金交割远期外汇交易市场是为那些拥有资本管制和外汇交易限制的国家而发展起来的,大多数交易以美元现金结算。

巨额对华贸易赤字可能促使欧盟在未来加大施压力度。①

二、欧盟的紧缩政策

1. 从理性角度定义紧缩政策

欧盟最初实行的紧缩政策本是一种财政紧缩，即削减公共支出，提高公共收入，以尽可能保持收支平衡。除财政紧缩外，该政策还涉及压低工资和改革劳动力市场，以及包括国有资产私有化在内的市场自由化改革。因此，从广义上讲，欧盟的紧缩政策包含三个层面：即财政紧缩、劳动力市场改革及市场自由化。

欧元区危机爆发后，根据德国财政部长沃尔夫冈·朔伊布勒提出的“以短期阵痛确保长远收益”理念，财政紧缩政策更为严厉。然而，决策者基于对私人和政府举债行为的错误类比，采纳了错误的紧缩政策。私人的确应该审慎举债，但在经济衰退势头下，负债的政府采取紧缩政策会加剧经济衰退，并加大其还债难度。欧盟目前经历的正是这种情况。

2. 欧盟紧缩政策的制度化

欧盟紧缩政策是通过《稳定与增长公约》得以制度化的。根据该公约，欧元区各国政府的财政赤字不得超过当年国内生产总值（GDP）的3%、公共债务不得超过GDP的60%。但如今，只有芬兰、爱沙尼亚、卢森堡、瑞典四国符合规定的上限，因此欧盟紧缩政策变得更为严厉。

---

① 让·皮萨尼—费里曾说，“要解释欧盟同美国态度的差异，虽然仍是一种假说，但可以这样理解，即欧洲人对外部世界发展的反应要慢于美国人。没有显著的外部赤字、无法肯定哪种政策立场是可取的、内部分歧、对汇率关系管理缺乏经验以及习惯于追随美国的领导，导致了欧洲反应迟钝。”

2011年12月,欧盟委员会宣布《加强经济治理一揽子改革法案》(又称"六部立法")生效,虽然其中一些条款只适用于欧元区国家,但新的财政监管法规却在三方面强化了《稳定与增长公约》的约束力:一是规定了公共开支年增长幅度相对于GDP增长的上限;二是使债务标准更具操作性,即使一国财政赤字仍低于其GDP的3%,欧盟也有可能对其采取过度赤字程序(EDP);三是实行半自动化的决策程序,即欧盟将对违反规定的欧元区国家实施自动制裁,除非合格的多数投票表示反对。

此外,除英国和捷克以外的25个欧盟成员国于2012年3月签署了《欧洲经济货币联盟稳定、协调和治理公约》。该公约关于财政方面的内容被统称为"财政契约",它要求25个缔约欧盟成员国在制定预算时充分考虑到以下两点:一是"债务刹车",即年度结构性财政赤字不得超过其GDP的0.5%;二是"减债路线图",即如果一国债务水平高于其GDP的60%,高出的部分应当按每年5%的速度予以消除。欧洲法院将裁定成员国是否遵守财政预算规则,违规的成员国将以付息存款的形式缴纳罚金。

2012年内,欧盟成员国还将讨论并通过两项相关法案。

总而言之,紧缩政策的制度化过程反映出柏林方面对公共债务危机的看法,即将毫无节制的政府支出视为危机爆发的根源,因而认为需要采取尽可能果断的措施来控制政府支出。但这一看法选择性地忽略了其他的一些因素,如欧元区自身体制性缺陷和放松管制的金融体系中的投机行为。这样一来,不难预见欧盟国家在经济危机中同步推行货币紧缩政策的结果,那就是更为严重的经济衰退。

3. 紧缩政策对欧盟的影响

欧盟目前陷入了一种恶性循环。欧盟委员会公布的2012年春季经济预测报告显示,欧盟前景相当暗淡。如果考虑到上述新的财政法规，前景只会更加暗淡！

表2分别显示了欧盟委员会和 Macro Group① 所预测的2012至2013年欧盟经济增长情况，后者在计算时考虑了新的财政紧缩基准。

表2　欧盟和世界经济增长情况（真实GDP，变动百分比）②

	MACRO GROUP 预测				欧盟委员会预测			
	2010年	2011年	2012年	2013年	2010年	2011年	2012年	2013年
欧盟27国	2.0	1.6	-0.4	+/-0.0	2.0	1.5	0.0	1.3
欧元区	1.9	1.5	-0.8	-0.5	1.9	1.5	-0.3	1.0
德国	3.7	3.0	0.3	0.7	3.7	3.0	0.7	1.7
法国	1.5	1.7	0.2	0.7	1.5	1.7	0.5	1.3
意大利	1.5	0.2	-2.6	-2.9	1.8	0.4	-1.4	0.4
西班牙	-0.1	0.7	-1.5	-1.7	-0.1	0.7	-1.8	-0.3
希腊	-3.5	-6.9	-6.7	-6.2	-3.5	-6.9	-4.7	0.0
葡萄牙	1.4	-1.6	-4.3	-3.0	1.4	-1.6	-3.3	0.3
爱尔兰	-0.4	2.6	-1.3	-1.3	-0.4	0.7	0.5	1.9
美国	3.0	1.7	2.1	2.0	3.0	1.7	2.0	2.1
日本	4.4	-0.9	1.2	2.2	4.4	-0.7	1.9	1.7
中国	10.3	9.2	8.3	8.2	10.3	9.2	8.4	8.2
世界	5.2	3.9	3.1	3.5	5.1	3.7	3.3	3.7

欧盟经济衰退，尤其是希腊经济不景气，已导致失业率快速上升。2012年1月数据显示，欧盟27国失业人口为2430万人，失业

---

① Macro Group 由三大研究机构组成，即 IMK（杜塞尔多夫经济研究所）、OFCE（巴黎政治大学经济研究中心）、WIFO（维也纳经济研究所）。

② 来源：IMK报告，2012年3月，Macro Group 联合报告；欧盟委员会欧洲经济预测报告，2012年春季。

率为10.1%,欧元区失业人口为1700万人,失业率为10.9%,均达历史高点。

可以预见,欧盟没有通胀压力。相反,预期通胀率将呈下降趋势。由于持续的经济衰退和欧洲央行采取的宽松货币政策,预期利率也将保持较低水平。

最后,经济衰退削弱了欧元。2011—2016年,美元兑欧元汇率平均值预计将从过去五年(2007—2011年)的1.39:1降至1.27:1。①

三、欧盟紧缩政策对中国的影响

欧盟紧缩政策主要通过贸易和外汇两个渠道对中国产生影响。贸易渠道体现在对中国出口商品的有效总需求的变化上,而外汇渠道则体现在相对价格的变化上。两方面变化都将或多或少影响决策者所面临的选择,并最终影响到中国经济的表现。

1. 对贸易的影响

由于中国出口占GDP比重过高(2010年占39%),全球需求萎缩对中国冲击很大。欧盟吸收了中国约1/5的出口(2010年为20.1%),但紧缩政策导致的严重经济衰退预计将抑制欧盟对消费品和中间商品的需求。

例如,欧盟进口的服装将近一半来自中国,服装和纺织品在中国对欧盟总出口中的比重为10%。由于服装是人们历来最先消费的项目,根据对这些商品需求的收入弹性,随着个人收入的降低,欧洲人将减少对服装的消费,这也意味着欧盟国家将减少从中国的进口。

① 来源:IMK报告,2012年3月,Macro Group联合报告;欧盟委员会欧洲经济预测报告,2012年春季。

此外,欧盟从中国进口的商品还包括中间商品和耐用品,如机械及运输设备(2011 年占 49%),对这些商品的需求同样会减少。经济衰退越严重,持续时间越长,欧盟从中国进口这些商品所受的负面影响就会越大。

图 1 显示,中国对欧盟出口额稳步增长,唯一的例外出现在 2009 年,当时由于受金融危机影响,中国对欧盟出口额下降了 14%。2008 年雷曼兄弟公司的破产曾撼动了全球经济的基础,类似对世界具有震撼意义的事件可能将使一个成员国离开欧元区。因此,即便目前欧盟持续的经济衰退只影响到了中国对欧盟出口的增长速度,但在不远的将来,中国对欧盟出口实际跌幅将会十分猛烈。

2. 对外汇的影响

欧盟紧缩政策预计将加剧并延长大多数成员国(尤其是那些赤字国家)的经济衰退,这将使欧元兑主要货币走软,造成欧元贬值。这一点在美元上表现得尤为突出,美元相对于其他主要货币将会升值。考虑到美国严重的贸易赤字和缓慢的经济增长,美元升值并不受欢迎,而且美元的升值预期将对人民币等正在崛起的货币构成新一轮升值压力。随着中国继续推进渐进式汇率改革,中国出口商品价格将提高,而进口商品价格将降低,相应地影响到国际贸易流动。

此外,人民币升值将巩固其国际地位,尤其是在新兴国家中的地位。从长远看,基于中国经济的总量和其国际地位,人民币将成为储备货币。然而,这将使中国在开放其经济尤其是金融领域方面面临更大压力。鉴于持续的经济危机,尤其是欧盟正经历的危机,维持资本管制并密切检测金融发展可能是对当前中国决策者而言最适当的行动方针。

当然,假设不会发生诸如欧元崩溃等重大冲击,才会出现上述趋势。如果发生了如此重大的冲击,其影响将波及全世界,中国也难以幸免。应对类似冲击即便对于像中国这样经济监管到位的国家来讲也将构成严峻挑战!

总而言之,经过30多年的快速增长,中国经济已逐渐走向成熟,与此同时主要发达国家正经历经济危机。欧盟采取的并不周全的紧缩政策不仅加剧了危机对其自身的负面影响,也将负面影响传导给了中国等主要贸易合作伙伴。扭转这一政策需要一个长期的社会政治和经济进程。这也是当前中国需要比以往任何时候更加注重开拓发展途径、注重国内消费的另一个原因。

世界经济的权力转移:地缘政治因素和全球经济衰退的可能后果

施德凡·施马尔茨*

一、前言:当前的中美经济关系

当中美两国决策者坐到一起时,往往会产生分歧。其中一些问题是人权、台湾的政治地位和国际体系话语权。但是不管中美分歧如何,两国在经济政策方面还是有隐形共识的。一些学者认为中美两国都属于一种共同的经济体——"中美国"(这是由美国哈佛大学著名经济史学教授尼尔·弗格森在2008年提出的,现在已成为公开争论的话题)。中美两国经济的模式可以概括为,美国是"最终的消费者",而中国则是世界最大的出口国和世界工厂,这导致了结构性的不平衡。中国继续保持高额的外贸盈余,美国则面临不断上涨的外贸赤字,2011年达到7267亿美元,其中2954亿美元逆差源自中国。中国是美国最大的债权国,美国则是世界上最大的债务国。"中美国"清晰地显示了当前世界经济的问题。中国政府将其大部分外汇储备投向美国的国债,而不是加

---

* 作者系德国耶拿弗里德里希·席勒大学高级讲师。

强自身的市场。中国不仅间接地支持了美国的消费,而且助长了美国房地产市场的泡沫,使得美国金融机构敢于冒更大的风险。

本文意在揭示"中美国"源于资本主义世界的经济权力转移。在此过程中,东亚——中国作为其新的中心——进入新的发展阶段。世界经济的结构性变化和美国未能很好地适应这种变化,是造成2007—2012年世界经济危机的重要因素。目前尚不清楚,未来世界秩序将向什么方向发展。接下来,则要分析世界经济危机的空间维度。

二、重新诠释全球危机:过渡危机

在当前国际社会的争论中,一个问题是中国作为超级大国的崛起及其对美国主导的国际体系的冲击,另一个问题是发端于2008年的金融危机。当然国际社会对两者的讨论通常也是分开的。在国际关系中,往往聚焦于中国崛起的地缘政治影响。多数学者关心的是东亚地区秩序的重塑,中国领导的地区一体化进程的加快可能对美国在太平洋地区的地位形成挑战,进而终止美国在这个经济活跃、人口众多地区的霸权。多数学者认为,在未来10年中国的政治影响力将持续上升,长期来看,中国可能会挑战美国的霸权。但是对这种新老霸权的交替,有的学者认为,中国将寻求"和平崛起",主张不干涉内政和互利共赢的"北京共识",由此中国将和平地融入国际体系。也有学者认为,中美将发生军事冲突。

金融危机引发的地缘政治变动也是一个争议的中心话题。多数人认为金融危机削弱了美国和欧洲地位,强调是西方经济因素制造了金融危机。不少人认为美国的房地产泡沫是造成2008年金融危机的主要因素。多数经济学家认为,放松对金融部门管制的政策要对这场危机负责。一些凯恩斯主义者或新马克思主义者则关注经济衰退的结构性因素,比如美国实际工资的下降以及金融资本主义的兴衰等。许多学者还提到全球经济不平衡问题,比如美国在全球经济中的债务国地位。

为更好地掌握金融危机的地缘政治影响,我们可以通过世界体系这个视角来重新解读世界不平衡问题。戴维·哈维认为将全球经济危机仅仅解读为金融市场的崩溃是短视的,也是狭隘的。实际上,全球经济危机与资本的积累有着重要关系。自从20世纪60年代以来,世界“资本重心”不断向东亚倾斜,有效地改变了18世纪以来资源从东亚、东南亚、南亚向欧洲和北美流动的格局。但是这种资本的转移,比如从大英帝国到美国,是资本主义体系内的自我转移。哈维对阿里格尼的看法表示赞同,认为历史上霸权国家对资本的积累,是造成世界市场危机的重要因素。霸权国家认为,它们需要聚集资源、提高管理和军事能力,从而更好地开展世界治理。它们在全球资本积累和军事力量中占据最大发言权。

历史上,霸权的更替是从城市国家向民族国家甚至大陆经济体转移的,比如荷兰取代热那亚和西班牙,大英帝国取代荷兰,最后美国取代大英帝国。资本主义世界体系的发展往往是与复杂的“地理转型”一起进行的,也就是说出现了权力越来越大的政府间和商业组织。阿里格尼在“信号危机”中指出,随着霸权国家在金融部门的扩张,可以聚集到更多权力资源。

但是随着金融部门的发展以及对工业的忽视,可能会导致其他地区产生新的生产中心,进而导致世界市场结构出现重大变化。舒皮特指出,通过这种“创造性破坏”,对旧结构的改革可能成为市场主流。老的市场结构将被新的市场结构所取代。但是这种转变无论是在机制上,还是在权力资源控制上,都是不平衡的。在美国主导的全球政府和商业组织受到侵蚀的情况下,美国也会动用武力。因此，一个新的"全球分化"可能会出现，美国是最大军事国家，东亚将作为世界金融中心。当然，随着美元、世界银行和国际货币基金组织等第二次世界大战后建立的主要全球治理机构的衰落以及标准的改变，都对美国继续主导世界不利。不管怎样，早期的霸权交替是渐进的，美元取代英镑成为世界最主要货币是在美国经济超越英国经济 50 年之后才实现的。

三、东亚在全球经济中的崛起

第二次世界大战结束以来全球经济权力的转移稳步推进。最主要的转折点是金融危机的不时爆发，对个别国家或地区产生重大影响。过去 10 年，地区层面最成功的故事是东亚的崛起，在国家层面则是中国的快速发展。东亚国家在第二次世界大战后融入资本主义世界进程可以分为三个阶段。

第一阶段起始于 20 世纪 40 年代。伴随着美国霸权控制下的资本主义重组，日本成功融入世界经济。在 20 世纪 50、60 年代，日本取得了年均两位数的经济增长。20 世纪 60 年代的国际分工导致了工业的转移，特别是在东亚内部更是如此。如同日本经济学家描述的那样，东亚分工出现了"雁型模式"。为了保持高额利润，日本企业将生产网络和劳动密集型企业以合资企业和分包的方式转向周边国家和地区。在此过程中，第一代的"小虎"，包括香港、台湾、韩国和新加坡，也取得年均两位数的增速。

在此期间，中国并没有融入资本主义市场。在新中国成立后头 30 年，中国政策制定者选择了内向型的"大跃进"战略，大力发展资本密集型产业。尽管遭遇"大跃进"等挫折，中国计划经济还是成功地促进了工业发展，1953—1978 年中国 GDP 年均增长 7.8%。

在第一代"小虎"国家(地区)爆发势头衰退后，地区国家开始进入第二阶段发展，第一代"小虎"国家（地区）通过技术升级扩大出口。第二代"小虎"国家，特别是印度尼西亚、马来西亚和泰国，从日本以及第一代"小虎"国家（地区）的直接投资中受益。因此，尽管日本的发展势头衰退，但是东亚地区的整体发展仍在推进。地区产业分工更加明确，日本聚焦于高附加值产业，"四小虎"集中于中间产业，新兴"小虎"则大力发展低附加值和劳动密集型产业。

中国经济也从中受益不少。包括越南、中国在内的第三代"小虎"开始融入地区经济体系。从1978年开始，中国连续30年保持10%的增长速度，是世界上发展最快的经济体。其中原因很多，一是中国华侨在很多国家占据经济优势，为中国提供了必要的资本和技术支持，使得中国经济可以迅速融入世界。二是中国领导层在发展经济过程中，没有失去对经济的控制。最后中国经济不像其他小国，规模很大，有可以容纳不同发展阶段的产业体系。由此，中国将自身打造成为东亚资本集聚的中心。通过增加对中国的投资，东亚的公司开始以供应者身份融入中国主导的附加值链条，其目的是更好地抢占中国大市场。1973—1998年，亚洲占世界GDP的比例从24.1%上升至37.2%，在此期间中国取得了特别快速的发展。

值得指出的是，东亚经济保持快速发展的前提是维持对美出口。20世纪80年代，日本和"小虎"国家（地区）的对外出口占到GDP的15%，其中大约1/3的出口流向美国。东亚国家（地区）在20世纪90年代之前对美拥有巨额的贸易顺差，也没有遭到美国的反对，因为美国可以借此享受低成本的进口商品。有时双边也可以修改协议，比如1985年在美国推动下，日本接受广场协议，实现日元对美元的大幅升值，以增强美国工业竞争力。中国缓慢融入世界的巨大影响往往被忽视，仅仅被看作是一个正常的全球化进程。

四、全球经济不平衡

1997—1998 年亚洲金融危机中出现了结构性的质变。它促进了地区发展的第三阶段。东亚国家目前的账户盈余已经滑向负数,因为它们的货币与美元挂钩、对外开放资本市场。亚洲金融危机对这种经济结构形成一定冲击,促使上述国家再次努力成为对外出口盈余国。亚洲国家积累了大量外汇储备,1999—2005 年,除日本外的东亚国家中央银行拥有 1. 25 万亿美元的外汇储备。到 2006 年 1 月,东亚国家的整体外汇储备达到 2. 9 万亿美元。在 20 世纪 70 年代,东亚国家的盈余更多投向美国的债券。由此,美国在小布什总统掌权期间出现了巨额的财政赤字,政府被迫实行美国经济的金融化和债务化。

但是,中国开始扩大对美出口,在 2000 年以前对美出口增长特别快,在 10 年内从 187 亿美元增加到 1000 亿美元,对美出口 2009 年翻了 3 倍,中国 1/3 的出口流向美国(包括通过香港出口)。中国的外汇储备从 2001 年末的 2180 亿美元增加到 2008 年的 2 万亿美元,实现 10 年增长 10 倍。中国对美国的外贸盈余从 1997—1998 年的 497 亿美元增加到 2008 年的 2680 亿美元。这些贸易盈余多流向美国的金融和债券市场。接下来这些年,中国拥有美国 7396 亿美元的国债,占美国全部外债的 1/4。

这种“不平衡”源自于国家或集团的长期盈余或赤字,将导致长期的不稳定。现在美国、英国和西班牙是赤字国,而日本、德国、中国以及很多的新兴国家(地区)则处于盈余地位。到 2006 年,半边缘国家的盈余达到 5440 亿美元,结果是半边缘国家的资本大幅向核心国家流动。从 2000 年到 2006 年,113 个发展中国家中的42个属于净资本流出国。"中美国"也成为对当前世界经济体系的最好描述,但是自相矛盾的是,贫困国家的人支持富裕国家的人进行消费,其原因或许是贫困国家的人很难在国内市场消费。因此,马丁·沃尔夫认为"中美国"代表完全相反的意思。美国是世界上最富裕的国家之一,而中国尽管多年来一直成功实施追赶战略,但是还有很大一部分人处于贫困状态。

五、美国:最后的消费者

在"中美国"概念中,美国扮演了主要的消费者作用,而中国或其他新兴国家(地区)则充当盈余者。美国不仅仅是进口"成瘾"的国家,还面临其他的消极问题。美国面临"三重赤字",包括国内消费、公共赤字和对外贸易。美国家庭不得不拥有更多的债务,以应对实际工资下降问题。20世纪70年代以来,美国的实际工资长期处于下降或停滞状态,只在90年代取得一定增长。美国家庭债务急剧增长,使得最贫穷的1/4人口陷入了恶性的债务循环。在1995—2004年间,这部分人口中的27%将40%的收入用于偿还债务。2005年,美国家庭债务达到GDP的92%,家庭储蓄率降到负数。在2001年互联网危机爆发后,美国成为世界上最大的债务国,自那以来减税以及军事开支对财政形成巨大压力。但是2007年美国债务占GDP的比例为63.1%,仍处于安全水平。经常项目赤字从1991年的收支平衡发展到2006年的8170亿美元赤字。美国的经常项目赤字消耗了世界储蓄的1/7,但是美国的消费和不断增长的债务可以通过持续涌入的资本来抵消。因此,美国经济从2003年到2008年年均增长2.8%。

美国增长战略的核心议题是低利率政策。美国的利率已经从

2000 年的 6.5% 下降到 2003 年的 1% 。这引发了大量的低利率贷款,从 2000 年开始大量的银行贷款、债券以及衍生合约也得到资助。由此金融部门获得快速发展。同时消费者贷款成本如此廉价,也使得美国可以在实际工资水平下降的情况下,维持高消费。但是这种模式并非没有缺陷。30 年期房贷利率降到 50 年来最低水平,仅为 5.25% 。在 2002 年,房地产价格超出合理价格 30%,其后持续上涨,达到年均增长率 7.1% 。随着美国联邦政府提高利率,在 2006 年房地产市场泡沫开始萎缩,地产价格下降、房贷利率不断变化,导致次贷市场出现问题。财产价格也开始下跌,2006 年 6 月到 2008 年 7 月跌了 21% 。2008 年 9 月,第五大美国投资银行雷曼兄弟宣布破产。

六、中国:“世界工厂”

另一方面,中国也从两个方面支持美国的借贷消费增长型模式。中国的廉价劳动力和商品使得中国可以保持对美出口盈余,促进美国人在实际工资下降的情况下维持原有生活水平。通过这种直接投资、离岸和分包,中国成为美国进口廉价商品的重要来源。来自经济政策研究所的罗伯特·斯考特估计,仅从 1996 年到 2007 年,降低生产成本就使得将近 210 万个工作机会从美国流向中国,在中国工人工资水平只有美国的 5% 。此外,美国资本主义的“去工业化”还导致了美国 17.4% 的进口源自中国,21 世纪以来,中国廉价的消费品还帮助美国进一步降低实际工资比例 2% 。

第二,中国的央行有意识地将出口盈余投到美国的债券和其他金融产品上。“廉价金钱政策”使得美国维持低利率成为可能,这助长了房产市场的泡沫,使得金融市场的投资者遭遇更高的风险,部分是因为来自亚洲特别是中国的借款太多了。在 2008 年 7

月金融危机爆发之前,中国不仅投资美国国债,而且还投资了美国诸多的机构和金融企业。比如说占中国 GDP 10% 的外汇储备投向美国两大房地产按揭银行房利美和房地美。美国两大地产巨头的破产,使得中国政府遭受重大损失,促使中国推动美国将两家房产机构国有化。尽管如此,中国也不愿卖掉全部的美国债券,因为这将导致美元贬值,最终影响中国的出口产业。

中国出口的负面效应是经济不平衡。在中国个人消费占到 GDP 的 1/3,而储蓄则占到 50%—60%。在 2007 年,11% 的 GDP——约等于1/3 的个人消费进行对外投资,但利润很低。此外,中国工人的工资也没有像其他东亚国家出现很大的增长,地方省份强有力的投资也增加了结构性的过度积累。这也会导致“泡沫”,如同我们见到的房市泡沫那样,迄今为止均受到政府的有力遏制。从中国向美国转移资源的模式是脆弱的。多种因素正在威胁这种模式,包括中国出口部门的劳工抗议、工资增长以及过度积累带来的风险,将可能因为过度投资或世界市场的震动而出现问题。

七、危机:通向新结构之路

“中美国”架构终于在房地产市场泡沫和 2008 年雷曼兄弟破产中受到冲击。美国市场波动冲击包括中国在内的整个世界。尽管美国政府投入 7000 亿美元的拯救资金以及总值 7890 亿美元的一揽子刺激方案,美国经济仍陷入深度衰退。从 2008 年第三季度到 2009 年末,美国经济衰退幅度惊人,2008 年实现零增长,2009 年下调为负 2.4%。失业率也迅速增加到 9%—10%。这种由房地产市场推动的增长模式结束了。即便利率降到 0.25% 也很难获得贷款。私人家庭债务在 2007 年达到可支配收入的 129%,已不可能无限扩张,其结果是美国历史上第一次出现家庭存款的正增长,同时美国也成功填补供需缺口,3 年内公共债务占 GDP 的比例从 63.1% 上升至 92.7%。外国债务在融资方面也发挥了重要作用,需要支付的债务从 2008 年 7 月的 1 万亿美元增加到 2010 年 4 月的 4.5 万亿美元,其中美国欠中国 1.2 万亿美元。"中美国"模式的危机导致美国产生平衡收支的需求。奥巴马政府试图加强出口部门,提高税收以及轻微让美元贬值,从而弱化外债压力以及共和党对税收改革的抵制。

但是,美国经济的进一步发展将受到饱受金融危机冲击的中国经济影响。在 2008 年,中国经济在头两个季度实现 10% 以上的增长,第三个季度实现 9% 的增长,在 2009 第一个季度则下降到 6.1%。这与外贸急剧下降有着直接关系, 2009 年 1 月到 9 月外贸出口下降了 20.9%,影响到出口导向型的沿海地区,包括上海、广东、江苏和浙江等。这种情况很快为 5860 亿美元的一揽子刺激计划所逆转,这些资金多数用于基础设施建设,只有 20% 多一些投入到消费领域,比如公共部门的农业补贴或涨工资。在那以后,中国迅速恢复到快速增长轨道,但是中国是否会在短期转向内需增长型模式并选择脱离"中美国"模式仍是一个疑问。

尽管中国从 2004 年开始就提出要努力转变经济发展方式,但是考虑到低收入阶层和高储蓄率情况,能否实现仍是一个挑战。鉴于这些问题,中国政府进一步加强社会政策,比如宣布实施一项总值 1230 亿美元的社会医疗政策,使得到 2011 年中期时基本医疗服务覆盖率达到 95%。此外,执政的共产党也努力促进国内消费。比如,2010 年到 2011 年的冲击波并没有受到官方的有力压制,工资水平也有所提高,同时提高了最低工资水平和实施严格的环保标准。"十二五"规划也宣称要深化改革,目的是促进消费、扩大社会保障体系、增加在环保领域的投入。但是也有学者批评这些措施不能促进长期的结构性改革,将促进出口导向型模式的复苏以及减少消费占中国 GDP 的比重。

“中美国”结构对于世界秩序有着重大影响,一方面美国和美元的购买力仍然很高,另一方面东亚和中国仍是廉价商品的供应地。模式的急剧变化将不可避免地导致经济关系的政治重塑。

同时,危机也表明东亚新兴经济体可以更好地使用自身资源,比西方增长的更快。而欧洲、日本和美国在 2008 年 10 月则要么陷入零增长,要么陷入衰退,相比之下东亚特别是中国可以更好地应对危机。此外,那些与美国或欧洲有着紧密联系的新兴市场,比如墨西哥或东欧国家则面临更大的困难,谋求通过外贸多元化,扩大与东亚的经济关系。在现代历史上,东亚首次成为全球重要的增长中心,为 2009 年和 2010 年世界范围内 GDP 的增长贡献了一半努力。

自从 2010 年以来,全球危机已进入第二个阶段。危机的“震中”已经从美国转移到欧洲。希腊和爱尔兰不得不接受欧盟和国际货币基金组织的拯救。萨科奇和默克尔政府对拯救欧洲主权债务危机的不情愿妨碍了达成永久性应对危机的方案。多数欧元区国家开始实施紧缩政策,由此将会妨碍经济的增长。2011 年末,几个南欧国家进入衰退期。欧元区危机似乎对中国产生很大影响。由于巨大的刺激投入,中国面临与日俱增的房产泡沫以及通货膨胀,中国人民银行开始考虑实施货币紧缩政策。受欧元区危机影响,中国的银行似乎被迫放松货币政策,这可能导致泡沫的再次吹大。尽管面临着再平衡经济的问题,中国以及南方的主要国家要比最发达的西方国家受危机冲击小。可以说,危机加速推进经济全球权力从“西方”转向“东方”。

八、全球经济治理的影响

目前的主要问题是这种经济权力的转移将如何体现在机制上。金融危机对全球经济治理机制的塑造效应至少体现在两个方面:一是在去法律化和弱化之后这些机构得到复兴。在危机爆发后,国际货币基金组织(IMF)开始以拯救者的面目出现。该组织最初给予匈牙利、拉脱维亚和罗马尼亚等东欧国家以及类似巴基斯坦这样的发展中国家提供贷款。近期,该组织则被要求为欧洲国家应对危机提供帮助。很明显,那些曾经依赖 IMF 的地区和国家,特别是东亚、俄罗斯和南美洲,现在则通过它们的方式为拯救危机出力或提供双边援助。

与此紧密相连的是第二种变化:协商处理应对危机进程的不是 G8(八国集团)而是 G20(二十国集团),在其中那些处于半边缘的国家,比如印度、巴西、南非、沙特和中国则参与其中。G20 峰会围绕改革国际金融体系达成一致。那些新提出的应对建议并非意义深远,也不同于第二次布雷顿森林体系。实际的转变是该组织的扩张。在 2009 年 4 月的峰会上,围绕 IMF 改革达成共识。以 3 倍于 IMF 可用资源的 7500 亿美元,用来支持新的特别提款权提高到 2500 亿美元,借款将不会与结构性经济改革相挂钩。决定把 G20 提升为永久性论坛具有重要的历史意义,因为未来将不大可能在全球治理中完全忽视中国、印度和其他发展中国家。同样在世界银行和 IMF 内部,对配额和投票权的改革也已完成。在 2009 年,世界银行 3.1% 的投票权转向新兴国家。比如说中国的投票权从 2.8% 上升到 4.4%,取代德国成为第三大股东。在 2010 年首尔 G20 峰会中,各方还就 IMF 的主要投票比例达成一致,6.4% 的投票比例重新分配。由此中国的投票权占到 6%,取代德国成为第三大股东。配额改革预定在 2012 年完成,但尚未得到有效执行。

危机带来了结构性重组,也反映出经济权力一定程度的转移。鉴于不断变化的经济关系,中国政府不断完善监管的理念。尽管国际社会认为中美最终会达成双边协定,但是基于政治原因,中国拒绝了“中美两国集团”。实际上,中国对美国主导全球经济体系一直持批评态度。作为对美国美元霸权地位的替代,中国央行行长周小川提出,要形成一种世界货币体系的概念,使用 IMF 特别提款权作为储备货币。这种提议在欧美遭到非议。为加强自身力量,中国选择与金砖国家合作,在 2010 年的巴西金砖国家峰会上,参会各方支持中方提出的“结束美元霸权”的要求。因此上述国家要求以本国货币进行贸易。2012 年 3 月,金砖国家峰会在印度新德里召开,宣布要建立一个共同的发展银行。但是根据中国的看法,目前对全球治理的改革还是令人失望的。中国外交部副部长崔天凯提出,根据经济标准中国在国际经济体系中的代表性仍不足。比如说,尽管近期中国取代日本成为世界第二大经济体,但是中国的投票权仍不及日本。尽管中国在国际经济体系中影响力不断增强,但是主要决定权仍然掌握在美国和欧盟手中,美国仍维持超过 17% 的否决权。

因此,中国将进一步扩大双边援助和达成金融协议,与类似金砖国家或上海合作组织这样的南南治理论坛进行合作。同样,中国也加强了地区合作。比如在 2009 年 5 月,中国与日本、韩国以及 10 个东盟国家就设立总额超过 1200 多亿美元的紧急基金达成一致。中国政府也有意与一些国家签署货币互换协议,比如阿根廷、印度尼西亚、爱尔兰、马来西亚、韩国、土耳其、白俄罗斯等。简而言之,即危机对全球经济治理有着不一样的影响,中国也好像质疑改革以及治理机构的合法性。通过自身的南南合作以及对金融体系的进一步改革,中国将逐步实施渐进战略。

九、危机:朝向一种新的“地理转型”

2007年到2011年的危机对全球经济权力从西向东、从核心国家到现有的半边缘国家转移产生了重要的加速作用。阿里格尼和哈维提出的问题,制度性的积累循环导致了霸权的转移和空间的重组看起来是对的。美国金融体系重要部分的崩溃弱化了维持美国数十年霸权的“美元—华尔街体系”。延续美国的这种外债推动型发展模式需要政治共识。同样中国的低工资出口模式也引发越来越多的社会不满和政治挑战。对美元的升值或贬值都可能引发外国债务的逃离以及削弱美元在中期内作为全球主要货币的地位。因此,危机是促进转变的催化剂,美国的拯救计划和刺激计划有着强烈的防御和稳定效应,多数中国政府的举措,比如试图提高消费率或获取外国高科技,都促进了制度性转变。

现有“中美国”模式的进一步发展可能出现三种状况:一是“中美国”模式或多或少将保持稳定,因为阶级结构、生产和消费难以在短期内急剧改变。美国可能保持现状,但是美元可能轻微地升值或贬值。东亚的债权国在短期内可能会容忍这种状况,因为它们的出口依赖美国市场,目前尚未找到可行的替代国。东亚和中国在全球治理体系中的代表性依然不足,难以对全球生产和金融领域的规则再制定施加重大影响。

第二种情况是,可能在一个长期进程的中间阶段,中美将暂时共霸天下。但是从长期来看这种情况可能转变为一种新的跨国、呈现强烈多边特征的东亚“地理转型”,给予其他新兴国家更多参与权。在此情况下,亚洲国家内部关系将十分重要。东亚内部的经济联系将导致政治上的一体化,中日之间的协作将十分必要。

目前,中国政府试图通过分散国际投资,削弱“中美国”结构,可能会导致进一步向这个方向发展。

第三情况是,美国及其欧洲盟友可能会使用它们共同的金融、经济和军事力量,以“遏制”新兴国家的崛起。这可能因为保护主义以及跨大西洋两岸与新兴国家的斗争,而导致世界市场的碎片化。但是这种情况不大可能发生。只有在机制性改革难以启动,或中国更加粗鲁地扩张权力的情况下,才有可能出现。

目前尚不确定,最终会出现哪种情况。但是很明显,东亚的崛起以及“中美国”结构的解体都可能得到发展,可能会出现第一和第二种情况的混合局面。

对银行和金融系统的监管：何去何从？

——对目前趋势的严谨审查及对替代方案的建议

桑德拉·舒斯特*

我们正在谈论的是什么样的危机？很显然，目前的危机已经变得非常复杂和棘手。不知怎的，它看上去像是一团有千头万绪的乱麻，让人很难抓住一端并解开它。根据你的观点和方法，它可以被视为主权债务危机或政府融资危机。例如，SOMO 和 WEED 这两家工作严谨、网络覆盖面广的欧洲非政府组织就把目前的危机定义为民主和治理危机、金融和货币危机、银行危机、经济结构差异的危机、财政失衡的危机、金融市场失灵和缺乏监管的危机的集合体。

左翼政治力量看来，由于一体化进程中缺失的结构性设计迟迟未能到位，尤其是欧洲货币联盟的设计缺陷，对外贸易和经济失衡就成了明确的重点。协调一致的货币政策并没有相应的协调一致的经济、社会和财政政策作支撑。然而，让经济结构、劳动力市场和企业分布迥异的国家实施同样的货币政策，只可能进一步扩大它们之间的差异。欧元区各国对外贸易不平衡的情况就清楚地说明了这一点。特别是采取激进的外向型经济的德国，它迫使其

---

* 作者系德国议会左翼党团顾问、金融及政治代表。

竞争对手积累外债。最终,当欧元区许多国家为拯救其银行系统、稳定国内经济而大规模举债时,情况就变得更糟了。

自1986年签署《单一欧洲法》以来,追求金融一致性占据了一体化进程模式和结构的主流,而没有吸取某些理论家提出的重要经验教训。例如,匈牙利经济学家巴拉夏(Bela Balassa)在20世纪60年代就通过区域一体化金字塔模型提出,在一体化进程中,人们永远需要对下一步怎么走做到心中有数。这一模型后来被阿尔特瓦特(Elmar Altvater)和曼考普夫(Birgit Mahnkopf)根据经济全球化进程的新情况进一步细化。因此,没有财政联盟作为基础,或者说至少是更深层次的财政政策协调作为基础,货币联盟难以运转。如果你解决了这一难题,就意味着终结了新自由主义的历史。

尽管如此,仍有很多方面是相互关联的,诸如前文所提到的经济和对外贸易不平衡问题。

以下部分将集中讨论在银行业体现得相当明显的银行危机和结构性赤字问题。一般情况下,我会根据我在德国议会的工作经历来进一步介绍政治思想观念方面的内容,因为这些已被左翼党议会小组充分探讨过。由于我在“反思和改进国际经济和金融治理”发言人小组工作,我会特别针对2008年金融危机以来的银行和金融业,把政治动机作为讨论的重点,并在之后阐述已经实施和尚未实施的政策。我将以《巴塞尔协议Ⅲ》作为一个具体案例引出我的分析。我将讨论为什么迫切需要这些改革,以及它们能否对目前的危机形势提供正确的解决方案。

一、简介:导致金融危机和欧元危机的主要原因和两者的相互关联

毫无疑问,金融危机的主要原因根深蒂固并与新自由主义范

式的推广紧密相连。一是20世纪70年代以来对金融市场大幅放松管制和20世纪90年代以来自由化程度进一步加深。二是大规模再分配，特别是通过减税和税收漏洞来迎合富人的利益。然而，由于富人和赚钱最多的那批人的高存款率，越来越多的存款需要寻找投资机会，而金融市场就备受青睐了。这就导致包括房地产市场、证券市场在内的资本市场出现泡沫，而到了一定程度，泡沫破灭在所难免。相反，穷人和中产阶级越来越贫穷，只能减少消费。因此对实体经济进行的有赢利潜力的投资越来越少，“消费不足的危机”在实体经济和虚拟经济间蔓延。三是自20世纪70年代以来退休金计划的私有化。这些退休金作为额外的寻求投资的资本流入金融市场，引发了更多的泡沫和从众行为。

这些原因是如何相互关联的？只要看看欧元的构成，我们就能发现，由于货币联盟在设计上存在缺陷，许多欧元区国家正面临不断增加的外债。但同时，不断累积的债务已显著抑制了私营部门向希腊、葡萄牙、西班牙等国借款的意愿。现在，所有理论都黔驴技穷，而目前形势的发展反映的是新自由资本主义的结构性危机。

此外，银行本身也成为了不稳定因素。有时银行承受了太多风险，给银行业和国家带来了严重危机。虽然自2008年危机爆发以来采取了加强监管的措施，但危机仍在继续。目前，也有银行，如德国和其他国家的银行在非常草率的风险管理下过于轻率地向西班牙、希腊和爱尔兰的房地产和企业提供借款。

二、回顾：德国在2008年金融危机后的反应

作为对2008年雷曼兄弟公司破产和随之而来的金融和经济危机的直接反应，德国前财政部长施泰因布吕克（Peer

Steinbrück)——一个被认为对通过金融自由主义来改善德国金融市场毫无鉴别能力的仲裁者,在危机后接受采访时说:“世界从此将会不同。”

一方面看,他的观点是正确的。有关银行如何运转以及什么才是银行的最初目标的言论变得更加流行和切题。此外,危机对所谓实体经济产生的破坏力显得更加明显。政府采取了一些有益措施以避免信贷紧缩并刺激经济。

另一方面,施泰因布吕克本人设计了银行业改革的蓝图并对其进行约束和限制。他拯救了所谓“系统性关联的银行”(systematically relevant banks),把公共资金用于资金担保和救市。此外,德国政府直接出资用于资本重组和购买有毒资产。这种危机管理,如救助银行和采取其他措施都以完全不透明的方式进行。通常的议会控制和政治问责过程被排除在外。议会中的反对党成员甚至需要借助新闻报道才能知晓事态最新进展。最终,他们设立了一个调查委员会。但直到今天,该委员会对公众提供信息依旧被禁止。

三、国际层面:《巴塞尔协议Ⅲ》的框架[①]

随着2009年9月二十国集团(G20)匹兹堡峰会的召开,实现变革的广泛共识更为明显。至于我们所说的《巴塞尔协议Ⅲ》,则制定了银行业的新规则。

---

① 《巴塞尔协议Ⅲ》是巴塞尔银行业条例和监督委员会于2010年发布的第三套银行法规标准。巴塞尔委员会为成员国就银行监管事务进行定期合作提供了讨论平台,其目的是加强对重点监管问题的理解和改善全球银行业监管的质量。参见 http://www.bis.org/bcbs/about.htm? ql=1。

首先,该协议的目的有两方面,一是减少激励银行承担过度风险的因素,二是建立更稳定、更健康的金融体系。它将监管权益资本(regulatory equity capital)考虑在内,旨在促其发展。对银行的资本总要求从8%升至10.5%。其次,资本缓冲变得更为重要并成为强制性要求。建立资本缓冲机制的深层次考虑在于,信贷机构在经济繁荣期建立"逆周期资本缓冲"以在经济衰退期使用。这可能包括通过动态准备金制度建立额外储备金的可能性,也使在经济衰退期降低资本缓冲成为可能。从理论上讲,这将确保整个经济周期都有充足的资本。再次,做好了限制杠杆率的相关安排。更高的杠杆率总是意味着更大的风险,比如1比33的杠杆风险就极高。它意味着银行每拥有1欧元资本,就能借出33.33欧元。之前对杠杆率的限制十分宽松,雷曼兄弟公司破产前采用的正是1比33的杠杆。这就是为何有人建议采用更加严格的杠杆率,如相关性杠杆率的原因,这方面可以参见非政府组织"监督财经联盟"(Finance Watch)2012年发布的研究报告。

除了《巴塞尔协议Ⅲ》的框架,我还想谈一下其他改革措施,如建立金融稳定论坛等机构①,尤其是巴塞尔银行监管委员会修订了成员结构、首次接受发展中国家的参与——2009年巴塞尔银行监管委员会吸收了中国等新兴市场国家作为评估成员。即便从提高公正性和让新兴国家参与国际金融监管规定的制定过程两方面来看,这一举措都填补了一个巨大缺口。格里菲思—琼斯

① 金融稳定委员会(FSB)成立于2009年4月,其前身是1999年由七国集团财长和央行行长在华盛顿建立的金融稳定论坛(FSF)。金融稳定委员会获得了更多授权,其中包括促进金融稳定。其核心功能是在国际层面协调国内金融部门和国际标准制定机构的相关工作,并促进有效监管、监督和其他金融政策的落实。金融稳定委员会秘书处设在瑞士巴塞尔,由国际清算银行托管。参见http://www.financialstabilityboard.org/about/overview.htm。

(Stephany Griffith-Jones)和凯文·扬(Kevin Young)指出，如果把委员会的代表性程度和成员国负责监督的是世界上50家市值最大的银行联系起来看的话，我们会发现，那些所谓新兴工业化国家的重要性已十分突出。在巴塞尔委员会扩充会员和改革之前，非成员国拥有的代表权占43.78%，而成员国占56.13%。然而，很显然银行规模太小的国家没有享受充分的代表权。总而言之，我们可以说，银行监管过多地反映了大银行的利益。

四、银行系统所需的另一观念

《巴塞尔协定Ⅲ》中至关重要的一点在于，它设计的规则只适用于大型私人银行和跨国投资银行。规模较小的银行不适合采用新规则，而它们在开展传统信贷业务和与小机构打交道时可能处于不利地位。比如在德国，如本土的储蓄银行和合作银行这两种地区性金融机构就因为资本组成方式而引起关注①。

另一方面，《巴塞尔协定Ⅲ》得到了过高的评价，但它并不能弥补所有漏洞。进一步强化监管迫在眉睫，比如解决“大而不倒”的问题。

左翼党议会小组认为，目前的国际金融体系不能满足未来发展的要求。对金融体系进行根本性调整一拖再拖，如谁有权处置

---

① 德国境内大约有430家储蓄银行，它们既是依据公共法律建立的企业，也是由直辖市拥有的当地信用机构，为所在地区的客户提供“传统的金融服务”。在理想的情况下，其业务包括设立现金和储蓄账户、为个人或中小企业提供贷款。储蓄银行的业务还包括建立为房地产公司融资的子公司。合作银行在德国约有1120家，如“人民银行”。它们是国有的信用合作社。合作银行和储蓄银行一样受业务和地域限制，但被其客户通过合作控股的方式共同拥有。

银行资本等问题悬而未决。如果想要进一步了解左翼党议会小组如何看待银行监管问题,我推荐大家阅读《德国银行系统的社会化会是怎样》这本小册子。虽然我不能详细阐述其细节,但可以简要介绍它的主要观点:

对银行系统进行调整的一项主要内容是,赋予它一个新的定义,或者说使它回归其核心经济功能。银行应该为履行经济和社会服务功能而建立。银行的核心功能包括:首先,确保有一个可靠且低成本的支付系统,其中包括提供相应的现金。其次,银行应把自身角色定为提供安全、综合且可持续的存款方式的资本积累机构,而不是把客户和银行的自有资金用于高风险业务。再次,银行需履行其融资功能,但这仅仅是在可以接受的条件下,通过贷款的方式向企业和政府提供资金。

有人提议通过“社会化途径”建立“与体制关联的银行”,因为如果勒令银行披露资产负债表上的所有风险,那么大多数银行都将破产,届时,政府会将其资产进行重组并接管它们。

同时,银行体系的重组和社会化对金融工具而言将意味着更多的限制,如只能使用被新审批制度通过的金融工具,只能营销被财务标准检验机构详细审议和评估过的金融工具等。

总之,需要做的还有很多。目前急需引入金融交易税来控制金融市场的成交量和波动。然而,它也不能解决所有的挑战。对一些具体的金融工具而言,如高阶衍生物和场外交易,金融交易税起不到什么作用,对此需要引入其他的监管工具。也许,除了禁止使用这些工具和平台外,没有别的方法能解决目前的问题。最新消息显示,欧盟将尽快实施金融交易税,虽然在目前这种没有英国参与的欧元区内加强国家间合作并非最佳选择。然而,从提出想法到付诸实践,金融交易税的实施仍可被视为一大成功之举。

Publish Explanation

China Center for Contemporary World Studies and Rosa Luxemburg Foundation of Germany jointly hosted an international Seminar titled "International Financial Crisis and New Developments of Capitalism" in May 2012 in Beijing, China. More than 20 scholars from Germany, U. K., Greece, Italy and China participated the seminar. The scholars had shared a hot discussion on the topics of impacts of financial crisis on China and Europe, the origin of financial crisis and future development of capitalism. We are honored to publish the papers contributed by the scholars, and the scholars are responsible for the views reflected in the papers.

Rosa Luxemburg Foundation

The Rosa Luxemburg Foundation (German: Rosa Luxemburg Stiftung) is one of the six political foundations in Germany. These organisations work in the field of civic education in Germany as well as abroad. Each of these political foundations is related to one of the six parties in the German parliament. The Rosa Luxemburg Foundation is close to the party "The LEFT" and understands itself as part of the intellectual current of democratic socialism.

The predecessor of the Rosa Luxemburg Foundation was founded in 1990 as a registered non-profit organisation called "Social Analysis and Political Education—Registered Society". In 1992 the Party of Democratic Socialism (PDS), one of the two organisational sources which formed in 2007 the party "The LEFT", recognized this predecessor of the Rosa Luxemburg Foundation as the national political foundation working in close cooperation with the party and confirmed this on its party congress in 1996.

In 1998, the foundation was named after Rosa Luxemburg (1871—1919), one of the most important representatives of left-wing socialist, anti-militarist and internationalist positions in the Social Democratic Party of Germany before 1918, who co-founded the Communist Party of Germany in 1919.

As one of the largest providers of civic education in Germany, the Rosa Luxemburg Foundation actively engages in adult and youth political education and has developed into a nationwide institution in this field. It cooperates closely with a network of like-minded regional organisations in Germany and works together with partner organisations abroad.

The Rosa Luxemburg Foundation has become a forum for critical thinking and a centre for programmatic discussions on a modern democratic socialism, a socialist think tank for the formulation of political alternatives as well as a valued partner in international cooperation. It supports the critical analysis of and debate on today's capitalism and focuses on problems of social justice and democratisation of society, international cooperation based on equal rights, on sustainable development, peace and security, antifascism and antiracism as well as on science, education, media and culture as public spaces that need to be maintained and enlarged.

The Rosa Luxemburg Foundation are the members and supportive members of the Society, the members of the Managing Board with its Chairman Heinz Vietze and Executive Director Dr. Florian Weis, scientists in advisory councils, the authors of our publications, stipend holders and trusted teachers, hundreds of volunteers, more than 100 members of staff in the Academy for Political Education, the Institute for Social Analysis, the Centre for International Dialogue and Cooperation, the Scholarship Department, in the Departments for Public Relations, Administration and Finance/Controlling.

Information about the Rosa Luxemburg Foundation and its work you can find on our webpage

http://www.rosalux.de/.

China Center for Contemporary World Studies

China Center for Contemporary World Studies' (CCCWS) main fields of research include international situation, political party politics, political system in foreign countries, China's foreign strategies, socialist theories, social and political trends of thoughts and comparative studies in development modes. It actively conducts exchanges and academic discussions with foreign political party think tanks and research institutes.

The Center has established close ties with domestic political party think tanks, government departments, universities and colleges as well as research institutes. It has also established diversified academic exchanges and cooperation with foreign research institutes such as German Rosa-Luxemburg Foundation, Romanian Institute for Social Democratic Studies, Andreas Papandreou Institute for Strategic and Development Studies, University of Athens, Indian Center for Strategic and International Studies, Egyptian Center for Middle East Studies, African Institute of South Africa.

The Council of the Center has engaged many experts and scholars from domestic and foreign academic institutes, universities and colleges influential in relevant fields. Wang Jiarui, Minister of the

International Department of the Central Committee of the Communist Party of China (IDCPC) is Honorary Chairman of the Council concurrently. Yu Hongjun, Vice – Minister of the IDCPC is Director-General of CCCWS and Chairman of its Council concurrently. CCCWS publishes a Yearbook of CCCWS every year, and produces a monthly journal in Chinese "The Contemporary World".

Contents

Opening Speech at the Symposium on the International Financial Crisis and New Developments of Capitalism

Ai Ping *

Along with the international financial crisis and the European debt crisis continuing to simmer, the ideological debates in the international community continue to deepen. One prominent phenomenon is that there are fewer people defending for capitalism while there are more and more people rethinking it. Earlier this year, Financial Times published a series of column articles on rethinking the plight of contemporary capitalism. The theme of Davos 2012 is also "The Great Transformation: Shaping New Models", and participants held a "consultation" for capitalism, urging reshaping it.

We are highly concerned about the discussion on contemporary capitalism by the international community, because where the crisis-

* Vice-Minister of IDCPC, Executive President of CCCWS.

plagued western capitalism will head to is related to the prospects of the world development as well as the common interests of mankind. We have noted that the 2008 financial crisis which originated from the core capitalist countries has a wide-ranging and far-reaching impact on the contemporary world, involving political, economic, social, cultural and other aspects. Especially the three core element of capitalist system, namely market economy, democracy and the social contract, have encountered serious problem. People lack confidence for the future and social and political confrontation sometimes intensifies. A preliminary understanding about this capitalist crisis we have is that, this crisis is not simply about capitalist economy and finance, but a systematic and comprehensive plight about the capitalist system. Now the adjustment of capitalism is in a crucial time.

After this round of the international financial crisis, the capitalist countries have a full understanding about the hazards of laissez-faire economy, and renew focus on state intervention and strengthen government regulation. The leaders of some countries put forward distinctive reform ideas and practices, such as US President Barack Obama's "ideology of change", German Chancellor Angela Merkel's advocacy of a return to traditional European social market economy, the British Prime Minister Cameron's Big Society and so on. The effects of those practices remain to be seen. Some scholars believe that hardly can the developed capitalist countries get rid of the crisis alone due to their own shortcomings, and the future of capitalism depends on the emerging market economies.

It is noteworthy that the international financial crisis has also affected the process of economic globalization, and made global economic governance more prominent. First, the process of trade liberalization encounters setback. In particular, some countries turned to trade protectionism due to employment and electoral pressure. The "de-globalization" argument also gains support from a small number of countries. Second, the competition on rule setting becomes more intense. Some big countries seek to modify the rules of globalization and seize the right to speak. For example, the EU insists on levying carbon emission tax on airlines and causes widespread controversy in the international community. Third, the regional cooperation is enhanced. Due to the frustration of multilateral trade liberalization, many countries turned to focus on regional cooperation and setting up free trade zones, and major powers are committed to building up favorable regional cooperation and free trade zones. The fourth is that global economic governance is put on the agenda. Strengthen the management of globalization and promote sustainable development has become consensus of the international community. Currently, the position of G20 in global economic governance has risen and representation and voice of the majority of developing countries in global economic governance has also increased. These trends promote the development of globalization toward a more fair and orderly direction.

In the era of high degree of interdependence, the international financial crisis poses a major challenge to Europe and China. To strengthen China-EU cooperation and to jointly cope with the crisis has become the common choice for China and EU. Europe is one of the most important plates in the world economy, and China is the world's largest developing country and also the largest emerging country. The two sides should adhere to mutual equality, mutual benefit and win-win thinking, which are also the guiding principles for the bilateral pragmatic cooperation. The two sides should focus on the long-term and plan for the future, operating the China-EU economic and trade relations under the framework of China's 12th Five Year Plan and Europe 2020 strategy and expanding the breadth and depth of bilateral trade. In the field of global economic governance, the two sides can strengthen communication and cooperation around some common interests and enhance mutual political trust, so as to create a genuine community of economic interests. The two sides should also expand civil and cultural communications so as to promote mutual understanding and enhance mutual affection and friendship.

China Center for Contemporary World Studies and Rosa Luxemburg Foundation have co-hosted more than ten international symposiums since the beginning of the new century, and I also had the honor to participate in some of them. My general feeling is that the topics we discuss are more and more focused on particular issues, our discussions have more epochal significance with stronger points, and our achievements are more and more prominent. Here, I want to express gratitude to Rosa Luxemburg Foundation for its great support to this symposium on behalf of China Center for Contemporary World Studies and I also wish this symposium a complete success.

Politics and the Euro Crisis

John Grahl

Although a lot of water has flowed under the bridge since 6th April 2011, the speech by Jürgen Habermas on that day and the linked roundtable discussion① identified some key political factors behind the euro crisis, as subsequent events have amply confirmed.

Firstly, there are the design flaws in the monetary union. As Henrik Enderlein put it, the actual EMU was an unstable compromise between two coherent views—the German position that currency union should be postponed until a great deal of integration and economic convergence had already been achieved and the French view that immediate monetary union should be accompanied by the establishment of a European economic government. The unworkable outcome was immediate union without complementary institutions.

Secondly, there was agreement that there is no way

① http://www.eurozine.com/articles/2011-08-26-habermas-en.html.

backwards out of the crisis. As Habermas said, "we are faced with a choice between jeopardizing the degree of monetary union that we have already reached or, at the very least, setting out the institutional preconditions for closer cooperation between member states." These German discussants all insisted that Germany in particular had gained a lot from the euro and would be a big loser if it failed.

A third point concerned the failure of German leadership in the EU. The Habermas speech traced the weak and reluctant response to the developing crisis to a deterioration of political conditions in Germany. On the one hand there had been a change in attitudes after German unification towards a narrower and more self-absorbed view of Germany's place in Europe and the world. On the other, in Germany as elsewhere, the quality of political debate had been impaired by opinion-poll led opportunism in the political class, by the trivial, short-term focus of the media and by the merging of the media and political elites into a self-interested grouping no longer capable of influencing public opinion in a constructive way. To reflect the very apt German coinage used by Habermas, one might say that German political culture had been Berlusconified.

The present contribution considers recent economic developments in more detail. It aims, with one exception, rather to endorse and illustrate the positions of the roundtable participants than to contest them. It looks at three issues: at the unfolding sovereign debt crisis which has found eurozone leaders in general and the Merkel government in particular repeatedly overtaken by events; at the authoritarian and repressive "Pact for the Euro" which has now become the central integration strategy of the EU; and finally at the role of Germany in the crisis. On this last issue there is a certain difference with the roundtable commentators because it is suggested that the present failure of the German government to meet its international economic responsibilities has important precedents twenty and thirty years ago.

The Unfolding Crisis

To follow developments in the eurozone through 2011 and into 2012 has been to watch a car crash in slow motion. An English proverb traces the downfall of a kingdom to the lack of a horseshoe nail. The GDP of Ireland is € 156 billion. Assistance to Ireland of, say, 10% of its GDP would have been a bagatelle for the strongest and largest economies of the EU, and even within the capacity of the EU itself although its budget (€ 140 billion in 2011) is only some 1.2% of EU GDP and is generally recognised to have no macroeconomic significance.

The GDP of Italy is € 1568 billion, just over ten times as much. The outstanding debt of the Italian state approaches € 2 trillion. If the claims corresponding to that debt turn toxic then the financial disruption which follows will be of the same order of magnitude as after the failure of Lehman Brothers in 2008. Even a rise of five percentage points in the cost of debt service, now as likely as not, makes for an enormous gap in

Italian public finance. Yet decisive assistance for Ireland and Greece (GDP € 217 billion in 2011) would have prevented contagion to Italy.

This section briefly reviews responses to the sovereign debt crisis. The first four measures have been put into practice. They fail because they are insufficient to resolve the problem. The following three could work but are blocked by the absence of political agreement and especially by German refusal.

Rescue techniques which have been at least partially implemented include:

1. Emergency credits to governments in difficulties, extended bilaterally or through the IMF or specific institutions, such as the European Financial Stability Mechanism (EFSF). Because the first Greek bail-out was arranged, by the Commission and the IMF, prior to the establishment of the EFSF and the second, repeatedly delayed, had still not been released at the beginning of March 2012, by that date the EFSF had only made four relatively small loans totaling € 19 billion—two each to Ireland and to Portugal at interest rates around 6%. To begin with the EFSF was able to borrow at rates substantially below that, and up to late October had issued bonds to the tune of € 13 billion. However, as the eurozone crisis has intensified, a certain risk premium has emerged even for relatively strong economies, such as that of France, and correspondingly for the EFSF.

The ESFS is able to borrow relatively cheaply because it has guarantees of its liabilities from the member states. However, these are for limited sums. The guarantees, increased in July 2011, total € 780 billion, with the main ones being € 211 billion by Germany, € 158 billion by France, € 139 billion by Italy € 92 billion by Spain and € 44 billion by the Netherlands.

The limitations of the EFSF are many. Firstly, the fact that its credit-worthiness is now seen by investors as similar to that of France rather than that of Germany shows that its own position could become fragile. In particular, if support is required for Spain or Italy then huge new commitments would have to be made at the same time as the guarantees from the member states concerned would lose their value. The leveraging of EFSF assets will tend to call its liabilities into question if Germany does not increase its guarantees.

The limited power of the EFSF was demonstrated as it raised the relatively small amount of € 3 billion—destined for Ireland—on 7th November 2011; it had to offer yields substantially higher than on a previous issue in June—some 177 basis points above the yield on Bunds rather than the previous 51 basis points. A week later the head of the EFSF, Klaus Regling, recognised that it might not be possible to increase the fund to € 1,000 billion as the eurozone countries wished. This is because of market upheaval—but, presumably the EFSF was supposed to prevent such upheavals, rather than succumb to them. An EFSF document describes its current objective—set by eurozone heads of state and government—as "enlarging the capacity of the EFSF without increasing the Euro-area Member States' guarantee commitments underpinning the

EFSF." But that is exactly the point: the refusal to increase the guarantees—specifically to engage the full faith and credit of the German state—means that investors' mistrust of highly indebted sovereign borrowers extends to the EFSF itself.

Secondly, the loans extended by the EFSF have been at relatively high rates of interest and thus did not reduce the burden of debt service for the loan recipients as much as possible. This seems now to have led to a change of tactics: the EFSF has started to borrow for much shorter periods while extending longer-term credits to Ireland and Portugal at interest rates which can be varied as it rolls over its own borrowing.

Thirdly, the conditions imposed on the recipients may prove to be counter-productive: this certainly seems to be the case in Greece where GDP has fallen for four years in a row. Finally, of course, the whole exercise is aimed at providing liquidity rather than dealing with insolvency—debt rollovers as such do not remove an excess of liabilities over assets.

The temporary EFSF was due to be replaced by a permanent structure, the European Stability Mechanism (ESM), with a capital of € 500 billion in 2013. However, the European Council at the beginning of March 2012 agreed to bring the ESM forward by a year and it seems possible that it will for some time run in parallel with the EFSF. Assuming the latter has by then contributed to the second Greek bail-out, the combined institutions would dispose of some € 750 billion. On this basis it might be possible to obtain further support from the IMF to increase the emergency funds available.

The story here is representative of the EU response to the crisis. There is a response to increasing pressures which staves off immediate breakdown. And the response does gradually become more determined and does gradually mobilize more resources. However, action is always too little and too late to prevent further deterioration of the economic and financial situation.

2. Haircuts for the holders of sovereign debt seem to address the solvency issue directly. A first exercise of this kind took place in July 2011. It was voluntary on the part of the bondholders who were induced to swap their existing Greek paper for much longer dated bonds with a somewhat lower face value. The terms were so generous to investors that they hardly reduced the burden of Greek debt, especially when it is realized that Greek bonds were already significantly discounted on the market, making it possible to buy them back well below their face value. ①

Pressure to avoid significant losses for investors came obviously from the investors themselves, from the ECB whose normal functioning presupposes the validity of eurozone government debt and from the issuers of credit default swaps on Greek paper who would have to pay out if a default was declared.

A more serious write-down was included in an agreement on October 27th 2011: a 50% reduction in the face value of Greek

① See Wolfgang Münchau, "The Greek Rollover Pact is Like a Toxic CDO," *Financial Times*, July 4, 2011.

bonds with the aim of cutting the indebtedness of the Greek government to 120% of GDP by 2020. By the beginning of March 2012 it seemed that the second bail-out funds were about to be released to Greece; these include € 30 billion as a sweetener to facilitate the write-down as well as a contribution to the recapitalisation of the Greek banks which would otherwise be rendered insolvent by their losses on Greek government debt. It is still not clear whether credit default swap (CDS) agreements will be triggered by these moves, although if they are not it will indicate that CDS contracts are less protection than was previously thought.

In principle, the problem of debts which cannot be repaid should be resolved by the cancellation of liabilities against assets, most obviously against the corresponding claims. Therefore a haircut at least goes further than simple "bail-outs" which rearrange, without reducing, state indebtedness. There are two main objections to the haircut which was announced on October 27 2011, although they point in different directions—one for a bigger, one for a more moderate write-down. On the one hand it seems very likely that the debt relief provided to the Greek state will be insufficient: the remaining debt will prevent the launch of measures to support production and productivity. On the other, the losses imposed on creditors may directly compromise the banks and other financial institutions involved or lead to a self-fulfilling expectation of further losses from defaults by other states.

The very announcement of the haircut provoked a process of contagion in eurozone bond markets which threatened to close off access to these markets for several other countries. Thus in December 2011 the European Council declared "We clearly reaffirm that the decisions taken on 21 July and 26—27 October concerning Greek debt are unique and exceptional." This is a surrender to the markets by EU leaders because it implies that the outstanding bonds of all states except Greece will be honoured.

It is declared in the same paragraph that future "private sector involvement" will be facilitated by changing the terms of future bond issues: "standardised and identical Collective Action Clauses will be included, in such a way as to preserve market liquidity." It remains to be seen whether Irish, Spanish or Portuguese paper issued with such an implicit threat of default will indeed be saleable. It is not clear that investors will be reassured by the fact that Dutch or German paper includes the same form of words.

From time to time we must impose losses on some banks to encourage the others. The haircut was meant to hold the banks and other investors responsible for the huge imbalances and unsustainable debts which they had indeed financed. But it culminated in a declaration of impunity for the investors—the Greek partial default could only be implemented with a promise that it would not be repeated. This promise recognised that EU banks are not in a healthy condition and this leads to the third form of crisis management...

3. Recapitalisation of the Banks, to the tune of 106 billion is part of the October package, largely to immunize them against the planned write-down of Greek debt. The Greek banks themselves are the most exposed and the EFSF loan to the Greek government includes some € 20-30 billion intended to strengthen their position. It is not clear that this is enough because the Greek banks have other doubtful loans on their books and are also facing a run-off of deposits as their customers protect themselves against a possible exit from the euro. Elsewhere it does not seem that the sum involved will greatly embarrass the banks as they will be able to raise it through retained earnings and without having to sell bank shares at what are currently very low prices. Banks in Spain, Italy, France and Portugal have the biggest targets for extra capital—of € 26.2 billion, € 14.8 billion, € 8.8 billion and € 7.8 billion respectively. German banks (Deutsche Bank and Commerzbank are affected) only have to find € 5.2 billion. ①

The assumption behind this measure is that the banks will not have to deal with further write-downs or defaults on sovereign debt, and, in particular, that contagion to Spain or Italy will not occur.

Of course the environment in which the banks function is strongly influenced by. . . .

4. Accommodating Actions by the ECB. Like most central banks the ECB cut interest rates in the financial crisis and subsequent recession, although not as much as the Federal Reserve or the Bank of England. Two interest rate rises were made when it seemed that the eurozone economy was recovering. In an early decision under the new ECB president, Mario Draghi, one of these

① "Eurozone Rescue Plan," *Financial Times*, 28th October, 2011, p5.

has been reversed. The generally low rates at which commercial banks can borrow are being passed on to their depositors but not to their debtors—thus banks will be more profitable. The ECB's mandate calls for it to support EU economic policy when this can be done without prejudice to price stability. Since the recession itself has tended to keep prices in check this creates a certain room for manoeuvre.

The arrival of Mario Draghi does seem to have led to much more resolute action to safeguard the banking system. In particular there have been two major injections of liquidity through long term loans to eurozone banks at low interest rates and with a very wide range of assets being accepted as collateral. Over a trillion euros has been taken up by banks across the eurozone in the first and second LTRO (long-term refinancing operation). Financing on such a scale and on such generous terms goes beyond the provision of liquidity—the banks will enjoy very wide margins when they lend or invest this money at interest rates well above those they are paying the ECB. In effect they are being recapitalised by their customers.

Draghi's strategy has involved considerable friction with German central bankers. There had already been the resignation of Axel Weber, head of the Bundesbank. This was followed by that of another German on the ECB executive board, Jürgen Stark, and the open dissent of Weber's successor, Jens Weidmann, as the second LTRO was carried out. German objections to such abundant refinance relate first to the danger of promoting another asset price bubble by making things too easy for the banks. This hardly seems likely when the eurozone is either in or close to recession.

German objections also relate to the indirect finance of governments through such measures. There is a grey area between the supply of liquidity and support for governments under financial pressure. Direct finance of governments by the ECB—in "primary" debt markets—is illegitimate but the ECB must have at least some presence in secondary markets because it often takes government bonds as collateral in its lending to commercial banks. (In fact, the ECB also accepts a very wide range of other securities in such lending.) Until the financial crisis, the stability of sovereign debt markets and the approximate homogeneity of paper issued by the different member states was a premise in ECB operations and therefore the need to facilitate these operations has justified a somewhat more active role for the ECB in security markets. One indication of this is the growth of the ECB balance sheet as it extends credit and purchases assets.

ECB Assets(€ millions)

	September 2006	February 2012	change(%)
Gold and gold receivable	175,373	423,446	141.5
Claims in foreign currency	170,242	341,644	100.7
Claims on non-residents in euro	10,740	25,009	132.9
Lending to euro-area banks in euro	433,514	809,248	86.7
Other claims on euro-area banks in euro	9,915	72,292	629.1
Securities of euro area residents in euro	81,559	624,849	666.1

ECB Assets(€ millions)			
	September 2006	February 2012	change(%)
Of which: securities held for monetary policy purposes	n. a.	282,579	
Other securities	n. a.	342,270	
General government debt in euro	40,021	33,926	-15. 2
Other assets	197,671	352,164	78. 2
Total assets	1,118,315	2,682,576	139. 9

(The table above is for the European System of Central Banks as a whole and does not show a big extension of credit, within the system, to central banks in Greece, Ireland and so on; the growing liabilities of these central banks to the system corresponds to the acquisition of assets by the system, in the financial sectors of the countries concerned.)

Paul De Grauwe① points out that after the eruption of the Greek crisis in May 2010 the ECB reversed its accommodating stance and started to shrink its balance sheet. However this reversal now seems itself to have been reversed.

There have been two main programmes for the purchase of securities-one aimed at "covered bonds," essentially asset-backed securities issued by the private sector (but unlike the CDO's involved in the U. S. crisis in that the banks which issue them retain responsibility for the quality of the underlying assets) and the other at government bonds issued by the more troubled countries. The latter, the Securities Market Programme, was not-like the big Quantitative Easing programmes in Britain and the U.

① "Only a more active ECB can solve the euro crisis," Paul De Grauwe, CEPS Policy Brief, No. 250, August 2011.

S.—aimed at providing liquidity to the economy as a whole but rather at safeguarding the "transmission channel of monetary policy decisions." When there seemed to be a certain stabilization of the situation the programme was suspended between April and August 2011. It was then resumed "after the announcement of new fiscal and structural policy measures by the Italian and Spanish governments." Clearly the ECB seeks to make this support conditional on restrictive measures in the countries concerned.

The growth of central bank assets in the eurozone is slightly smaller than in the U. S. (Federal Reserve assets grew by nearly 200% in the same period to reach $ 2.4 trillion) but of the same order of magnitude. On the other hand, the Fed was not faced with potential defaults on the scale of those now menacing the eurozone. The ECB has leaned against the wind in the bond markets. But its actions have so far been too little and too late to prevent either a tightening of the financial pressures on the most vulnerable states or the spread of these pressures to states which were previously unaffected.

Measures which might prove effective but which are at present politically blocked are of two kinds:

5. Eurobonds. This term denotes the substitution of the EU, or an institution established by the EU, as an extremely credit-worthy borrower for the impaired borrowers in Greece, Portugal and so on. Since the financial crisis of 2008-9 borrowers perceived as risk-free have enjoyed very low interest rates and if rates could be reduced for the eurozone as a whole then debt service would be much more manageable.

Public Sector Debts and Deficits(–)2011, per cent of GDP					
	Public Sector Debt	Public Sector Deficit	Public Deficit excluding interest	Implicit cost of debt service, percent	Ten-year bond yields, 2/3/12
Greece	–198.3	–7.0	+1.0	4.01	36.33
Ireland	–117.5	–8.6	–4.3	3.69	7.02
Italy	–120.5	–2.3	+3.1	4.47	4.95
Spain	–73.8	–5.9	–3.5	3.30	4.85
Portugal	–111.0	–4.5	+0.8	4.72	13.67

AMECO Forecasts and Financial Times①

The table indicates that Portugal and Greece are effectively excluded from debt markets. The financing costs of Italy, Spain and Ireland are so far still below current bond yields because much of their debt was issued at lower rates. The various measures taken by the ECB have managed recently to mitigate the very high rates which prevailed immediately following the announcement of the Greek haircut. On the other hand, if the effective interest rates were lowered to those prevailing in Germany (1.83%), or even the heavily indebted U.K. (2.02%), there would be a substantial reduction in the financial pressure in all of them (although rather less in Spain where indebtedness is relatively low).

Note that the present highly cautious behaviour of investors,

① The bond yields were at the time of first drafting this piece—a weekend later they were a full percentage point higher.

although it is disastrous for the peripheral counties, is a windfall for governments able to issue trustworthy debt. Given inflationary prospects, the real interest rates being paid by the governments of Britain, the U. S. and Germany are negative①. The Eurobond proposal amounts to extending the benefit of this very cheap credit to the governments in difficulties. Such a measure might not suffice-debt forgiveness might still be needed to stabilise the situation, especially in Greece. But it would move all the economies involved a long way towards stability at little or no cost to the guarantors. The solution fails because the EU as a whole is not prepared to undertake such a course of action, and because Germany refuses to add its full guarantee to the already existing eurozonebody, the EFSF or its successor. Without such an assumption of debt by the EU as a whole, or by the German government, investors will not regard the eurobonds as essentially safer than the impaired debt of the weaker members tates. But if a collective bond issue is ruled out then the only immediate barrier against the contagion of crisis is...

6. The "wall of money." This expression originally signified the obstacle to social reform which moneyed interests constituted in 1930s France. Today it has been given a completely different meaning: the strategy, available to a central bank of simply

---

① In Britain and the U. S., debt service essentially guaranteed by their central banks, which will always extend credit to the national government in an emergency. German debt is not so clearly guaranteed by the ECB but is backed by the strength of the German economy.

smothering financial tensions with super-abundant credit. If crisis-struck governments could borrow unlimited sums from the ECB both to service existing debt and to cover current deficits then they would be in a position to deal with both debt and deficit by the most effective method of expanding output. Debt "sustainability" depends on the interaction of growth and interest rates; when the latter are close to zero and the former around two or three percent, a few years will transform the balance sheet.

Paul De Grauwe① argues for this policy: "To prevent further drops in government bond prices, the bank should announce that it is ready to intervene in the market. The ECB is the only institution capable of doing this because it can create money without limit. In announcing its unconditional commitment, the bank would stop the spiral of decline. And when investors were convinced of the resolve of the ECB, they would stop selling sovereign bonds because they would trust that a floor had been put on their prices. The beauty of this outcome would be that the ECB would not have to buy government bonds any more."

Martin Wolf takes the same position②. He urges Mario Draghi to take the expansionist path: Could Italy survive by slashing spending? No. If the country tried to redeem its debt out of revenue, it would need to slash spending by far more than a fifth of

---

① http://www.ft.com/cms/s/0/955dcf18-fa57-11e0-b70d-00144feab49a.html#axzz1dVXpAWMm.

② "Be bold, Mario, put out that fire," FT, 26/10/2011.

GDP, overnight, since the very attempt would tip the country into a depression. No sane creditor imagines that a country could roll over its debt in this situation.

"Government debt markets are lifted by their own bootstraps: the willingness to lend depends on the perceived willingness of others to do so, now and in future. Such markets are exposed to self-fulfilling runs and so need a credible buyer of last resort: the central bank."

Both De Grauwe and Wolf dismiss the risk of inflation: on the one hand the lack of demand in the eurozone economy is holding back prices; on the other hand the investors who are selling Italian or Spanish bonds are not looking to purchase different risky assets; they want money as a store of value. In principle there are moral hazard dangers in bailing out governments but these are no different from those already faced in bailing out banks.

Willem Buiter①, while deploring this use of the central bank, also sees large-scale ECB purchases of government bonds as necessitated by the failure to reach a politically agreed solution: "The choice, sometime in 2012 or, at the latest, 2013, will be between a collapse of the euro area and large-scale quasi-fiscal abuse of the ECB. Finally, because neither restructuring of insolvent sovereigns, nor recapitalisation of zombie banks, nor ring-fencing of those sovereigns that are mostly likely solvent but vulnerable to illiquidity ambushes have been addressed decisively and completely,

① FT, 1/11/11.

tight financial conditions and intensifying fiscal austerity will contribute to a European recession in 2012 and possibly beyond." German opposition to the ECB acting as a lender of last resort to governments was signalled, within days of Draghi taking office, by the president of the Bundesbank. ①

7. Fiscal Union is the final measure to be considered. However, it seems more of a structure for the medium term avoidance of new crises than an immediate remedy for the problems of state indebtedness. Agreed fiscal transfers would support the kind of collective refinancing discussed under the "eurobond" heading above. At present, most commentators suggest, there is little prospect of the Treaty amendments that might be necessary to establish a "solidarity or transfer union" in the words of Joschka Fischer. The current account deficits of the peripheral countries have improved recently but this is simply because deflation and recession have restricted imports. If these economies started to grow they would soon run into an acute balance of payments constraints.

---

① FT, interview with Jens Weidman, 15/11/11. FT: Can you explain why the ECB cannot be lender of last resort? **JW**: The eurosystem is a lender of last resort-for solvent but illiquid banks. It must not be a lender of last resort for sovereigns because this would violate Article 123 of the EU treaty [prohibiting monetary financing-or central bank funding of governments]. I cannot see how you can ensure the stability of a monetary union by violating its legal provisions.

Current Account Balances(% of GDP)

	2012	2011	2010	2009	2008
Ireland	1.5	0.7	0.4	-2.9	-5.6
Greece	-7.9	-9.9	-12.3	-14.3	-17.9
Spain	-3.0	-3.4	-4.5	-5.1	-9.5
Italy	-2.9	-3.6	-3.4	-1.9	-2.8
Portugal	-4.9	-7.5	-9.7	-10.7	-12.6

To avoid this problem there would either have to be a very big expansion in Germany and other Northern economies, with big increases in German wages, or a lesser expansion with fiscal transfers from North to South. But, as so often in the EU, the rationality and necessity of a reform does not bring it about. The next section will argue that the way in which EU and national authorities have decided to push integration forward, without significant transfers, threatens democracy and the social models in the weaker economies.

Towards the Surveillance Union

EU leaders realise that institutional reforms are needed in the eurozone. The Stability Pact, intended to guarantee budgetary discipline and thus economic stability, failed in two ways: some countries, such as Spain and Ireland, suffered enormous crises in spite of their obeying the Stability Pact rules; others, such as Greece, clearly violated the rules continuously. However the response adopted by the EU ignores the fact that it was only these malfunctions—only the build-up of imbalances—which permitted the eurozone to achieve even the mediocre employment performance that it recorded①.

In several ways EU authorities are preparing a post-crisis regime which will install a comprehensive tutelage over the weaker economies. Some of this is already apparent in the conditions imposed on crisis-struck countries, in particular Greece. In return for EFSF finance, Greece is required to make big changes which would normally depend on internal debate—such as privatisations and alterations to pension arrangements. A particularly worrying demand from the creditor authorities is the decentralisation of collective bargaining—an attempt to dismantle a social model which European law requires the EU to respect.

As Habermas puts it, governments will be inspected every year to see whether "the level of debt, labour market deregulation, the system of social security, the health care system, wages in the public sector, the wage share, the rate of corporation tax and much more correspond to the reckoning of the Council." He could have pointed out that such surveillance will be of the weak by the strong.

Prior to the release of the second bail-out funds Greek political leaders and the country as a whole were subjected to

① The European commission's Ameco database gives the growth of employment in the original eurozone (the first eleven countries plus Greece) between 1999 and 2007 as 13.7 million. But, of this total, two thirds, or 8.9 million, took place in the "periphery"—in Ireland, Greece, Spain, Italy and Portugal.

public humiliation in an astonishing way. As for the conditions imposed, there is no prospect of their being carried out, in the words of the Memorandum of Understanding, "in a manner that will preserve basic social protection" since the economic and social dislocation resulting from austerity programmes has already led to acute social distress. The nature of the conditions imposed can be illustrated by the following:

"15 000 redundant staff will be transferred to the labour reserve in the course of 2012, in connection with the identification of entities or units that are closed or downsized. Staff in the labour reserve will be paid at 60 percent of their basic wage (excluding overtime and other extra payments) for not more than 12 months, after which they will be dismissed. This period of 12 months may be extended up to 24 months for staff close to retirement. Payments to staff while in the labour reserve are considered part of their severance payments."

In Germany, such a measure would be equivalent to the summary dismissal of 150,000 *Beamten* and would of course be completely illegal.

The rules of the "Growth and Stability Pact", supposed to govern the budgetary policies of all EU members and to be obligatory for members of the eurozone, were based on the fallacious notion that, provided public sector deficits were limited, market forces would ensure a balanced development of the economy. In reality there developed very large current account deficits across the periphery which became impossible to finance after the crisis of

2008. ①

The financial crisis of 2008, provoking a rapid decline in private sector expenditures, necessitated substantial public sector injections around the world. The Commission had to recognise that much wider public sector deficits were needed temporarily, but already by 2009 it was demanding an early "exit" from these more supportive budgetary policies. At the same time it made proposals to make the Stability Pact rules on public sector borrowing and debt much more restrictive and to introduce new rules on macroeconomic "imbalances."

The official rationale for these changes is couched in terms of both "co-ordination" and "surveillance." But they do nothing to promote co-ordination. Genuine co-ordination would require firstly the specification of an overall macro policy for the eurozone and then the specification of differentiated national policies compatible with the overall macro stance. There is nothing of this in the proposed amendments. In reality, the only focus of these measures is on the surveillance of individual member states and, although this is not stated, the concern is only with the weaker member states to whose "indiscipline" the current crisis is attributed. Thus the whole package neglects the central problem of coordination—the huge imbalances in current accounts.

The reform comprises six pieces of legislation, which have now

① The rest of this section draws on the 2011 Euromemorandum discussion of Stability Pact Reforms, which was drafted by the present author.

passed through the European Parliament with very few changes. The first four tighten the requirements of the existing stability pact and its enforcement through the "excessive deficit procedure." The other two introduce an "excessive imbalance procedure" which introduces similar legal constraints on other aspects of macro-economic policy; they are obviously inspired by the fact that in Ireland and Spain crisis had nothing to do with public sector deficits but relates to capital inflows into the private sector. A brief description of this legislation is as follows:

Tightening the Stability Pact:

1. New definitions of the stability pact rules emphasise "excessive" levels of public debt as well as well as annual deficits; "discretionary" measures have to be taken to correct both and the speed of correction is specified. The only permitted exceptions have a strongly deregulatory character—a member state may run deficits to introduce a funded pension scheme, but not, for example, to finance a social housing programme.

2. Stronger surveillance is to take place through the annual submission of stability programmes (including "structural reforms") which must embody a medium-term budgetary objective to permit the Council to verify "prudent" fiscal policies. Even countries within the prescribed reference values must not increase public expenditure faster than GDP (thus any move by other countries towards Scandinavian social models becomes illegal).

3. Reinforced penalties involve first compulsory deposits and then fines for eurozone members. Sanctions are to become more automatic since at many stages of the "excessive deficit procedure" a qualified majority in the Council will be needed to block penalties rather than to impose them.

4. Member states must establish a satisfactory **Budgetary Framework**. This covers accounting systems, statistics, fiscal relations with regional and local government, forecasting practices (although the Commission's own forecasting is less than impressive), budgetary procedures and "fiscal rules." It is strongly recommended that the latter involve numerical limits, in spite of the repeated difficulties that such rules provoke, most recently with public finance in the U. S. today (and no doubt Germany in the near future).

The Excessive Imbalance Procedure:

5. A **scoreboard** comprising "a limited number of economic and financial indicators" is to be established. "Indicative" thresholds will be set for these; if they are crossed investigative procedures may be launched; however there will not be an automatic alert; "economic judgement should ensure that all pieces of information, whether from the scoreboard or not, are put in perspective and become part of a comprehensive analysis"; this will identify member states to be subject to an "in-depth" review; this will involve "enhanced surveillance missions" and additional reporting by the member state concerned. [①]

6. Penalties do not follow right away. When excessive imbalances are definitely identified, "recommendations" will be made to the member state. Its response should be timely; should use "all available policy instruments" including fiscal and wage policies, labour markets, product and services markets and financial sector regulation. Eventually, however, if the response proves inadequate, sanctions—compulsory deposits and fines—will be imposed. Equity in penalties is to be assured by expressing these as a percentage of the GDP of the recalcitrant state.

There is, of course, something absurd, even ridiculous, about this attempt to construct a juridical framework for macroeconomics, as anyone remotely familiar with that discipline will recognise. But the project is also sinister: it threatens to subject economically weaker members—and those alone—to a comprehensive tutelage involving every aspect of public policy. It is clear that the main indicators used will reflect so-called problems of "competitiveness." Criticism in the EP and by some EU governments has led to the

---

① The indicators and their thresholds featuring in the scoreboard can be found in: *European Economy*, Occasional Paper 92, "Scoreboard for the surveillance of macroeconomic imbalances," February 2012. As expected the emphasis is on external competitiveness and credit restriction. Only one indicator-unemployment-relates to the level of economic activity and the threshold for unemployment is set at 10%. The scoreboard does include both current account surpluses and deficits—the threshold for the former is 6% of GDP, perfectly compatible with a continuation of mercantilist export promotion by Germany and its neighbours. Deficits, however, have a threshold of 4% of GDP.

removal of explicit reference to wages in the legislation. But the wage levels and social models of the weaker states remain the targets of this project.

Many types of "imbalance" will be outside the scope of the new procedures. These include: the coexistence of immense private fortunes with public sectors crippled by debt; the failure of wage growth in the EU to match productivity growth over now three decades; the remuneration of financial and corporate leaderships out of all proportion to typical incomes.

The package is embedded in a reinforced set of administrative procedures known as the "European semester" which will take place in the first half of each year and lead to the definition of two sets of policies, one concerned with macroeconomic policy (the "stability programmes") and the other (the "national reform programmes") concerned with "structural reforms" in the Commission's usual sense of reduced protection for employees, privatisations and deregulation of business. The first such exercise, which took place in 2011, indicates what is to be expected from these procedures: neither Commission recommendations for Germany nor Germany's own programmes recognised any problem with its huge trade surplus. The entire process focuses on further fiscal consolidation, labour market "reforms," and supply-side measures supposedly to promote growth by "large price and cost adjustments" in the weaker economies—in other words, by deflation.

In the first "European semester," of the 17 stability plans of eurozone members, 16 envisaged export-led growth, with France alone not proposing to increase its net exports. The aggregate implication of these plans (nearly all pronounced "plausible" by Commission economists) is a huge surge of exports to non-eurozone countries. This surely indicates that the characterization of these measures as "coordination" is unjustified: they are a question of discipline and surveillance and nothing more.

The Treaty on Stability, Coordination and Governance in the Monetary Union, broadly agreed in December and signed in March, reinforces all this disciplinary structure, tightening some of the rules (for example by moving to a maximum public sector deficit of 0.5% of GDP) and strengthening the legal status of others—seeking in particular to give constitutional or quasi-constitutional status to the fiscal restrictions. Unlike previous treaties it cannot be scuttled by referenda in one or two countries-it will come into force if twelve out of the seventeen eurozone states ratify it. This is possible because of its status as an intergovernmental agreement; but even if the citizens or parliament of one country clearly reject the treaty, it is difficult to see how they could avoid being subjected to its provisions. A federal state has arrived in a very surprising form.

The consequences of this stance are as would be anticipated by anyone sceptical about the notion of growth-promoting deflation. By September the Commission was compelled to revise downwards its already low predictions for growth in 2011 and 2012. It declared that "*the downward revisions concern all the Member States under review, suggesting both a common factor and a re-coupling of growth dynamics.*"

One "common factor" is of course the constant pressure for restrictive policies coming from the Commission and from political leaderships in most member states. Another is the looming financial crisis stemming from repeated failures to resolve the crisis in Greece. The rediscovery of "re-coupled dynamics" points to genuine coordination problems neglected by those same leaderships who have preferred to attempt a virtually colonial subordination of the weakest member countries. This is the way the eurozone will continue if and when the crisis is surmounted-it makes one doubt whether there is any value in preserving the monetary union.

The Continuity of German Policy

Both Habermas and Fischer very correctly point out that in Germany there has been a certain loss of enthusiasm for the European project. This perhaps helps to explain the pusillanimity of the German response to the deepening eurozone crisis. However, it is certainly not the case that the attitude of Germany's leaders to international economic problems has always been constructive and cooperative. On the contrary, Germany has got form in the dogmatic destruction of international systems.

The case of the EMS is well known. As De Grauwe pointed out, the Bundesbank squeezed longer and harder against inflation which never reached 5% than the Federal Reserve had against double digit inflation at the turn of the 1980s. Germany's partners in the EMS could not live with interest rates pushed to 10%. The

German authorities argued that they would be prepared to moderate interest rates if the other countries devalued and thus cut Germany's import costs and worked to further disinflate the German economy—hardly the most critical policy objective of the time. On the other hand, Germany's partners were using their D-mark pegs as anchors for their own disinflationary strategies—devaluations meant for them the complete failure of their economic strategies. It is most improbable that the benefits to Germany, if any, from this sabotage of the EMS matched the losses imposed on their partners.

Less well-known is the role of Germany, thirty years earlier, in the most important economic turning point since 1945—the Volcker shock. At the end of 1979, faced with runaway inflation and a rapid depreciation of the dollar, the Federal Reserve moved decisively towards monetary restriction—pushing interest rates up above inflation rates at the cost of two sharp recessions in the U. S. itself. The impact elsewhere changed the world: developing countries were plunged into a debt crisis more than a decade long; Keynesian policies in Western Europe became almost impossible to finance so that Duménil and Lévy[①] could characterise the Volcker shock as a

① *Crises et Sortie de Crises*.

"neo-liberal coup."[①]

Clearly this was fundamentally a U. S. decision. But the German authorities were complicit. In the autumn of 1979, as the dollar fell like a stone on the foreign exchanges, Volcker visited Germany to ask for support from the Bundesbank. Chancellor Helmut Schmidt and Bundesbank president Otmar Emminger turned him down flat. Emminger records with astonishing complacency that he told Volcker to get the U. S. money stock under control and that as Volcker left he conceded this: "you're right—the really decisive factor is the money stock." It would be hard to find a better example of sowing the wind, and Germany itself was certainly not spared by the whirlwind that followed.

The point is not made to excuse the present German leadership, whose pusillanimity has brought the global economy to the brink of collapse, but, for whatever reason, Germany has a long record of dogmatic and dysfunctional decisions on macroeconomic questions. The record does not encourage optimism as the eurozone approaches the abyss.

Conclusion

It may be that the account of the eurozone crisis here is too

---

① Another important episode is referred to by Michel Aglietta in his important analysis of the euro crisis, *Zone Euro: éclatement ou fédération*, Michalon Éditions, Paris, 2012. After the devaluation of the dollar in 1971, the German government refused any reform of the international monetary system that would put symmetric responsibilities for adjustment on surplus and deficit countries.

pessimistic. Throughout the crisis, German representatives, while demanding very explicit restrictions on the policies of other countries, have hinted that, if sufficient compliance with theserestrictions is achieved, Germany could accept a "Fiscal Union" and a much more highly integrated governance of the eurozone. These hints have sometimes borrowed the language of French enthusiasts for a more coherent union—an economic government, a coordinated macroeconomic policy and so on. The suggestion, never explicitly stated, is that a pooling of fiscal resources and a formulation of a coordinated budgetary policy for the eurozone as a whole would be acceptable provided the highly indebted states are prepared to expiate in full their intemperate past.

From this point of view the hesitations, delays and conditions associated with crisis management so far might have a positive meaning—they might be seen as attempts to win concessions from other countries which could persuade the German public to make concessions in return. But if German leaders are indeed ready to promote a genuinely federal solution to their fellow citizens, then they should start to make their position clear. To continue much longer with their punitive and dysfunctional demands on weaker member states could spell the end of the European project.

Financial Crisis: Sailing in Opposite Direction

Lai Hairong, Zhao Chao

The subprime lending crisis 2008 in America triggered a global financial crisis. It has been 4 years since then, but the global economy has not yet left recession.

At the beginning of the crisis, almost all the critiques focused on the loose regulation of Neoliberalism. Because of loose financial regulation, the banks could easily lend money to customers who actually couldn't afford to repay. Through a series of financial derivatives and massive transactions, the toxic assets expanded to the whole financial system. As a result, shock waves rippled throughout the American financial system and went global, when a few real estate corporations collapsed.

However, when the key point of the problem lies in the loose regulation, it would be easy to solve the problem. Stricter regulation and reforms such as currency transaction tax as Tobin suggested, in coordination with short term policies to increase liquidity, should have alleviated the crisis and pull the economy out of the recession.

The countries, especially the European countries, have taken measures, which overweighed strict regulations against Neoliberalism, to deal with the financial crisis, and went on in another direction to cut down welfare, which is worth deep and profound reflections.

Let's look into the measures the European countries have taken against the recession, as shown in the table below.

The table above shows that the European countries have taken three types of measures against the crisis, two types of which aim to reduce the spending and the third is to increase the income.

1. Cut down public spending. The European countries are struggling to cut down the public spending, especially to cut down the salaries of the civil servants, and to lay off employees. At the meantime, the national government cut down investment or funds for plans directly stimulating economic growth.

2. Reduce the social security, including extending retirement age, reducing the unemployment benefits or duration and other benefits.

3. Increase tax rate, including vat, income tax of individuals and corporations.

Besides, these countries have also taken measures of partial privatization and to loose regulations for the corporations. All these aim to diminish public departments and to encourage development of the private sectors, which is more neoliberal. With the development the crisis, more serious problems are exposed, which makes the questions of the Neoliberalism less important. The European

Country	Expected Financial Deficit	Reduce in Public Area	Reduce in Social Security	Increase in Tax	Others
Germany	3% (2013) 0.35% (2016)	reduction in expenditure of the Federal Government for 3 billion Euro; redundancy of 15,000 civil servants	cancellation of the maternal and parental allowance; reduction in unemployment benefits	taxation on nuclear energy; taxation on aviation; taxation on banking	delay of rebuilding the castles
Denmark	3% (2013)	reduction of salary of the civil servants by 5%	reduction in unemployment benefit duration	cancellation of the tax cuts policy for families	
Spain	15 billion Euro (2012)	2010, salary reduction of civil servants by 5%; 2011, freeze of salary increase of the civil servants; salary reduction of the ministers by 15%	freeze pension increase; withdrawal of rewards to parents of newborn; withdrawal of long-term unemployment benefits		privatization (airport and gambling)
France	3% (2013)	redundancy of 31,000 civil servants in 2011; freeze public expenditure; reduction of government spending by 10%	extension of statutory retirement age; reduction of social security benefits	abolition of tax shield; increase of high income tax rate by 1%; increase of taxation on capital and investment; tax increase for enterprises	

Country	Expected Financial Deficit	Reduce in Public Area	Reduce in Social Security	Increase in Tax	Others
Greece	4% (2011) 14.3 billion Euro (2011) 24 billion Euro (2013)	freeze of salary increase of civil servants for 3 years; abolition of the 13th and 14th month reward	extension of average statutory retirement age	vat increase by 2%; taxation increase on immovable property; taxation on business profit; taxation on lottery	
Ireland	3% (2014)	salary reduction of civil servants by 15%; redundancy of 24, 750 civil servants	reduction of minimum wage	Increase income tax; vat increase by 2%; taxation on real estate and imposing of water tariff	
Italy	2.7% (2012)	freeze of salary increase of civil servants for 3 years; expenditure reduction of ministries by 10%		taxation increase on shareholding and bonus	
Portugal	4.6% (2011) 2.8% (2013)	freeze of salary increase of civil servants for 4 years	set of social relief maximum	vat increase by 4%; income tax increase; taxation on vat bond; taxation on profits of rich enterprises; abolition of tax favor; taxation on tobacco, alcohol, fuel and luxury goods	reduction in public investment; reduction in educational spending; delay of public investment

Country	Expected Financial Deficit	Reduce in Public Area	Reduce in Social Security	Increase in Tax	Others
Czech	4.6% (2011) 2.9% (2013)	salary reduction of civil servants by 5%; salary reduction of government employees of by 10%; reduction in job positions	reduction in social benefits; retirement reform; health care reform (including increasing insurance expenses)	diminution of the fiscal deduction of the home savings plan; single tax rate of vat to 19% (instead of tax rate of 10% and 20%)	simplification of the licensing for private sectors
Romania	5.9% (2010)	reduction of civil servants by 100 000; salary reduction of civil servants by 25%	reduction of pension by 15%; reduction of unemployment benefits by 15%; reduction of maternity allowance by 15%	Increase of vat rate by 5%	
UK	1.1% (2015—2016)	freeze of salary increase of civil servants for 2 years; reduction of job positions for 300 000; reduction of public spending of the state	extension of retirement age to 66; reduction of social allowance by 12 billion Euro	increase of rate of income tax; increase of vat rate by 2.5%; taxation on banking	reduction of defense budget by 25%; reduction of treasure bond rate

Origin:http://www.touteleurope.eu/fr/actions/economie/euro/presentation/comparatif-1-austerite-en-europe.html countries can not afford the public social benefits and too many sectors. The European countries have been working hard on building up the social system after the World War Ⅱ, and now they're making the greatest changes, the connection between which is not occasional. The connection lies not only in the comparison between the European and other countries, but also among the European countries. Countries which were more cautious of building welfare states, like Germany and the U. K., suffer less in the crisis than Greece, Italy, Spain, Portugal, which offer more welfare than they actually could afford and have to taken more fierce measures in the crisis, and thus triggered severe protests on the streets.

The financial crisis also has negative impact on China's economy, but not as bad as that in Europe and the U. S., which were greatly affected by the recession. There is no neoliberal problems and overgrown welfare state system in China. The financial system in China still has a long way to go before fully marketized. The openness of sectors of energy, resources, communications and railway transportation is limited, and the private economy contributes only 50% to the whole economy. Given all this, China is still far from a neoliberal leading state. There's no comparison between the welfare state system that China has been trying to push forward until half a year ago and that of the European countries build up half a century ago. In this term, China is far from a state being burdened by the overgrown welfare system. However, this does not mean that China does not have the problems that the crisis has triggered in other countries. In China there're still many inefficient enterprises, the operation of which depends on soft budget constrains. They are potential serious threat to China's economy. If this does not change, the same thing happened in the U. S. and Europe would happen in China again. Thus, China needs to take precautions before it's too late and make his mind to promote reform.

Impact of the International Financial Crisis on China's Foreign Trade

Wang Xuekun

The international financial crisis that derived from the subprime crisis of the U. S. has hit severely the global economy and trade and brought about a far-reaching influence to the adjustment of international economic growth and trade landscape. China, being deeply involved in economic globalization and forging close partnerships with many nations across the world, was struck in the front of foreign trade as well.

1. Impact of the International Financial Crisis on China's Foreign Trade

After the international financial crisis broke out, growth of global economy has been sluggish, down by 2.3% in 2009. Developed economies were faced with either gloomy growth or economic downturn. In 2010, European debt crisis continued to spread, and the world economy experienced a volatile financial market and another downturn in the second half of that year. At the beginning of 2012, signs of recovery began to emerge in some regions and some countries appear a good growth omen. However, the European debt crisis is far from being over, and the international financial crisis has exerted profound influences to the global economy. As a result, a comprehensive recovery of the world economy would be a long-term process featured by painful frustrations. China's foreign trade has entered into the key stage of transition of the development pattern, with import and export confronted with more pressure from both rising costs of labour, raw materials, resources, and land at home and a severe external environment. The impact of the international financial crisis on China's foreign trade is reflected mainly in the following aspects:

1.1 Fundamental adjustments Happen to the Growth of Foreign Trade.

This is reflected in the following two aspects. Firstly, the term of rapid growth of foreign trade is coming to an end. Foreign trade of China, during the 10th five-year period, witnessed an annual growth rate of 24.6% on average and kept the momentum of relatively fast growth in the first three years of the 11th five-year period. In 2009, foreign trade of China fell by 13.9%, a record drop over the past 30 plus years since the initiative of reform and opening up was introduced. The export in 2009 declined by 16%, and the volume of it was below than that of 2007, while the import dropped by 11.2%. In 2010, the growth rate recovered to a high level, with the annual increase standing at 15.9% in the 11th five-year period. Foreign trade grew by 25.8% in the first half of 2011 and by 19.7% in the second half. Remarkable fall in growth rate was reported in the last several months that year. In the first quarter of 2012, foreign trade increased by 7.3%, a single digit growth. It is estimated that the growth rate will be higher later in the year and report a general loss compared with the previous years. Secondly, growth rate of import exceeds that of export. In the several years before the financial crisis broke out, the growth rate of export obviously overpaced that of import, with the trade surplus constantly expanding to a summit of $ 298.1 billion in 2008. Ever since the crisis broke out, the growth rate of export has been lower than that of import, with the surplus gradually contracting. In the first two months of 2012, trade deficit of China amounted to $ 4.2 billion, and the trade surplus in the first quarter only reached $ 660 million. The main reason for this phenomenon lies in the fact that China's economy grows faster than other major economies and that with the strategy of boost of domestic demand being implemented, domestic demand and import demand are gathering relatively sound momentum of growth.

1.2 China's Export to Developed Countries Is Greatly Frustrated and the Share of Newly Emerging Markets in China's Export Is Increasing.

Developed countries are most seriously hit in the financial crisis and undergoing economic downturn, bankruptcy of a large number of enterprises, rising unemployment, and fall of import demand. In 2009, growth rate of developed economies declined by 3.7%, with U.S. down by 3.5%, EU and the Euro zone by 4.3%, and Japan by 5.5%. China's export to these three markets dropped by 12.5%, 19.4%, and 15.7% respectively. Developed economies were trapped in downturn or contraction again in 2011. In particular, the European debt crisis was even worsening and austerity policies further limited economic growth. In consequence, China's export to developed economies remarkably slowed its pace. In 2011, China's export to the U.S. increased by 14.5% and that to the EU rose by 14.4%, both nearly 6% lower than the general growth rate. China's export to Japan grew by 22.5%, 2% higher than the general rate. From the perspective of the importers, the U.S.' import from China increased by 9.4% in 2011, 5.9% lower than its overall import growth rate, according to its statistics. And figures from the EU show that its import from China rose by 3% in 2011, 9% lower than the general import level. China's shares in the U.S. and EU import markets have implied signs of downfall, down by 1% and 1.25% respectively. Other factors also contributed to the contraction of import in these markets, including acceleration of the reindustrialization strategy, implementation of the national export initiative in the U.S., and the U.S.' efforts to lead manufacturers back to its ground. Some European and American cross-national companies began to adjust their management strategies due to the financial crisis by weakening China's role as a manufacturing basis for export while strengthening their endeavour in exploring the market of China. Export growth of foreign enterprises in 2010 and 2011 was 3% and 5% respectively lower than the general export increase.

Newly emerging markets and developing countries have come

up as the fastest-growing trade markets for China. In 2011, trade volume of China with Africa exceeded \$ 166 billion, while that with Latin America over \$ 240 billion. China's exports to Africa and Latin America have surged by 21.9% and 32.6% respectively. And China's imports from Africa and Latin America have soared by 38.9% and 30.4% respectively, well above the growth rates of trade with the European and the U. S.. China's export to and import from the other four BRICS countries have grown by 27.3% and 48.4% respectively, up by 0.4% and 1.3% in China's total trade. In the first quarter of 2012, Africa and Latin America remained the fastest-growing export markets for China.

1.3 External Trade Enterprises Are Encountered with Unprecedented Tough Operation Environment.

Development of China's foreign trade has entered into the critical stage of a shift from quantity increase to quality enhancement. And foreign trade and export of China is in need of transformation of development patterns and upgrading alongside a steady growth. Since the international financial crisis broke out, Chinese enterprises have been encountered with tough internal and external operation environment and a foreign trade environment even more difficult to handle than the Asian financial crisis period. The situation of the clients has been undergoing dramatic changes. The total amount of orders has been decreasing, and the same with the trade volume and the order cycle involved in individual order. The clients have higher demands for quality of goods and date of delivery and are more sensitive about the price than before. In

2012, the trade volume of the 111th Canton fair is smaller than last year, with machinery and light industry products witnessing remarkable losses. According to the monthly survey by the foreign trade monitoring system of the Bureau of Commerce of Zhejiang province over 1700 key enterprises, the boom index of export order in February was 102. 1, in the admist of feeble range for the 5th consecutive month. The percentage of the enterprises with more or around the order volume of the same period last year is on the slide from 80. 4% in April last year, and stood at 70% in November last year and 71. 2% in February 2012. The shortened delivery time for export orders also becomes popular. 57. 3% of the enterprises key for statistics are required to deliver their goods within 3 months. Although the enterprises have up-leveled the export goods prices by 10% on average last year, they were still around the gain-and-loss balancing point or at an affordable loss for operation due to faster rise in cost and decrease in profit. In March 2012, the city of Dongguan conducted a survey over 300 export-oriented enterprises. And figures show that in 2010 the export profit of these enterprises was 5. 7% and it slided to 3. 7% in 2011 and is estimated to undergo a further loss of 0. 8% this year. Profit ratio of textile, shoe-making, and toy industry have declined by 2. 5%, 2. 6%, and 1. 4% respectively.

1. 4 China Is Faced with Trade Frictions More Fierce Than Before.

Historical experience shows that economic crisis easily lead to trade restrictions, revenges, or even trade wars. After the international financial crisis broke out, leaders attending G20 Summit, and WTO Trade Minister meetings repeatedly appealed to oppose trade protectionism and call for cautious trade remedy measures. However, the EU and the U. S. are taking more trade remedy steps especially against China, although there are no widespread trade frictions taking place. In 2011, China was encountered with 69 trade remedy investigation cases (66 in 2010), and U. S. initiated 337 surveys, 16 cases against china's products. Since the beginning of 2012, the U. S. has mounted pressure on RMB rate issue and established the Interagency Trade Enforcement Center, which is clearly targeted at China. The U. S. also amended its laws, which allows a country to impose both anti-subsidy and anti-dumping taxes and dates the time back to November 20th 2006, thus legitimizing 24 anti-subsidy decisions made by its Department of Commerce against Chinese products. Just within several days, the U. S. Department of Commerce took anti-subsidy and anti-dumping measures against Chinese products, including steel high pressure gas cylinder, solar panel, galvanized steel wire, steel wheels, and fluorescent brightener. And the enterprises related with automobile parts and drawn stainless steel sinks are prepared to launch anti-subsidy and anti-dumping measures against Chinese products. In 2011, the EU took trade measures against products made in China including wireless wide area networking modems, melamine, copper-print paper, and stainless steel. And it was the first time for the EU to take anti-subsidy and anti-dumping measures against Chinese copper-print paper. The EU and the U. S. have submitted their appeals against raw materials including coke coal, alumina, fluorite, and afterwards rare earth in 2012. These trade measures are not fair and featured by prejudice. Their anti-subsidy and anti-dumping measures violate WTO regulations and frustrate normal trade ties. In February 2012, on CEVISAMA, the 2nd largest world fair on ceramic sanitary ware, there were only nearly 20 Chinese producers attending, compared with more than 40 in the previous year. An important reason for the decrease of Chinese participants lies in the anti-dumping measures taken by the EU against China. In 2011, Chinese ceramics to the EU fell by 30% on a year-on-year basis, and declined by 15% in January 2012 compared with the same period last year.

2. Overcome the Negative Impact of the Financial Crisis and Realize Steady Growth of Foreign Trade

It is set in the *Government Work Report* 2012 that total import and export volume increase by around 10% this year and international balance of payment get continuously improved. The executive meeing of the State Council discussed policies and measures on strengthening import and promoting balanced development of foreign trade. The *Guideline on Accelerating Transformation of Foreign Trade Development* was released under concerted efforts of 10 ministries under the State Council, including the Ministry of Commerce, the National Development and Reform Commission, and the Ministry of Finance. The priority of foreign trade work lies in keeping steady growth of export, further expanding further export, and continuing to transform foreign trade development patterns. And the basic principle is "maintaining a steady growth, adjusting the structure, and promoting a balanced development of foreign trade". Our critical work pertaining to foreign trade is as follows:

2.1 To Ensure the Foreign Trade Policy to Be Stable and Consistent

Regarding the fiscal and tax policies, the policy of export rebates will be maintained and strengthened. In terms of monetary policy, the RMB exchange rate will be kept at a stable level and enterprises will be encouraged to take positive measures to address exchange rate fluctuation. Trials of settling cross-border trade accounts in RMB will be positively carried out and more export enterprises will be added to the name list for trials of RMB settling. Pertaining to the financial measures, the policy of differentiated regulation over trade capital raising will be further improved. Commercial banks are encouraged to provide more loans to small and micro-businesses. Coverage of export credit insurance is to be enhanced. When it comes to trade policies, the transformation and upgrading of processing trade is to be accelerated, and processing trade enterprises are encouraged to move higher along the industry chains and to the Central and Western areas.

2.2 To Expand the Import Volume Reasonably and Optimize Import Structure

In order to make use of the domestic and overseas markets and resources, ease the pressure of resources and environment, improve the people's consumption level, and speed up technological progress and innovation, it is a natural demand to strengthen import. The main policies set by the State Council include: adjusting the import tariffs for part of the imported goods, lessening import tariffs for part of the imported energy raw materials and those closely related with people's daily life and the key parts necessary for newly emerging strategic industries that cannot be produced in China or are beyond our manufacturing capacity. Commercial banks are encouraged to carry out import credit business, so as to support import of advanced technical equipments, key parts, and energy and raw materials. Policy banks are encouraged to provide financial support set in the state policies to import of high and new technical products and resources. Commercial insurance companies are guided to offer insurance products and services beneficial for growth of import. And cross-border trade settling in RMB will be promoted. The level of trade facilitation will be further enhanced and electronic port construction is to be accelerated. Unreasonable fees in import-related links are to be abolished so as to lower the trade cost in import.

2.3 To Transform the Development Patterns of Foreign Trade

It is a long-term task to transform the development patterns of foreign trade. Against the backdrop of the financial crisis, it is necessary to promote the restructuring of foreign trade. The strategies of technology-driven trade growth, winning by quality, and market diversification will be implemented in-depth.

Enterprises are encouraged to cultivate their own brands, marketing network, and research and development centre. The export of labour-intensive products will be stablized and that of high-tech and high added value products will be expanded, while the export of high energy consuming and pollution will be controlled. Construction of the items related with foreign trade will be promoted, including the bases for foreign trade growth transformation (industry-assembling zones, development zones, and special zones for customs regulations), trade platforms (exhibition, dedicated markets, e-commerce, import facilitation), and international marketing network. The overall layout of foreign trade will be optimized in the following two aspects. Firstly, the newly-emerging markets will get further explored while China's share in traditional markets is to be stabilized. And it is desirable that the share of China in the markets other than the EU, U. S., Japan, and Hongkong be enhanced by about 5% by 2015. Secondly, while the trade volume of the Eastern coastal areas is to be stablized and more support will be given to support the Eastern areas to accelerate the transformation of foreign trade, the Central and Western regions will also speed up in developing foreign trade. And it is desirable that by 2015 the share of the Central and Western regions in foreign trade be enhanced by around 5%.

China's Response to the International Financial Crisis

Sun Xuegong

The global financial crisis, triggered in the United States, has caused China severe and chronic pains. It slowed down China's economic growth in the short term and brought further challenges to China's current economic development pattern. Consequently, China takes both immediate and long-term actions to tackle the crisis. On the one hand, China actively takes economic stimulus measures to prevent a further decline of growth rate and maintain a generally steady macro-economy. On the other hand, China steps up its structural adjustment with the aim of accelerating the transformation of economic development pattern and shaping a new mechanism to boost economic development under new situations.

I China's response to the negative impacts of the financial crisis

The global financial crisis has hit China's economy hard. From 2007 when the crisis broke out to 2009 when the crisis reaches its peak, China's quarterly economic growth rate dropped from 15% to 6.6%, down by more than 50%. China's export growth rate, a key driver of China's economy, slid to −20% from +20% of the pre-crisis level. The foreign direct investment (FDI) also turned to mere decrease from the previous 10%-above level. The significant slowdown of the economy led to closures of many medium and small sized enterprises in coastal China. Tens of thousands of migrant workers were forced to return their hometown after losing their jobs. In face of the severe economic situations, China took measures to counter the crisis mainly from three aspects:

First, China strengthened its macro-control and launched a package of economic stimulus plans to tackle the financial crisis. First of all, China adopted a moderately easy monetary policy and improved the credit market of the real economy through policy measures such as ensuring transparency of market operations, removing loan quotas on commercial banks, cutting interest rates and reserve requirement, and so on. In 2009, the loan increment totaled 10 trillion RMB yuan, 4.7 trillion more than that of last year. Since September 2008, the central bank cut four times the deposit requirement ratio, each with different range, bringing down the ratio by 2.5 percentage points. Also, five cuts were made in benchmark interest rates and China's one-year deposit and loan rates lowered by 1.62 and 1.89 percentage points, respectively. These measures substantially reduced the financing cost of market players. Secondly, China adopted a proactive financial policy and expanded government spending by launching a government investment plan worth 4 trillion yuan ($ 586 billion), mainly dedicated to infrastructure projects, people's wellbeing, energy conservation and environmental protection, disaster-area reconstruction and innovation promotion. The government also implemented transformation of value-added tax, relieving all together 120 billion yuan taxes for enterprises. Thirdly, China adopted policies to boost domestic consumption by subsidizing purchase of home appliances in rural areas and selling old appliances for new ones, reducing purchase taxes for automobiles with low emissions and subsidizing energy-conserving products and products that benefit the people. By the end of November, 2011, the number of home appliances going to the countryside accumulated to 210 million, with a sales volume of 487.4 billion yuan and the total subsidy of 55.6 billion yuan. Fourthly, China stepped up its support to export-oriented enterprises by passing beneficial policies in trade credit, export insurance and market expanding. It also increased the export rebate rate and exempted export duty of some products.

Table 1　Breakdown of China's 4 Trillion Economic Stimulus Package

Spending area	Scale (hundred million yuan)	Percentage (%)
Affordable housing projects (including low-rent houses, renovation of shanty houses)	4000	10
Rural projects for people's wellbeing and infrastructure projects (including water, electricity, road, gas, housing, etc.)	3700	9.25
Major infrastructure projects (including railways, highways, airports and water conservancy) and renovation of urban power grids	15000	37.5

Spending area	Scale (hundred million yuan)	Percentage (%)
Projects for social development (including medical care and health, education and cultural activities)	1500	3.75
Projects for energy conservation and ecological construction	2100	5.25
Independent innovation and industrial restructuring	3700	9.25
Post-disaster rehabilitation and reconstruction of Wenchuan	10000	25
Total	40000	100

Source: website of NDRC, *www.ndrc.gov.cn.*

Second, China accelerated the transformation of economic development pattern and stepped up its efforts in economic restructuring. The financial crisis reshaped the development climate of China's economy. Thus adjustments must be made to the original development pattern so as to efficiently tackle the crisis. Originally, China's economy was heavily dependent on foreign trade and investment as well as on resources and labor force. After the crisis, measures were taken to transfer the focal point to domestic demand and consumption, as well as innovation and human resource. As a result, China rolled out a rejuvenation plan to boost ten pillar industries including autos, iron and steel, textiles, machinery, shipbuilding, electronics and information, light industry, petrochemicals, non-ferrous metals, and logistics. China also fueled its efforts in economic restructuring by closing down outdated production facilities with high energy consumption and high pollution, advancing technological progress of industries, improving the quality and international competitiveness of products. In its twelfth five-year plan, China proposed to boost strategic and new emerging industries and regard them as the leading and pillar industries of its economy. Those industries include energy conservation and environmental protection, new generation of information technology, biotechnology, high-end machineries, new energy, new materials, and new-energy-driven autos. To better adapt to changes in development phase and international situations, China incorporated the promotion of service industry as an important aspect of structural adjustment.

Third, China tried hard to improve people's livelihood which was not only a key policy measure to counter the financial crisis but also a basic requirement for social progress. During the financial crisis, China further improved its unemployment benefit and subsistence allowance system. For example, the number of urban and rural residents that received subsistence allowances from the government in 2008 totaled 23.34 million and 42.91 million respectively, increased by 0.62 million and 7.25 million on a year-on-year basis. Many local governments raised the standards for subsistence allowances, and pension standards for several rounds. At the height of the crisis, the government introduced large-scale vocational training programs and provided consulting services to people seeking for jobs or opportunities to start their own businesses, aiming at improving the working skills and competitiveness of laid-off people. In 2009, the central government's spending on social security and employment was 20.2% higher than that of last year. Besides, to ease the burden on residents and to enhance consumers' confidence and consumption ability, the government increased its input in medical care and health, education and other areas that could help to raise people's living standards. For instance, compared to 2007 before the outbreak of the crisis, the central budget on education spending increased to 324.9 billion yuan, 7.2 times more than the 2007 level of 39.5 billion, and 174.8 billion yuan on medical care and health, 50 times more than the 2007's 3.4 billion. The government also increased its input in affordable housing. It put forward a target of building 35 million affordable houses during the twelfth five-year plan period and central spending hiked to 382.2 billion yuan in 2011 from 72.6 billion yuan in 2009, increased by 4.3 times.

II Features and experiences of China's response to the financial crisis

Thanks to the abovementioned policies, China efficiently offset the negative impacts of the international financial crisis and became the first to embrace economic recovery in the world. China basically realized its target of maintaining a sound and fast economic development with its growth rate keeping the 8% level since the second quarter of 2009. Thus China offers a successful case in tackling the crisis and some of China's features and experiences are listed as follows.

First, China took policy measures in a prompt and bold manner. As one of the first countries to launch the economic stimulus program, and with strong policy support from the central government, China achieved high efficiency in its decision-making and implementation process. China's economic stimulus plan was announced as early as November 2008 and entered in implementation phase in the fourth quarter of 2008. While at this time, many countries were still busy discussing whether to launch the program and it was only in the second quarter of 2009 that final decisions were made. By 2009, China had implemented most of its infrastructure projects incorporated in its economic stimulus plan, especially projects of roads, railways, and airports. Such a fast speed, on the one hand was driven by China's current development phase since China's economy still has great needs for infrastructure projects, and on the other hand was made possible because of China's early preparation and foresighted planning. In addition, the strong organization ability of governments at all levels also contributed to such a fast speed. China's economic stimulus package, as a share of the GDP, accounted for 6%, higher than most countries in the world.

Second, China effectively combined the short-term adjustments with long-term development in response to the financial crisis. Chinese leaders were aware from the very beginning that the financial crisis was not only a short-term shock to the economy but also a major challenge to China's long existing development model. Thus to tackle the crisis it must change its imbalanced, uncoordinated and unsustainable model. This was the reason why China put the transformation of development pattern as a most important measure in fighting the crisis. China also took a series of actions in structural adjustments to expand domestic demand, boost the development of strategic and new industries as well as service industries, encourage technological innovation and narrow the gap between different regions. Therefore, China's economic recovery was not based on the original development track but rather a green, balanced and innovative path. Thanks to these efforts, China achieved gratifying results while fostering rapid economic recovery. In the field of green and low carbon development, China managed to reduce the energy consumption of per unit GDP by 20%, wind power, solar power and other new energy industries enjoyed fast development and China's newly-added installed capacity of wind power now ranks the first in the world. In terms of foreign trade, currently China's foreign trade surplus, as a percent of GDP, decreased to 3% in 2011 from 8% before the crisis, basically realizing current account balance. In the aspect of innovation, China's input in research and development is now the second largest in the world with an annual increase of 20% since 2008, and its share of GDP increased to 1.83% in 2011 from the originally 1.52%. In terms of balance between regions and income levels, the eyer enlarging disparity was gradually contained. During the recovery, the economic growth speed in middle and western regions outran that of the eastern region and the income increase speed of rural residents exceeded that of urban residents. The annual per capital net income of rural residents in 2011 increased by 17.9% than last year, a real increase of 11.4% excluding the price inflation, and the disposable per capital income of urban residents increased by 14. 1% with a real increase of 8. 4%. In the first quarter of 2012, income increase speed of rural residents is still surpassing that of the urban residents.

Third, China focused on both economic development and system building in tackling the financial crisis. China learned that it must strengthen its system building if it wanted to address the uneven, uncoordinated and unsustainable problems of its old development model. Consequently, China earmarked great capitals in system building as well as in economic development. In particular, China stepped up its building of social security network from both short-term demand perspective and long-term development perspective. China expanded the coverage and enhanced the standards of various social security systems. From 2008 to 2011, the number of urban residents with pension insurance increased by 30%, medical insurance by 50% and unemployment insurance by 15%. The coverage of new type of rural medical care insurance reached 97. 5%, increased by 6 percentage points, close to a universal coverage. In addition, the new rural pension system was established and grew fast ever since. By the end of 2011, about 300 million rural residents were included in the new pension system, almost half of all rural residents in the country. System building, especially the social security network building, has maximized the internal stability of China's economy.

Table 2 Development of various social security systems

	2008 (ten thousand people)	2011 (ten thousand people)	Growth rate (%)
Basic pension insurance in urban areas	21890	28392	29.7
Basic medical insurance in urban areas	31698	47291	49.2
Basic medical insurance of migrant workers in urban areas	4249	4641	9.2
Unemployment insurance	12400	14317	15.5
New type of pension insurance system in rural areas	0	32643	
Coverage of new type of medical insurance system in rural areas	91.5%	97.5%	6 pp

Source: National Bureau of Statistics of China. *Report of economic and social development in 2007–2011.*

Ⅲ Lessons of China's response to the financial crisis

While recognizing the great results China achieved in tackling the financial crisis, we must also notice that some of the policy measures had failed, even causing serious negative impacts, from which we should draw lessons. First, some infrastructure projects had too large scales that it may easily cause shortage of capitals once policies need to be changed according to macroeconomic situations. This may usually led to great waste since some projects may be never finished. Also, it may raise financial risks for local governments and financing platforms since they tent to borrow too much. Second, the government failed to effectively control the rocketing development of the real estate sector and other capital bubbles. The housing price grew unreasonably fast in some cities, making it impossible for ordinary residents to buy houses, which caused further social problems and increased the risks of economic instability. Third, the government didn't provide adequate support to small and medium sized enterprises and to private businesses, making these enterprises more vulnerable during the financial crisis. Though certain policy measures were proposed to support those SMEs and private enterprises, the implementation was insufficient due to inertial thinking or ignorance of details. Fourth, the reform and development of some key sectors were lagged behind, effecting the growing quality and efficiency of the overall economy. For instance, no major progress was achieved in reforms of the monopolized sector and resource prices in recent years.

Capitalistic Crisis and Economic-social Problems of EU

Nora Schüttpelz

With this presentation, I will try to give an idea about perceptions of the crisis in the European Union and measures on the EU level to tackle the crisis. I will focus on some impacts of the crisis and of crisis policies on the EU and its Member States and on subsequent deliberations regarding the institutional model and the EU integration debate as a whole.

I will argue that the EU integration process has very much progressed in spite or even because of the crisis reality and I will show how it is progressing further. However, I will also point out that the whole EU project could still fail due to economic and social failures and a lack of democracy.

Crisis perception in the EU

In Europe, the current crisis is generally perceived as having started as a banking crisis which began with the Lehman Brothers bank bankruptcy and which lead into a sovereign dept crisis hereinafter caused mainly by public overspending. May or may not this analysis be correct political and economic measures to tackle the crisis have been adopted on the basis of this assumption.

Of course, there are economists who clearly point out other key causes: Lack of internal demand caused by lowering of wages in order to increase capitalist profit and 'growth' and subsequent private and public borrowing/debts play it part. But this is not the majority view.

Therefore, there is no surprise that new legislation and agreements focus on cutting government spending but also—at least to some extend—on re-regulating the banking and financial market sector which had been de-regulated (or "liberalised") deliberately since the end of the 1990s. Therefore, although debates about the crisis sometimes suggest that capitalist ideology defeated itself, a renunciation of capitalism or of general neoliberal approaches is not at all in sight. Rather capitalism might prove again its ability to adapt to new circumstances.

A rarely ever stated simple fact is: The EU has never been as "integrated" as it is today and this process is advancing. European elites are aware and agree that only by stronger integration the EU will be able to cope with the crisis and to continue to play a leading role on the international level, economically as well as politically.

EU leaders do take into account the need for increased cooperation on global challenges, such as climate change, energy and raw material security, development, technological innovation, demographic changes, security issues, also particularly as BRICS countries already began to play a more important role in the global governance system. The finding that a monetary union without fiscal, tax and economic coordination cannot work is by no means anymore only a criticism from the left political sphere, but common sense among policy makers in Europe.

A look at some of the concrete steps taken since the beginning of the crisis suggests validity of the statement above. Besides, with them the EU has already moved forward quite far implementing the G20 Pittsburgh financial regulation commitments. In the actual presentation during the workshop, the list of legislation and agreements was not read out, but grouped into:

- re-regulation and supervision of the financial and banking sector
- financial aid and stability mechanisms which are in place to assist Greece, Portugal, Ireland as well as the future permanent European Stability Mechanism (ESM)
- surveillance and coordination attempts of fiscal, tax and budget policies as well as other aspects of economic policies
- proposals for instruments such as stability bonds/Eurobonds, a financial transaction tax or a common consolidated corporate tax base.

In this written version the following part gives an overview on some key measures in the area of financial market regulation and "economic governance" within the EU. ①

① see also overview by the EU Commission Economic governance and The European Parliament 2009 - 2011: Key legislation approved by MEPs.

EU legislation adopted and proposals underway related to the crisis since 2009 (*not all of them already into force, yet*)

Caps on bankers' bonuses and stricter capital requirements (July 2010).

Under these new rules on bankers' bonuses, upfront cash bonuses will be capped. Each bank will have to set limits to salary-related bonuses on the basis of EU-wide guidelines. ① In addition, new capital rules for bank trading activities and re-securitisations shall ensure banks properly cover the risks they are running on their trading activity for investments such as mortgage-backed securities, which were central to the crisis.

Supervision of financial institutions (September 2010).

This legislation sets up four new bodies with binding powers: —three new European Supervisory Authorities (banking; securities and insurance; occupational pension sectors) —plus a new European Systemic Risk Board to detect risks to the financial sector as a whole, replacing the current system of EU consultative committees. The new bodies are operational since January 2011. They have powers to settle disputes among national financial supervisors, with binding decisions in the event of disagreements. They can also ban risky financial products and activities. ②

Hedge funds and private equity. Alternative investment fund (AIF) managers' directive (November 2010)

The aim is to boost investor protection and financial stability by subjecting all AIF managers in the EU to a binding authorisation and supervision system. The

① Bonus-like pensions will also be covered.

② The aim is to identify risks in the system at an early stage and respond more effectively in emergencies, by reinforcing supervision at EU level, thus contributing to financial stability. The authorities will be located in Frankfurt, Paris and London. The ECB president will chair the Risk Board for the first 5 years.

new rules introduce a "passport" for marketing funds in other EU countries. ①

Regulation on short selling and credit default swaps (CDS): (November 2011)

The regulation aims at strengthening rules on short selling and CDS trading, two practices accused of fuelling market volatility. Naked CDS trading—purchasing default insurance contracts without owning the related bonds—will be banned to a certain extend. ② The above mentioned European Securities and Markets Authority will be able to restrict short selling and require other authorities to introduce exceptional measures to deal with difficult situations. The regulation will enter into force in November 2012.

Regulation on European Markets Infrastructure (EMIR): governing trading in financial derivates (March 2012)

All trades in financial derivates (e. g. futures contracts) shall be cleared by a central counterparty that stands between seller and buyer, guaranteeing both parties get what they are owed, even if one gets into difficulties (so far, most derivates trade take place directly between buyer and seller, therefore deals are not even registered, nor is there protection of either party in cases of the other's failure).

All derivates will be reported to central register, which gives supervisory authorities much better overview of derivates markets and reduces market uncertainties if a financial institution gets into trouble. These rules designed to reduce the risk of contagion from a crisis-hit financial institution; and to create more transparency over derivates trade—important also for possible

---

① The directive covers funds with a portfolio of more than € 100 million, including hedge funds, private equity, commodity, real estate and infrastructure funds.

② With an exception in cases where a sovereign debt market is no longer functioning properly. As for naked short selling—whereby the trader doesn't already own the shares he wants to sell—the trader will be required to locate the shares and have a "reasonable expectation" of being able to borrow the shares from the located party.

introduction of a financial transaction tax(FTT).①

The Markets in Financial Instruments Directive (MIFID) revision (expected by 2013)

This is aimed at re-regulation trade in financial instruments by: enhanced control and limits for high frequency (computer) trade; enhanced reporting requirements and position limits for trade in raw materials derivates, reducing opportunities for speculation in raw materials; greater supervisory role of the European Securities and Markets authority(ESMA).

Economic governance

a) The so called "six-pack" (September 2011)

Six EU laws designed to tighten up economic governance in the EU deal with fiscal issues. This is including a reform/tightening of the EU Stability and Growth Pact and new regulations to detect and address macroeconomic imbalances within the EU and the euro area. There will be increased surveillance, not only of deficit and debt levels, but also of macroeconomic imbalances (such as housing bubbles, loss of competitiveness, trade deficit and surpluses) with more emphasis on preventive measures. Sanctions will be semi-automatic (the Governments would have to agree not to exercise them when the Commission has drafted them. Before, it was the other way around). Non-compliance will lead to fines. The Commission will have more oversight powers over national fiscal / budget policies. Countries with more than 60% debt/PNB will have to reduce this figure by an average of 5% a year.

b) The so called two-pack (under negotiations)

In addition to the new rules on economic governance, the Commission on 23 November 2011 proposed two draft Regulations to enhance the coordination and

---

① New rules will increase transparency and safety in derivates trading, Danish Presidency, 09/02/2012.

surveillance of budgetary processes for all euro-area Member States, and especially for those countries that have excessive deficits, that are experiencing or are at serious risk of financial instability, or that are under a financial assistance program.

Stability mechanisms

To guarantee the stability of the euro area as a whole and assist individual Member States in financial difficulties and/or under serious market pressure, temporary mechanisms have been set up as a backstop of last resort. A permanent mechanism—the European Stability Mechanism (ESM)—is scheduled to be in place as of 1 July 2012 subject to pending ratification.

Financial assistance to Greece: Responding to the imminent threat of Greek insolvency, euro-area Member States set up an ad hoc mechanism on 2 May 2010 to provide, together with the IMF, € 110bn of financial assistance to Greece in the form of bilateral loans. On 21 July 2011, the Heads of State or Government of the 17 euro-area countries announced additional measures designed to alleviate the Greek debt crisis and ensure the financial stability of the euro area as a whole. The agreement included a new financial support programme for Greece worth some € 109 billion, a contribution from the private sector, the extension of maturities, and lowering of lending rates.

Temporary financial backstop mechanisms: The European Financial Stabilisation Mechanism (**EFSM**) is based on guarantees from the Community budget up to € 60bn, while the European Financial Stability Facility (**EFSF**) is an inter-governmental body providing up to € 440bn in guarantees from the euro area Member States. The **IMF** decided to complement these mechanisms with a potential financial support to euro area countries of up to € 250bn.

Ireland and Portugal have been granted € 85bn and € 78bn in assistance respectively from these funding mechanisms. The 21 July 2011 summit statement covered improving the effectiveness of the current European Financial Stability Mechanism (EFSF) and of the future European Stability

Mechanism(ESM) , adhering to fiscal consolidation and growth in the euro area, and strengthening EU economic governance.

European Stability Mechanism (ESM): The ESM is scheduled to become operational on 1 July 2012(i. e. earlier than initially planned). But it is still subject to pending ratification. It will replace both the EFSF and the EFSM. It will have an effective lending capacity of € 500bn.

Coordination of economic and fiscal policy planning—The European semester

This is a new approach of economic policy coordination. It was put into practice for the first time during the first half of *2011*, the first 'European semester'. EU-level discussions on fiscal policy, macroeconomic imbalances, financial sector issues, and growth-enhancing structural reforms now take place jointly(among governments) before governments draw up their draft budgets and submit them to national parliamentary debate in the second half of the year (the 'national semester'). To peer review budget, practically means to peer review spending on social and health systems, wages, public investment etc.

The annual cycle begins with the Commission's Annual Growth Survey, which gives broad guidance on priority actions to be taken at EU and national level.

Member States then submit Stability or Convergence Programmes on their fiscal plans and National Reform Programmes on structural reforms and measures to boost growth and jobs.

The Commission assesses these reports based on an integrated analysis covering fiscal, macroeconomic, and structural policies and on that basis proposes concrete policy recommendations for each country. The June European Council discusses the recommendations and the Council adopts them.

The Euro + Pact Setting of economic priorities(March 2011)

To give further impetus to the governance reforms, 23 Member States, including six outside the euro-area (Bulgaria, Denmark, Latvia, Lithuania, Poland and Romania), signed the Euro Plus Pact in March 2011.

The Pact commits signatories to even stronger economic coordination for competitiveness and convergence, also in areas of national competence, with concrete goals agreed on and reviewed on a yearly basis by Heads of State or Government. The Euro Plus Pact is integrated into the above mentioned European semester and the Commission monitors implementation of the commitments.

Included, among others, is the goal of tax coordination and the abolition of wage indexation. The "debt brake" didn't make its way into this one treaty (but into the Fiscal compact).

Europe 2020 Strategy for smart, sustainable and inclusive growth (June 2010)

The Euro Plus Pact builds on the existing framework of economic priorities agreed at EU level under the Europe 2020 strategy. The strategy sets targets in the fields of employment, innovation, climate/energy, education and social inclusion. It succeeded the so called Lisbon Strategy and defines seven flagship initiatives: Digital agenda for Europe, Innovation Union, Youth on the move, Resource efficient Europe, An industrial policy for the globalisation era, An agenda for new skills and jobs, European platform against poverty. It has been strongly criticised from the political left for being too focused in its concrete proposals on economic competitiveness and not talking about the need for real (financial) input into dealing social problems although some are mentioned.

Proposal for Stability Bonds ("Eurobonds") (under discussion)

The Commission Green Paper on Stability Bonds, published on 23 November 2011, sets out three main options: the full substitution by Stability Bond issuance of national issuance, with joint and several guarantees; the partial substitution by Stability Bond issuance of national issuance, with joint and several guarantees; and the partial substitution by Stability Bond issuance of national issuance, with several but not joint guarantees①.

Proposal for a Common Consolidated Corporate Tax Base (under discussion)

The idea is a single set of rules that companies operating within the EU could use to calculate their taxable profits. In other words, a company or qualifying group of companies would have to comply with just one EU system for computing its taxable income, rather than different rules in each Member State in which they operate.

Treaty on Stability, Coordination and Governance in the economic and monetary Union (to possibly enter into force by 2013)

The so called Fiscal Compact has been signed by 25 Member States (excluding U. K. and Czech Republic). It will enter into force if and when 12 countries will have ratified it.

The key idea is to come closer to a fiscal union, including greater oversight over national budget and budget planning, as well as the introduction of a balanced budget rule ("Debt brake") into national constitutional law, verified by the EJC. This treaty tightens and partly goes beyond rules in other legislation or agreements.

A key criticism is directed against referring budget competences away from national parliaments with no equivalent on a higher level where no democratic control is possible: Also because the treaty has been concluded inter-governmentally, therefore the EU-Parliament is not at all "in". Moreover, it is feared that "austerity" policies reache legislative status with this treaty.

These measures and policies are by no means perfect—

① The objective of such Green Papers is to have a broad debate on the issues raised.

particularly from left wing politicians there is insistent criticism on details of some of the legislation(not compulsory,not well designed, inadequate funding or staffing)and strict rejection of others. A major problem is the more and more often used method inter-governmental decision making, circumventing the EU 'community method' for legislation and thereby excluding the European Parliament and avoiding due consensus among all Member States.

But by simply being there, these steps practically mean deeper integration: Fiscal or budget policies used to be exclusive competences of nation states, a "no go" area in EU harmonisation policies. Financial markets have been "Europeanised" only a couple of years ago by in fact liberalising them, excluding supervision and regulation.

Not withstanding the argument above which I tried to illustrate by these just mentioned activities (the argument that the EU is integrated more than ever and that crisis might have even pushed this process forward), huge challenges are still ahead on the way towards the right level of European Unification. And the process of integration/Europeanisation/unification could still fail!

Two key challenges are becoming more and more obvious:

Economic and social failure

Current economic policies do not seem to deliver for a majority of people. The argument that only banks are saved and no one saves the people may be overly simplistic. According to the spring forecast released by the EU Commission on 11th May 2012①, slow recovery in 2012/2013 is said to be expected. But the same statistical source says: In nine EU Member States zero or negative GDP growth rates are expected for 2012. Only in three countries the government deficit is less than 1.5% of GDP. 14 register a government debt of more than 60% of their GDP. Of 27 Member States, four are left that are not undergoing an excessive deficit procedure. The unemployment rate in the EU is expected to remain at 10.3% over the next two years.

Not only Greece is at the edge of default. The economic situation across the EU remains fragile and large existing disparities across Member States—as regards, growth, infrastructure, financing costs, levels of social protection or poverty, public finances or unemployment rates—do not seem to close soon. "Austerity policies" are adopted as conditions for "rescue mechanisms" for Greece, Portugal, Spain, Ireland, but underway also in other EU countries on the basis of above mentioned measures practically result in social cuts, lack of public investment, lowering of wages and social transfers, job insecurities—all affecting those who are not and feel not responsible for the crisis. In Greece, as one extreme example, unemployment rose above 20% and youth unemployment skyrocketing at 50% while minimum wages have been cut by 22%, for young people below 25 by 32%. Similar trends can be observed in Spain. But Even in Sweden—always thought to be one of the most socially advanced countries, youth unemployment is currently at

① Spring forecast: Towards a slow recovery.

20%. Although Austria, Luxemburg, Netherlands and Germany can claim unemployment rats of below 6%, such values e. g. among Germany's regions range between 12.5% in the North Eastern region of Mecklenburg/Vorpommern and 3.7% in Bavaria, if you go down to the local level, values vary between almost 17% and less than 2% which is defined as full employment①.

Of course, people in the EU, enjoyed and still enjoy a level of prosperity that is high in comparison to most other regions in the world. Social systems have been relatively reliable during the past decades. And certainly this is also due to the economic cooperation which started after the second world war by western European countries and developed during the cold war not the least with the aim to be competitive with "the other" economic model. Nonetheless, social welfare levels are currently subject to possibly huge changes: The neoliberal school and their policy recommendations have not disappeared. To some extend these policy recommendations are now even easier to implement by arguing they were necessary in order to "consolidate state finances" or "increase competitiveness".

Therefore, although social uprising is not massively gaining ground (Greece being the exception), social insecurity und real economic losses (in income, social transfer, public services...) together with other factors create a growing level of discontent—also because there seems to be little light at the end of the tunnel. It would be interesting to discuss later on whether less social

---

① Arbeitsmarkt nach Regionen April 2012, Arbeitsagentur(DE).

success makes the EU less a 'model' for other parts of the world.

Crisis of trust

Another key challenge for the EU seems to be a Crisis of trust by its citizens. Recently, a number of EU countries saw significant government changes that could be interpreted as result of the crisis or crisis policies, such as France, Greece, The Netherlands, or Ireland①. Social movements like "occupy" and "indignados" or

① The latest example is France socialist candidate Francois Hollande won over conservative Nicolas Sarkozy—the only French President who did not make it to a second term in office. In Greece, at the same weekend traditionally strong PASOK and Nea Democratia, that in the past alternated in holding governmental office, won less than 20% of votes each and government coalition building failed completely. The Dutch government fell over budget cut talks in April 2012—after right wing PVV party that had won 15.5% in the 2010 elections, left the government coalition. Romania's centre-right government lost a no-confidence vote over intransparency in public enterprises privatisation deals related to austerity plans. In Ireland, former governing party Fiana Faíl (conservative-liberal) saw a more than 50% decline in the February 25 elections in 2011. In Germany, governmental coalition lost ground in recent regional and local elections, while a new party—the pirate party, elected mainly by people who want to protest against political establishment—makes its way to the parliaments. Of course, in some countries government building sometimes follows more specific internal problems. Belgian government talks took 541 days before preliminary agreement could be reached on budget issues. But here, disagreement over internal re-organisation of competences among the Belgian regions posed main obstacles to coalition building and crisis needs may have even enforced compromise. In Italy, Mario Monti leads a technocrat government since November 2011, but this government has been approved by a parliamentary majority after right wing populist Berlusconi resigned over internal scandal.

less ideologically based parties such as the 'pirate party' represent a broad range of people and groups who feel that "current politics simply do not work". Worse of all, also right wing parties and nationalist positions, sometimes even fascist groups (see Athens) seem to significantly gain ground all over Europe since the beginning of he crisis in 2008 all over Europe①, the latest example is France, where right wing Marine Le Pen scored 3rd (almost 18% of votes) in the first round of presidential elections behind socialist candidate Hollande and former President Sarkozy.

One reason seems very obvious: Governments, but also populist parties, are always happy to pronounce their national competences, importance, strengths, successes and, on the other hand, to declare the "the EU" responsible was for less convenient messages. Such information policy, of course, contributes to anti-EU and even nationalist sentiments.

But a more important explanation for mistrust in the EU, next to unsolved economic problems outlined above, are democratic and transparency deficits that are also inherent in the way crisis policies as well as the EU integration path as a whole are designed and/or executed—not so much by EU institutions, but actually by national governments.

Europe by far cannot look back at 5000 years of civilisation as China does. But it certainly has its very own intellectual and

① Was macht die politische Rechte im Europäischen Parlament?, Study by Thilo Janssen, January 2012 (DE only).

cultural history. This includes the revolutionary ideas of liberté, égalité, fraternité dating back to the period of revolutions in the 19th century and subsequent developments of civic rights which were implemented step by step into constitutions of nation states and found their permanent place in the minds of people. Europeans are not only used to a high level of quality of life and wellbeing, but also to possessing relatively extensive democratic participation rights. In Europe, legitimacy of politics to a very high degree derives from social cohesion plus democratic transparency and participation. Without these any political project is bound to fail in the long run.

While in the old model of the nation state, these rights—even both types of rights: civil and social/equality rights—have been institutionalised more or less well, they have not (yet) sufficiently been integrated into modern cross-border multi-level (EU or global) decision making. The bigger role the EU level plays in citizens lives and the more they know about it, the stronger the demand for to correct such deficits.

Conclusion

In October 2009, the European Parliament had set up a "Special Committee on the Financial, Economic and Social Crisis" that completed its work by a final report voted in the Parliament's plenary on 6 July 2011①. One of its key conclusion summarised: It

① Documentation by Chairman Wolf Klinz and Rapporteur Pervenche Berès here.

seems, the inter-governmental reactions to the crisis have not and will not contribute to a sustainable solution. Deepening political and economic integration and at the same time overcoming democratic deficits and lack of accountability will be the only promising strategy.

Of course, different and less hopeful paths for the future development of Europe are possible and for some even seem more likely. Worst case scenarios suggest nationalist views could win over the idea of cooperation and the whole integration project fails. Others predict a two-speed or multi-speed EU with an inner circle of core countries and a periphery. Some argue for a split (or even an end) of the monetary union—but no relevant political party really supports this because of the negative impacts.

The European integration at the one hand is progressing in spite and partly due to the crisis. More and more politicians speak about the need for a political Union additionally to the need for a fiscal and economic union. Such unification will have to continue on the social and democratic level. Intergovernmental coordination such as the fiscal treaty, without due democratic oversight and putting burdens lopsided, is outdated and will not be accepted by people in the long run. The integration process must be lead by policies that provide for economic as well as social success and at the same time legitimacy must be guaranteed by enhancing democratic structures, participation and transparency.

The International Financial Crisis and the Evolution of Capitalist Economic System

Sang Baichuan

The measures taken by the U. S. and other capitalist countries to address the financial crisis and economic recession is essentially restricting or partially depriving private property so as to ease social and economic contradictions. This indicates that the pure economic system of private ownership is unable to meet the need of socialized mass production, and the capitalist economic system is evolving. In the future, the developed capitalist countries will still go along with the conflicts between financial or debt crisis and the private ownership.

1. The Financial Crisis and the Bankruptcy of Economic Liberalism

The U. S. financial crisis swept the Wall Street, influenced real economy, and rocked global economy. The root of this crisis is the overflow of economic liberalism.

Before 1930s, classical political economy extremely advocated the functions of free market as the invisible hands. Cyclical crisis occurred in free market economy, especially the Great Depression of 1929 – 1933 completely broke the myth of liberalism. Thereafter, the New Deal and Keynesianism came into being. The western countries picked up the tools of government intervention and gave up the views of economic liberalism one after another.

Because there does not exist perfectly competitive market structure, but do exist public goods, externalities and information asymmetries, the spontaneous allocation of goods and services by a free market may lead to market failure. Therefore government intervention is indispensable to fix market defect and address market failure. Keynesianism served as the principle model for most western countries for a long period of time. The carrying out of expansionary fiscal policy to stimulate aggregate demand did play positive role in easing recession. However, expansionary fiscal policy led to huge budget deficit and debts which burdened the government and society. Since the late 1970s, Thatcherism prevailed, and the western countries launched large-scale privatization programs and sold state-owned enterprises in order to get rid of the burdens. Government intervention relaxed as Neoliberalism gradually went mainstream.

Neoliberalism promoted the booming of financial innovation and caused ever big virtual economic bubbles, but failed to supervise the risks of financial innovation and finally led to the Wall Street financial storms which turned into the global financial crisis.

Financial innovation has nothing to be blamed, what is to be blamed is the bigger and bigger contrast between real and virtual economy. There is a close bond between real and virtual economy, which is that the latter is determined by the former and serves the former. Problems arise when going beyond this limit.

Production is to meet demand and its value should be realized in market so as to get profits. People tried their best in the field of commodity circulation and they did everything possible to improve the circulation activities, such as building up sales network, improving circulation technology, shortening circulation time, expanding circulation space, improving transportation facilities, developing a broader market and so on. Financial innovation served expansion of demand by providing consumption loans and stimulating premature consumption when production expanded limitlessly beyond the demand that the society can afford. Banks vigorously provided loans with deferred payment option or even zero interest rates when consumers were unable to pay. Then more and more indebted families which were in fact bankrupt appeared. Banks were so much aware of the risks of excessive lending that asset securitization developed rapidly in order to reduce the risks. Asset appraisal institutions whitewashed the credit of asset-back securities issued by banks and inspired the whole world to buy, and then the banks' debts were securitized and sold to countries all over the world with the risks shared. Insurance companies took risks to excessive guarantee in order to expand business and had the bank risks passed on to them. The provision of separation of commercial and investment banking in the Glass-Steagall Act after the Great Depression of 1929 – 1933 was null and void while the financial innovation boomed. A lot of banks expanded investment business and venture capital developed rapidly, hence economic bubbles grew bigger and bigger. Behind the seemingly prosperous appearance was the false demand supported by commodity circulation and financial innovation, production disjointed from real demand, the asset quality of financial institutions declined, and the risks emerged.

When the capital chain ruptured, financial risks were suddenly exposed, financial panic rapidly spread, the whole financial empire collapsed, international financial crisis came and every country had to pay. The financial crisis inevitably influenced real economy and made it return to its real status. In the process of recession, unemployment rates soared and common people had to suffer the disaster made by financial oligarchs!

Economic liberalism is accomplice of financial and economic crisis because it provides justification to weaken governmental regulation of high-risk financial innovation and let market failures occur. The eruption of financial and economic crisis has proved that the free market is not omnipotent and market failure does exist. The views of economic liberalism are bankrupt.

2. The Essence of Financial Crisis is Still Relative Overproduction

People are highly concerned about financial regulation,

hopefully to find out ways to coordinate financial deepening and financial regulation which means to continue let financial innovation support economic development and prevent the eruption of similar financial crisis at the same time. While people try improving financial regulation, even the U. S., initiator of the global financial crisis has made progress in it, where will the world economy go in the future? To answer this question, we need to probe into the essence of the financial crisis that swept the whole world.

Many people summarized that the financial crisis was the result of lack of effective regulation of financial innovation and speculations. However this is just the appearance but not the essence. The essence of this financial crisis is still what Karl Marx called "relative overproduction".

The advancement and development of social and economic technologies brought substantial increase in social supply capacity in the course of capital's greedy pursuit of profit. Meanwhile the advancement of technology and the increase of organic composition of capitals led to a huge number of relative surplus populations and suppressed social consumption at a low level, thus intensified the so called "conflict between the trend of unlimited expansion of production and the inadequate effective demand", caused financial crisis, intensified social contradictions, labor movement arose and social revolutions began threatening the survival of capitalism. In this context, the developed world began to gradually establish social security system and stimulated effective social demand so as to relieve social and economic contradictions, thus Keynesianism came to the fore.

While the organic composition of capitals increased and the developed world moved in the direction of welfare states, workers' income significantly increased and rate of return on investment was obviously on a downward trend. The capitals opened up the era of globalization of production and investment in order to seek favorable places to invest, and multinational corporations invested in countries and regions where they gained higher profits. In 1950s and 1960s, multinational corporations in western countries moved manufacturing to Japan. The U. S. had to import industrial manufactured goods from Japan as Japan gradually became the world manufacturing center, and her trade deficit with Japan sharply increased. Japan's labor-intensive manufacturing competitiveness gradually weakened and finally moved her labor-intensive manufacturing to the Four Asian Tigers during 1970s along with her economic potentiality enhancement and implementation of "Doubling National Income Plan". Since 1980s, especially after 1990, the cost of labor-intensive manufacturing increased not only in Japan but also in the Four Asian Tigers. A large number of capital and manufacturing hence transferred to China. China imported parts from Japan and Eastern Asian region for assembly processing and exported goods to western markets. This made China a new world manufacturing center and transferred the U. S. trade deficit with Eastern Asian countries to China's trade surplus with the U. S. and deficit with the region.

Capital's pursuit of higher profit gave birth toglobal production networks as we see today: the developed world became center of global innovation and brand marketing while the developing countries such as China became world manufacturing centers; the developed world is situated at the top of global value chain while the developing countries stay at the bottom. Meanwhile, the current patterns of international trade and structure of international balance of payments are established. The U. S. and European current account deficit with China was so huge and the U. S. trade deficit in balance of payments remained so high that the U. S. finally became the country with largest trade deficit.

In short, the so called international economic imbalance today is indeed the imbalance in production area, as a consequence of the overproducing developed world transferring its surplus productive powers to other countries especially to China. The seeming imbalance of trade and international payment is essentially the imbalance of production, and it is the developed world especially the U. S. that caused global economic imbalance.

Under the circumstance of high trade deficit, in order to fix the balance of international payment, maintain dominance of the U. S. Dollar (which is the basis of the U. S. Dollar as an international currency) and attract dollars paid out due to trade deficit to flow back, the U. S. must create attractive financial products. This explains why the U. S. is so keen on financial innovation. At the same time, the dollars flowing out need to find high-return investment products. This led to the creation of a large number of venture capital and the prosperity of the Wall Street.

Lack of effective regulation of financial innovation, financial asset bubbles grew and finally burst.

3. Government Intervention Gradually Triggers Evolution of Social and Economic System

In order to address financial crisis, the capitalist countries picked up the tools of government intervention, using expansionary fiscal policy to save the economy from recession, using social security system to relieve the rising social contradictions caused by climbing unemployment rates.

(1) Carrying out expansionary fiscal policy is in essence restricting or partially depriving private property

While carrying out expansionary fiscal policy, government spending increases, government investments and the scale of procurement expand, government order from private firms increases, standard of government transfer payments improves, financial subsidies increase, multiplier effect of production expands, private investment and consumption are stimulated, private firms are bailed out, massive bankruptcy is prevented, and recession is eased. However the government can only get the money through taxation or bonds.

Taxation is the means to collect revenue by government with administrative power. From the perspective of tax payers, taxation means to give their private property in the form of tax revenue to the disposal of government, and it is a transfer of private ownership and government's partially deprivation of private property (when tax rate is lower than 100%).

In financial crisis, if government does not increase taxation, it usually depends on issuing treasury bonds to get the revenue to expand spending. Bond issuing means the government get revenue by using the country's credit, and private firms and individual buy treasury bonds in order to add value to their private property. They do not give up their private property since they gain interests from it. But they do give up the right to use it temporally. Thus bond issuing is essentially the restriction on the right to use private property.

In short, carrying out expansionary fiscal policy to save the economy from recession, is nothing more than getting fiscal revenue by restricting or partially depriving private property, so as to increase spending, stimulate aggregate demand, relieve the contradictions caused by imbalance in the aggregate supply and demand.

(2) The establishment of social security system also places restriction on private property

In order to address recession, rising unemployment and social contradictions caused by financial crisis, the U. S., EU and other countries began engaging in the redistribution of national income by establishing social security system. Social security system is regarded as social safety net and stabilizer, but it functions through restricting private property.

Social security system practiced by countries all over the world can be categorized into 3 types according to its distribution mechanism, namely pay-as-you-go, fully funded and a hybrid of the former two.

Pay-as-you-go system means that the society pre-sets a basic standard of cost of living for the retired generations, and the cost is paid by a part of the value created by the working generations. We also call it "intergenerational transfer of payment". Apparently no generation suffers net loss in distribution of wealth, but for individuals, social security paid by them is used by the older generations, thus we say there is transfer of ownership of private property.

Fully funded system means the government compulsorily collects payroll tax from working people and put it into their accounts set up by social security trust fund. When they need to use social security fund, the part of income set aside during working years is for future expenditure after their retirement. If this kind of social security fund is completely accumulated by individuals, there is no transfer of individual property rights. However, it shows mandatory savings for future risks, thus there is restriction of the use of private property.

The hybrid system of pay-as-you-go and fully funded means a part of social security fund is financed by pay-as-you-go, and the rest is fully funded. Thus there is not only transfer of ownership but also restriction of the use of private property.

Conclusion

The U. S. financial crisis is essentially the crisis of relative overproduction. The eruption of financial crisis exposed defects of liberal capitalism, and globalization just expanded the crisis of relative overproduction to global economic crisis. The expansionary fiscal policy taken and social security system established in order to ease the economic crisis are in essence working by restricting the ownership or use of private property. This indicates that the capitalist economic system based on private ownership is quietly changing.

The sovereign debt crises, which are triggered by too much dependence on expansionary fiscal policy and high welfare system to ease financial crisis, are pushing the U. S. and Euro zone countries to cut fiscal expenditure and welfare spending. The capitalist economy is trapped in a vicious circle confronting dilemma, and economic crises repeat cyclically.

With the strengthening of the U. S. financial regulation, in the short run the U. S. would be unable to provide attractive financial products as she used to, and the currency outflow due to the U. S. trade deficits and the large amount of liquidity injected in financial market in order to cope with financial crisis would lead to inevitable depreciation of the U. S. Dollar. While financial regulation was strengthened and capital account surplus decreased, in order to maintain the dominance of the U. S. Dollar and its role as international currency, the U. S. had no choice but reducing trade deficits and balancing international payments. Therefore, the U. S. began attaching importance to real economy, putting forward re-industrialization strategy and plan to double exports, adopting trade protection measures. The U. S. is now moving "on the right path". This will inevitably lead to global industrial restructuring and global manufacturing reconfiguration and the structural change in world economy will become more radical.

The End of Social Europe?

John Grahl

Social policy as ceremony

Walter Bagehot, in his famous study of *The English Constitution*, distinguished between its ceremonial and efficient components: the monarchy was for show; Parliament and the cabinet exercised power. If the same distinction were applied to the European Union today it might separate the social from the economic aspects of European integration.

In the economic sphere one finds hard law, tight constraints on national policy, justifiable rights. The core of the EU is the single market, defined by the four freedoms—to move goods, services, capital and labour without hindrance through all twenty-seven member states. If these rights are infringed the economic actors concerned—usually corporations—can obtain a remedy not only in the European Court of Justice but from national courts which have thoroughly internalized the logic of market integration.

In the sphere of social policy one finds soft law, declarations of principle and the "open method of coordination." The language of the EU emphasises the European social model but in reality this remains an abstraction, based on certain family resemblances among the social models of individual member states (and only some of them—many of the newer member states have never had the comprehensive systems of social protection usually denoted by the term).

Indeed, the progress of the single market itself has led member state governments to guard their autonomy in the social policy sphere. The competition rules of the single market deprive member states of most forms of economic intervention. For instance, it is very difficult to use public procurement to support firms or employees in the home economy without infringing the rules which require that all EU enterprises have an equal right to bid for public sector contracts. Thus only social policy measures may be available to respond to the economic pressures inseparable from the processes of European integration and globalization.

The Nordic countries, possessing the most elaborate and generous systems of social protection have consistently rejected integration of social policy, for fear that harmonization would lower their own standards of provision. This attitude is certainly justified—the European Commission repeatedly advises the Scandinavian countries to cut their tax rates although high rates of taxation are absolutely necessary for their social models—but it has reduced political pressures for social policy initiatives at EU level.

In the eurozone, the loss of economic policy instruments is

even more acute, since control over interest rates and the exchange rate has been ceded to the European Central Bank (ECB). In the course of the crisis, moreover, the weaker eurozone members have lost control of fiscal policy to a newly reinforced system of policy surveillance.

Thus the basic structure gives the EU competence in the economic sphere but leaves social policies to the member states. This is too simple a view, however, because there are obviously some overlapping areas where competences clash.

EU labour market legislation

The most important intersection of EU and member state policy fields is in labour market policy. There are functional reasons for this: to leave labour market policy in its entirety to the states would risk impairing the single market because they might use labour market interventions to circumvent the rules of the single market. On the other hand the big corporations which are extremely influential at EU level would not welcome an integrated, Europe-wide labour market regime. This would prevent them from regime shopping across member states and put an end to the regime competition to which that leads. Competence divided between Union and member states is the logical outcome.

In the early days of European integration, EU legislation attempted to set rather high minimum standards for the working conditions of employees. This was at a time when powerful enterprises in Northern Europe tried to avoid competition from lower-income economies based only on cheaper labour, on what was called "social dumping." As the big German, French, Dutch and Swedish companies became multinational, their interests changed—lower labour costs in other member states were now an opportunity rather than a threat.

During the eighties and nineties, EU labour market legislation was somewhat ambiguous. In most member states there was a strong drive for labour market "flexibility," and especially for the introduction of "atypical" contracts covering temporary work, agency labour and so on. EU leaderships certainly promoted these "reforms" but at the same time attempted to regulate the terms of atypical contracts to establish minimum standards for the workers concerned. In some countries, notably Britain where employment law was very permissive, this approach was to the advantage of employees.

By the early years of the present century this regulatory agenda was complete. Many millions of EU workers were now covered by atypical contracts; on the other hand the adverse consequences of flexibility for low-paid and vulnerable workers were now undeniable. EU leaders began to promote "flexicurity" as the key theme of labour market "reform." The rhetoric of flexicurity refers to labour market conditions in Denmark and the Netherlands, where employment protection rules are, supposedly, rather weak but active employment measures avoid long-term unemployment. It is certainly the case that working conditions and social protection in these two countries are of a high standard, well above those that prevail in most other member states.

In reality there is no intention to generalise the Danish model which depends on large-scale, tax-financed, public-sector employment. The essence of flexicurity is very different: it is a matter of weakening the provisions of standard employment contracts, so that employment protection is reduced. This objective is substituted for the multiplication of non-standard contracts which was generating acute social inequalities. The move is justified by reference to the "privileged" position of "insiders" on standard contracts as against the "outsiders" on atypical ones. It is to be legitimated by active measures to reintegrate the unemployed. In practice it is the weakest and most vulnerable of standard contract workers who will be the victims of flexicurity.

In any case, the flexicurity agenda seems to mark the end of major employment legislation at EU level. The nature of employment contracts is a matter for the member states. There is certainly no intention to promulgate a standard labour contract for the EU as a whole; that would be a hostage to political fortune—were such a general contract to be strengthened in the interests of workers, employers would have no way to avoid it.

Indeed there are signs that the European Commission would like to dilute existing EU employment legislation, especially as regards maximum hours of work. However, this seems to be politically difficult, although some recent decisions in the European Court of Justice have seriously compromised one important set of regulations—those which secured certain host country rights and standards for workers temporarily "posted" to other member states. If these rules can be undermined employers will be in a position to intensify competitive pressures on many employees throughout the EU.

An economic and monetary union without social content

Apart from the labour market directives just discussed, the EU had, until the present crisis, virtually no purchase on social policy, which remained the responsibility of member states. This does not mean that nothing happened at EU level. There were important studies of social issues such as poverty and unemployment; statistical data bases were constructed; recommendations were made to national governments; a European policy community began to emerge. But decisions remained at national level and many member state governments felt free to ignore European debates. In Britain, for example, researchers sometimes found it difficult to find any civil servants with knowledge of the European Employment Strategy—the Commission's central attempt to "coordinate" member state policies for employment promotion.

Meanwhile the economic side of the European project developed apace. In 1999 eleven member states introduced a common currency. The monetary union was launched as an exclusively economic structure—no social initiatives accompanied it unless one attaches importance to the macroeconomic dialogue. This is a ceremonial gesture towards the "social dialogue," which, like the "European social model," is ubiquitous in EU discourse.

The social dialogue derives from the corporatist traditions in certain member states which have delegated decision-making powers in the sphere of employment to the "social partners," that is, to organised representatives of workers and employers. These bilateral structures, sometimes extended to trilateral forums including also national governments, have frequently made an important contribution to both social advance and economic efficiency at member state level. Even at that level, however, they are currently in retreat because most employers now prefer decentralised bargaining where they can make full use of their increased market power.

At EU level, social dialogue has been much less important, except in a few sectors where unions retain effective bargaining power. The macroeconomic dialogue brings together the Commission, the ECB and representatives of workers and employers. In principle it might connect wage bargaining to the formulation of monetary policy. In practice it cannot do so both because the ECB would refuse any such negotiations and because, there being no wage bargaining at EU level, the social partners would have nothing to offer in return for influence over macroeconomic policy.

Thus, the monetary union, centralising power over interest rates and exchange rates, meant an even greater loss of economic control for participating member states, but offered them no EU-level social policies to mitigate the resulting pressures.

The first decade of the monetary union coincided with the ten years of the Lisbon strategy. This was a drive to widen and deepen the single market, in the simplistic view that reinforced competition would suffice to close what was seen as a menacing gap between U.S. and EU economic performance. The Lisbon Strategy did have somc social policy content but this was completely subordinated to its economic objectives: social policy meant improving the efficiency of labour markets.

In this period there were some extremely aggressive single market initiatives with very adverse social implications. The most notorious example was the Bolkestein directive, so named after the Commissioner for the single market. The proposed directive would have comprehensively deregulated service provision in the EU by giving anyone providing services across national borders the right to substitute the regulations of their country of origin for those applicable in the country where the services were in fact rendered. The deregulation originally extended to employment linked to such service provision. Only a much diluted version of the Bolkestein directive was eventually passed by the European Parliament; there had been intense opposition from unions and other threatened groups but also a purely practical fear that to give service providers a free choice among some twenty-five regulatory regimes would lead to juridical chaos.

A further single market initiative concerned financial integration. The deregulatory way in which member state financial regimes were brought together certainly increased Europe's exposure to the sub-prime crisis of 2007–8. The Commission was in fact planning to go much further: its proposals for an integrated mortgage regime would have endowed the EU with its very own sub-prime market but fortunately the outbreak of crisis put an end to this project.

The Lisbon strategy did include targets for employment growth and, prior to open crisis in 2008, these were nearly achieved. However, this had nothing to do with successful market integration; most of the employment growth took place in five member states—Italy, Spain, Greece, Portugal and Ireland. In other words the growth of employment was not due to the single market or to the monetary union as such but to their malfunctions—to the unsustainable and speculative flows of capital towards member states with increasing payments imbalances. The outbreak of crisis soon reversed all these employment gains.

Crisis and the surveillance union

The story so far is of increasing pressure on social conditions in the member states from market-based integration with ever tighter and more intrusive competition rules. In the wake of the crisis this erosion was displaced by a full-scale assault on wages, employment conditions and social standards in the weaker economies.

The banking crisis of 2008 partly created problems of public sector debt, partly revealed, in the case of Greece, pre-existing problems. There was no necessity for these problems to lead to crisis in the bond markets or to the threat of state insolvency.

Decisive pre-emptive action to contain the earliest pressures, first on the Baltic republics and then on Greece and Ireland, would have avoided the contagious spread of crisis to Spain and Italy and would have cost almost nothing in relation to the immense wealth of the EU as a whole.

Dogmatic economic doctrines and an extremist commitment to market disciplines have ruled out such a pragmatic response. Emergency credits for governments under pressure have been accorded always very late in the day and in inadequate amounts, which barely suffice to avoid immediate state bankruptcy. The terms on which such credit has been supplied involve not just temporary programmes of austerity but the construction of a permanent system of surveillance—in principle surveillance of all member states by the European Commission and European Council, in practice surveillance of the weak by the strong.

Two key aspects of the new regime are the "six-pack" of directives enacted late in 2011 and the "Fiscal Pact" signed in March 2012 and currently awaiting ratification. The former greatly intensifies the constraints on the fiscal policies of eurozone states, prescribes in detail the statistical and budgetary procedures which they must observe, adds new constraints on various macroeconomic "imbalances" to the existing ones on public sector deficits and debt and renders the penalties for infringement more severe and more automatic. The Fiscal Pact (Treaty for Stability, Coordination and Governance) reinforces these provisions, seeks to give them constitutional status at both member state and EU levels and tightens the constraints on public finance even more.

The regime is concretised in a set of procedures called the "European semester." In the first half of each year member states must submit two plans, one for fiscal and macroeconomic stability, and the other for "reforms." The latter include some social and environmental targets but are largely of a neo-liberal nature: deregulations, privatisations and so on. These plans are then scrutinised by the Commission, which may request amendments, or, if the thresholds of the new stability rules are transgressed, require amendments. The procedures are now enhanced by a "scorecard" of ten macroeconomic indicators which may signal the possible launch of "excessive deficit," "excessive debt" or "excessive imbalance" litigation against the delinquent member state.

Like the works of Kafka, these provisions have a comic as well as a sinister side to them. However, their social implications follow directly from their economic content. They are essentially directed at competitiveness. The diagnosis of member states in difficulties is that they have neglected this imperative and the prescribed therapy is to restore competitiveness by all available means, including the sacrifice of basic social objectives.

This view of things ignores the role of Germany in the emergence of imbalances within the eurozone. From the very first day of monetary union German policy makers pursued an aggressive export-oriented strategy, although the temporary trade deficits resulting from German reunification were soon replaced by massive and chronic surpluses. Although the main instrument of the strategy was wage compression it was also promoted by other policies, including an astonishing switch from social security contributions to higher VAT—exactly equivalent to a devaluation in an economy with a trade surplus second only to that of China. This neo-mercantilist stance is largely responsible for the imbalances which destabilised the eurozone periphery. The new surveillance regime, however, puts all the responsibility for adjustment on the weaker states—with drastic economic contraction as a consequence.

The actual social distress resulting from austerity measures in the periphery is well known. Some examples can be added to suggest that what is happening is not a temporary adjustment but an active dismantling of the social models of the countries concerned.

In Greece, a condition for the latest bailout was the decentralisation of wage bargaining, a measure which will allow employers to exploit to the hilt the balance of market forces in their favour. It would be quite illegal for the EU as such to impose such changes to employment relations in a member state, but here it is a question of the demands of the Troika (ECB, Commission, and IMF) in financial negotiations for which the EU as such is not directly responsible.

In Ireland, the latest National Reform Plan makes it clear that Irish anti-poverty targets are being jettisoned in the pursuit, perhaps futile, of fiscal stability and that poverty will increase again as a result. EU Treaties explicitly call for an upward convergence of working conditions and social provision. Here the EU is imposing divergence through a degradation of conditions in weaker states.

The drastic new rules for fiscal probity contain one (and only one) significant exception. Member states are permitted to run public sector deficits in order to move to funded pension systems. They are not permitted to do so for any other purpose—to finance a social housing programme for example. Again the tutelage to which the weaker, crisis-struck states are subjected is being used to reshape social models and to impose external priorities on member state social policy.

Anything left of social Europe?

EU social policy was not always a ceremonial affair. The European Social Fund, today of vestigial significance, actually dates back to the European Coal and Steel Community, the first of the institutions which would become the EU. The purpose of the Fund was to compensate those who lost from economic integration. It effectively did so, its main early beneficiaries being Belgian miners. Under French pressure early European treaties promoted gender equality in labour markets.

The war against social dumping attempted to eliminate competition based on lax employment standards and inadequate social provision. No doubt it protected workers in the more successful economies; but it also encouraged the development of social protection in the more backward ones.

Today it is scarcely an exaggeration to say that social dumping has become the actual social strategy of the EU, as the drive to restore competitiveness, that is, to reduce labour costs, by any means available has become the central component of a dogmatic, regressive and dysfunctional response to the crisis of public debt, a crisis itself largely attributable to the myopia and pusillanimity of EU and northern European leaderships.

No doubt the best resolution would be a complete change of direction at EU level, a return to the construction of a genuinely social Europe. But populations under acute pressure are hardly to be criticised if, in the absence of a general reappraisal they seek to defend their societies by challenging the rules and the structures of the actually existing European Union.

Adaptation and Reform of The Different Models of Capitalism

John Plender

Back in January, I wrote the first in a series of articles by the Financial Times on capitalism in crisis. It argued that legitimacy was a recurring issue with the capitalist system and raised questions about both the economic efficiency and the morality of its workings. I will not repeat all the arguments. My theme will be: where do we go from here in terms of economic and financial stability. The capitalist system is inherently unstable. As the economist Hyman Minsky argued, long periods of stability and prosperity breed complacency and encourage risk taking. More specifically, individuals, companies and banks take on excessive leverage and overstretch their balance sheets. Regulators are lulled into a false sense of security by the conviction that the economy is working differently than in the past. An accumulation of risk in the system leads ultimately to a financial crisis and to morally hazardous bailouts of banks by governments. In extreme cases the bailouts are so expensive that the solvency of governments is called into question.

The recent financial crisis and subsequent great recession conform to the Minsky pattern. Before the crisis many economists and central bankers believed that if economies were competitive and inflation expectations were well anchored thanks to sound monetary policy, a modern capitalist economy would be financially stable. There was much talk of what economists called "the great moderation". Now they have had to re-learn the lessons of history.

While the fiscal and monetary policy response around the world has been effective in re-charging the global economy, the recovery has been slow and unemployment in the developed world has remained obdurately high. Inequality, especially in the English-speaking countries, is at its highest level since the 1930s. Top executives have become remote from the concerns of ordinary folk. This, together with bailouts for banks, has caused people to query the legitimacy of modern capitalism-witness the Occupy Wall Street movement, with its slogan "we are the 99 per cent".

Resentment has increased as bankers have taken large bonuses despite enjoying a state subsidy for their funding where they are regarded by markets as too big or too interconnected to fail. In effect, taxpayers have been providing a welfare safety net for bankers who lack contrition for the role they played in helping bring the world economy to the brink of collapse.

In the wider corporate sector there is a perception that the Anglo-American forms of capitalism operate on an excessively short term basis. Fund managers define shareholder value in terms of narrowly financial criteria on a quarterly basis, which is not what the ultimate beneficiaries of the funds—pension scheme members—might actually want. A succession of scandals—BP in the Gulf of Mexico, the Tepco nuclear disaster in Japan, Siemens, which has had problems with the U. S. Foreign Corrupt Practices Act—suggests that the corporate sector is weak in addressing externalities and issues of health, safety and ethics. That in turn feeds into the issue of the legitimacy of the forms of capitalism in the countries where these companies are domiciled or operate.

The question now is whether the policy response to the crisis will be adequate to address the twin issues of economic stability and legitimacy. My answer is: probably not.

The reform agenda for the financial system consists of a number of planks, among them:

The Basel capital adequacy regime

This international effort to boost bank capital is the key regulatory response to the crisis. As well as raising the level of risk-weighted capital, the new rules include a compulsory liquidity buffer and an unweighted overall leverage ratio for banks. To meet the new capital requirements banks have raised fresh equity in the markets. Where they have been unable to find investors to inject new capital they have shrunk their balance sheets through asset disposals and reduced lending. The resulting reduction in credit availability has operated as an unintended constraint on economic growth.

Macroprudential policy

Before the crisis the assumption among central bankers and financial regulators was that if individual banks were properly supervised—microprudential supervision—systemic risk would look after itself. There is now a recognition that system-wide monitoring is needed macroprudential oversight. Among the purposes of macroprudential policy is to counteract the pro-cyclicality inherent in the capital adequacy regime and in mark to market accounting. The tools of macroprudential supervision include such things as counter-cyclical capital buffers and loan-to-value ratios.

Regulation of investment banking and proprietary trading

In order to protect depositors and reduce systemic risk, lawmakers are restricting bank ownership of hedge funds and private equity, while putting curbs on proprietary trading or, in the case of the U. K., proposing to ring fence investment banking to protect retail depositors.

Resolution regimes

Regulators are working to establish more effective ways of safely resolving failed financial institutions—that is, closing them down while allowing them to continue with vital trading functions. These measures include bail-in regimes whereby bond holders are forced to take losses when a bank is rescued and contingent capital which converts into equity if credit quality deteriorates.

Corporate governance

Greater emphasis is being placed on boardroom expertise, especially in relation to risk management and complex financial products. There is a recognition that too few members of bank boards understood the financial plumbing of large, complex organisations, while managers have lost a sense of fiduciary obligation to their clients. For their part shareholders have played little part in providing a check and balance on management risk taking.

Where the wider issue of legitimacy is concerned, the reform agenda is somewhat constrained by the fact that protesters against capitalism, while eloquent on the unfairness of society, have been relatively incoherent in describing what precisely they want in the way of policy change. What is clear from opinion poll evidence is that trust in business in the developed world has been declining. The fears expressed by Karl Marx that free markets might not produce a politically tolerable income distribution are back. Where inequality is concerned, some countries—most notably France under incoming president François Hollande—are proposing higher taxes on the rich. To the extent that some models of capitalism have emerged better from the crisis than others, the winners have arguably been the Scandinavians. Their societies are more egalitarian than those of the English speaking countries. And their banking systems, having had particularly severe crises in the early

1990s, have proved relatively robust this time.

What are the flaws in the reform agenda? The tightening of the capital regime is clearly sensible, but the approach is open to many of the criticisms that applied to earlier regulatory efforts. Risk weights are often questionable. For example, sovereign debt carries a zero risk weight, which in the light of the sovereign debt crisis in the eurozone is a nonsense, while small and medium sized enterprise is heavily penalised. Capital rules also prompt regulatory arbitrage. The Basel I regime encouraged banks to push mortgage assets off the balance sheet into securitised vehicles in order to economise on the use of capital. The incentive to do that will be increased by the tougher demands of Basel III. It is in the nature of regulation that the regulators will always be one step behind the practitioners and will always be paid less than those they regulate. That is an ongoing problem.

A fundamental flaw is that most legislation and re-regulation in response to the crisis is national while most institutions that are too big or too inter-connected to fail are international. There is a need for global regulation and supervision of these systemically important institutions but the political will does not exist for the cooperative effort required to put that in place. This is particularly important in relation to the cross-border resolution of failed banks. As the Lehman Brothers collapse demonstrated, it is extraordinarily difficult to unwind myriad counterparty risks across national boundaries.

Macroprudential policy, meantime, is an experiment. It is not clear how it will operate in tandem with monetary policy, with which there may be conflicts. It could also create difficulties for central bank independence since it will require a brake to be put on economic growth when the economy is overheating. This is unpopular with politicians, business and the wider public who may feel they are being penalised economically in the interests of uncertain benefits.

It is already clear that the policy response to the crisis is less robust then in the 1930s, which saw the divorce of commercial and investment banking in the U. S. thanks to the Glass Steagall Act. Today U. S. banks wield enormous influence over politicians because they provide them with campaign finance. It is striking that with the support of bank lobbyists politicians are already working hard to unstitch large parts of the Dodd-Frank Act, which is the central legislative response to the crisis.

Whether banks in the U. K. will manage to escape proposals to ring fence investment banking remains to be seen. In Germany and France there is little appetite to do away with the universal banking model in which investment, commercial and retail banking co-exist in the same financial institution, although policymakers in the European Commission and European Parliament are deliberating on whether banking structures should be changed.

A paradox of the crisis is that banking is now an even more concentrated business than before, with a very high proportion of financial assets held by a handful of conglomerate institutions that are deemed too big to fail. The concentration is greatest in the highly opaque and dangerous area of over-the-counter derivatives. It is not clear at all that these financial giants have increased the efficiency with which capital and credit are allocated.

At the same time, the regulatory response has not provided a complete answer to the problem of institutions that are too big or too inter-connected to fail because of the difficulties of dealing with cross-border resolution of complex financial entities.

The tax system in all developed countries continues to give greater relief to debt interest than to equity dividends, which encourages a systemic bias towards leverage and excessive risk taking. And as the recent trading losses at JP Morgan Chase have demonstrated, risk management techniques at banks remain fundamentally flawed. That leaves open the possibility that when the current deleveraging process in the developed world economies and in banking eventually comes to an end, a further dangerous build up of risk may be possible.

So where does that leave us? Capitalism has always been prone to financial accidents. In the end, it has always managed to adapt and change. And the prominent role of the money motive in capitalism has always caused intellectuals, from Karl Marx to modern church people, to worry about the morality and legitimacy of the system.

Unlike the 1930s, when the Soviet system appeared to provide a fast growing alternative to the capitalism system, there are no obvious alternatives today. The real problem, as the economist John Maynard Keynes argued in the 1930s, is how to improve the existing models of capitalism. The trouble is that there is minimum flexibility in macro-economic policy after the crisis, especially in the U. S. where the fiscal debate is both polarised and stalemated. While trust in business is low, there is an even greater lack of trust in the U. K. and U. S. in big government, according to the Edelman Trust Barometer survey. So in these countries a more statist approach to capitalism is probably not on the cards.

What is becoming clear is that the re-regulation of banks will lead to a reduction in risk taking and to a financial system that operates on a model closer to that of a utility than in the past. In the Anglo-American corporate sphere, the chain of accountability from management to shareholders is being tightened, most obviously over boardroom pay, but also on broader strategic corporate issues. The thinking in the U. K. and to a lesser extent the U. S. is in favour of a stewardship model, in which shareholders engage in a much closer dialogue with the companies in which they invest.

That said, inequality may be a more intractable problem than in the 1930s because it is a product not only of globalisation and high technology, but of new industries that operate on a winner-takes-all basis—or, in the case of banking, the loser takes all. The appetite for re-distributive taxation may also be less than in the 1930s, even though the rich are beneficiaries of more numerous tax breaks and loopholes.

There again, the problems of economic and financial instability are at present primarily developed world problems. Emerging markets, with a variety of different models of capitalism, are more financially stable, supported by a huge accumulation of official reserves since the Asian crisis of 1997 – 8, and economically robust. That is apparent above all here in China. The snag, as we heard in the workshop's earlier sessions, is that emerging markets cannot escape the consequences of trade and financial interdependence. It is thus in everyone's interests that the fiscal and financial problems of the U. S. and Europe are effectively tackled.

How long will it take to sort out capitalism's problems in the developed world? Even if, for the sake of argument, Eurozone policymakers reach agreement in the next couple of years on a new political and fiscal framework for monetary union—and this despite European electorates lack of enthusiasm for what is known as "more Europe"—there is still a huge overhang of both private and public sector debt. The one thing that is clear is that it will never be repaid in full. In the private sector it will be reduced by painful defaults. In the public sector, the only question is how much it will be reduced by formal defaults; how much by the backdoor default of inflation. My guess is that against a background of continuing deleveraging and default, Europe will deliver below trend growth into the next decade.

As for the U. S., it is always dangerous to underestimate the resilience of the economy. Under Bill Clinton, in his first presidential term, the U. S. eliminated a huge fiscal deficit inherited from the Reagan/Bush era and cut public sector debt down to size. Today U. S. politics are so polarised that it is impossible to put together a medium term debt reduction strategy. It is a fundamentally strong economy paralysed by bad politics. But if the Eurozone plunges into a more serious crisis and the world economy is on the brink again, I believe that the U. S. would once again find a way to rise to the challenge and bail us all out, despite its problems. And I also believe that as in the present crisis, China, too, would help—ideally by further rebalancing its economy more vigorously away from the current exceptionally high level of investment towards a greater emphasis on domestic consumer demand.

Global Imbalance, Saving Deficiency and Liquidity Glut

Yin Jianfeng

I . *Global imbalance: saving glut*?

Global imbalance—some few countries run a persistent current account deficit while other countries a long-term current account surplus—is the most prominent phenomenon of global economy and believed to be the fundamental driver for today's global crisis. Because the current account balance is equal to the difference between domestic saving and investment, the mainstream of discussions on this topic centralizes on the saving rate of different countries—especially the saving rate of surplus countries. Among them, there are three most popular but plausible arguments.

The first one is "saving glut" hypothesis—a term coined by Bernanke (2005). Bernanke believes the high saving rate is the main culprit for the global imbalance. He argues, in advanced countries, saving glut is caused by aging population and dearth of domestic investment opportunities; and in emerging countries, by the need for building up foreign reserve, promoting export-led growth model and rise in oil prices. Whatever the reasons are, the results of saving glut are capital inflow to and current account deficit of few developed countries (mainly U. S. and U. K.) and low world interest rate which drives credit boom in the countries later hit by the crisis of 2008.

The second argument is "financial development imbalance" hypothesis (Caballero, 2010; Ito and Chinn, 2007; Chinn, Eichengreen and Ito, 2011). The logic of this one is very simple: surplus countries are not able to absorb their savings domestically because, in these countries, the development of financial systems lags much behind than the deficit countries which often have an open, deep, fluent and flexible capital market. That is to say, the global imbalance actually reflects another kind of imbalance: imbalance in the development of domestic financial system.

The third argument is "global scarcity of financial asset" hypothesis (Caballero, etc., 2006, 2008). This hypothesis is a natural derivation from the former two: on the one hand, global saving glut causes the rise of demand for global financial asset; on the other hand, the imbalance of financial development between different countries limits the supply of asset. As a result, the large capital of high saving countries flows to countries with developed capital market (mainly U. S.) to chase precious asset in scarce supply. To exemplify this, the argument point out the financial asset boom happened in the U. S.: the share of U. S. financial asset to the rest world's financial asset has increased from less than 10 percent in early 1990s to more than 15 percent in this century (Caballero, etc.,

2006).

These three arguments have a direct logic link and a common fundamental assumption: an increasing global saving rate. But asTaylor (2009) points out, there is no evidence to show the existence of global saving glut in the past decades; on the contrary, the world saving rate was lower in the first decade of 21st century than 1970s and 1980s. If the global saving rate decreased rather than increased during past decades, then there should be no excess demand for and scarcity of global financial asset. And the cause of imbalance in financial development is not due to demand side but supply side. In other words, it's not the surplus countries which has less-developed financial system should be blamed, but the deficit countries which experience decades of undue financial expansion.

II. The facts: saving deficiency and liquidity glut

For the past decades, the actual situation of global economy does not support the "saving glut" argument. There are three facts should be addressed.

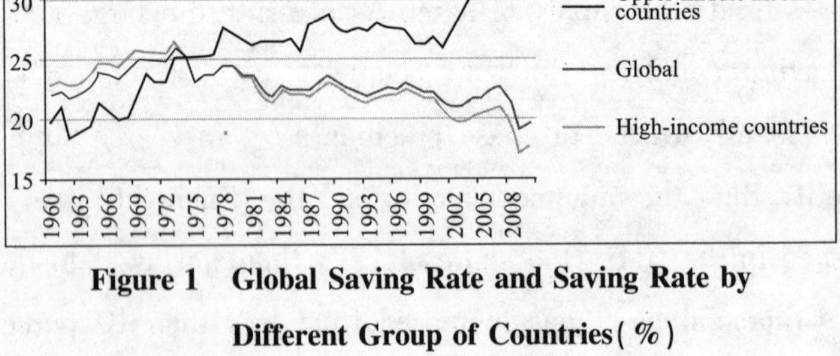

Figure 1 Global Saving Rate and Saving Rate by Different Group of Countries (%)

Sources: World Bank.

The first fact is a nearly four decades' decline of global saving rate, so that it seems there is a long-term saving deficiency rather than saving glut. From early 1970s to 2010, global saving rate has decreased from 26 percent to less than 20 percent. At the same time, the saving rate of high-income countries displays a same trend and even deeper decline than global saving rate. Although the saving rate of upper-middle income countries has increased in the past decades and even experienced a significant jump since 2000, it can't change the trend of global saving rate because the share of global saving and global GDP by this group of countries is still much smaller than that of high-income countries.

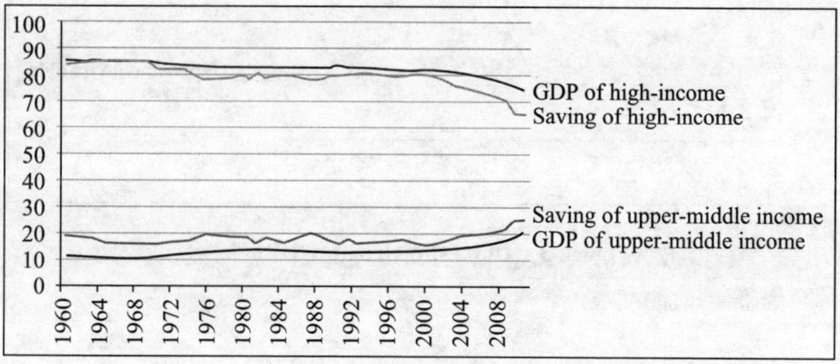

Figure 2 Global Share of Saving and GDP by Different Group of Countries(%, in nominal term)

Sources: World Bank.

The second fact is: high-income countries occupy the bulk of global saving and GDP so that the behavior of global economy, such as global saving deficiency, is determined to the large extent by this group of countries. From 1960s, although there is a down trend, the shares of global saving and GDP by this group of countries are still nearly 70 percent and 80 percent respectively. And a distinct feature exists in the dynamic: high-income countries' share of saving has been less than its share of global GDP since the beginning of 1970s when Bretton Woods system collapsed. We will come back to this feature later. For the upper-middle income countries which has a higher saving share than its share of GDP, this group undoubtedly contributes more to the global saving than its share of global GDP.

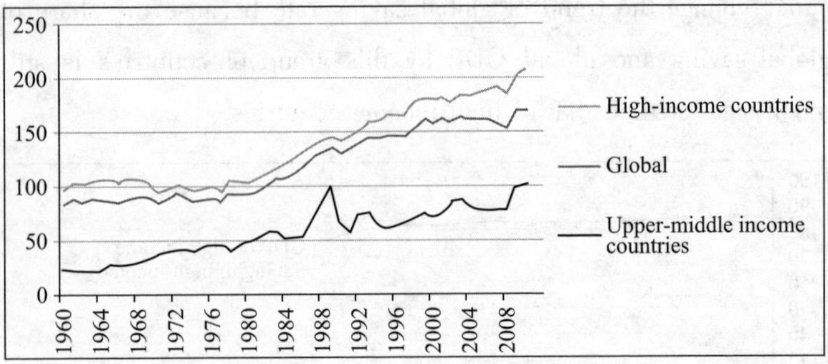

Figure 3 Domestic Credit/GDP(%)

Sources: World Bank.

The third fact is: since the end of 1970s, a liquidity glut—rather than saving glut—caused by the credit boom emerges. In 1970s, the global ratio of credit to GDP is less than 100 percent. But from 1980s when international monetary system went into post-Bretton Woods system era and some developed countries, especially U. S. and U. K., began to adopt financial liberalization policy, this ratio has surged and reached 150 percent in the new century. And in high-income countries, the domestic credit even climbs up to 2 times of GDP. Comparing the trend of credit/GDP ratio with the trend of saving rate, it's not difficult to conclude that, the crux of global economy is not saving glut but liquidity glut, and the source of liquidity glut is the credit boom created by high-income countries. Therefore, the increasing share of U. S. financial asset exemplified by Caballero, etc. (2006) is just the evidence of liquidity glut.

Ⅲ. Global imbalance: not an anomaly

Since there's no saving glut but saving deficiency and concomitant liquidity glut, the question is: how to explain the existence of global imbalance?

In fact, global imbalance, as Bordo (2005), Eichengreen (2004) and I (2009) said, is not a new thing but a historical phenomenon, and the basic mechanism for global imbalance is always the same: core-periphery model. That is, international economic and financial system is composed of two groups of countries: core and peripheral countries. The core countries have economic advantage and the privilege of issuing reserve currencies while peripheral ones, usually less developed colonies or developing countries, need to peg their currencies to the former in order to maintain economic and financial stability.

Before the World War I, in the era of gold standard, the global imbalance displays it as a persistent current account surplus by core countries, such as Britain, and a persistent current account deficit by peripheral colonies, such as Canada and America. The reason for this "reversal" imbalance is, in the gold standard, reserve currency issuing countries need to bolster the status of their currencies by accumulating gold reserve through current account surplus. At the same time, in order to ensure the periphery able to absorb the goods cxported from the core, the core should export capital to the periphery through capital account deficit. From 1944 to 1972, in the era of Bretton Woods system—a quasi gold standard—the same mechanism exists.

After the collapse of Bretton Woods system, the global imbalance becomes the persistent current account deficit by core countries and surplus by peripheral ones. Because in a fiat monetary regime where currencies are issued without back of gold, the core countries can only provide liquidity—reserve currencies—for the world through deficit. And the peripheral countries put their reserve currencies earned through current account surplus back to core countries through capital account deficit. This phenomenon—capital flows from developing countries to developed ones—is called "Lucas paradox" (Lucas, 1990).

Table 1 Saving rate, investment rate and current account balance of U. S.

	1930s	1940s	1950s	1960s	1970s	1980s	1990s	2001 –7
Investment rate	8. 14	10. 56	15. 79	15. 49	16. 77	16. 88	15. 46	12. 91
Saving rate	8. 41	11. 71	16. 09	16. 11	16. 59	15. 07	14. 16	9. 12
Current account balance/GDP	0. 27	1. 14	0. 30	0. 62	–0. 18	–1. 81	–1. 30	–3. 80

Sources: U. S. Department of Commerce.

The difference between quasi gold standard and fiat monetary regime can be seen from the change of U. S. current account balance(Table 1). In short, global imbalance is not an anomaly but a common thing. But like a clock pendulum, there is always a universal gravitation which drags the imbalance back to the balance. That universal gravitation is called "Triffin dilemma". In the gold standard ear, the dilemma is between the world's demand for reserve currency and the ability to accumulate gold by the core countries; in the fiat monetary regime, it's between the world's demand for reserve currency and the sustainability of core countries' current account deficit. The collapse of Bretton Woods system and gold standard and today's global crisis all result from Triffin dilemma.

Although the global imbalance is not an anomaly, the global crisis is. The undue, unsustainable current account deficit by few core countries reflects a fundamental defect of international monetary system: the hegemony of U. S. dollar. This hegemony allows U. S. to take advantage of exorbitant privilege, to decrease its saving rate and create liquidity glut for decades. However, as Euro area is facing with some structural problems, as China still needs to reform domestic economic and financial system, the solution to that defect is not in sight.

Problems and Adjustment of Western Economy

Jiang Yong

The current capitalist crisis continues and will even deteriorate. Causes of the crisis are complicated including cyclical and trend as well as structural factors, and we see the crisis as a syndrome.

So far, according to the articles and discussion in academic and political fields, there is still neither clear understanding of capitalism and its crisis, nor complete reflection. The adjustment is not in place which just does local repair. The slow recovery of developed world (mainly the U. S.) is not the consequence of reflection and adjustment, but of successfully transferring risk, shifting the crisis (such as QE), as well as covering up the risk and delaying the crisis (such as the recent exposure of JP Morgan's risks) by taking the advantage of the U. S. power.

1. Problems of Ideas and Policies of Western Economy

Firstly is the aspect of ideas. The neo-liberal interpretation of "everything in existence is reasonable" is like this: capitalism is good, so as globalization and liberalization, and even greed is good too. Guided by this assumption, the financiers of Wall Street follow "free rules, no morality", and make money desperately as if there is no tomorrow.

The top guiding ideology of economic entities, namely the enterprises, is "creating value" rather than "creating wealth". This led to the shrink of real economy and expansion of virtual economy as well as prosperity of financial services. Many manufacturing enterprises started up financial and real estate companies, actively did speculative transactions, and let money breed money.

The prevalence of "law of the jungle, survival of the fittest" of social Darwinism pushes elitism to the extreme. Under this circumstance, not only the proletariat such as the weak and poor, but also the middle class have become the prey. The hollowing-out of industry, economic virtualization and asset securitization destroyed the middle class. Debt securitization such as subordinated bonds kidnapped the proletariat. Thus, the olive-shaped society collapsed, and M-form society came into being-the rich contradicted with the poor, and flows stagnated.

Secondly is the aspect of economic and social policies. The neo-liberals advocate " minimal government is the best government", "the market is always right". The economic policy is in favor of laissez-faire. It let the market regulate itself (namely let the capital rule) and let the social and economic elites wantonly infringe upon the mass.

Financial capitalism led to the disorder or distortion of resource allocation. Financial innovation was exuberant, but technological innovation was slowing down. The number of technicians was shrinking and entrepreneurship waned. As a result, productivity slowed down or stagnated and state could only continue to promote economic growth by stimulating consumption. Thus government and enterprises as well as individuals lived on borrowing, and overstretched funding prevailed.

Powerful countries took beggar-thy-neighbor actions by constantly oppressing the weak and small. They transferred risks in normal times, and exported crisis in extraordinary times. The result is that in time of danger, lack of mutual trust led to lack of effective coordination of policies to address the disorderly transnational flows of capital and transnational transfers of risks and crisis.

The outcomes of inappropriate ideas and policies is the outbreak of crisis due to accumulation of series of risks in financial and economic fields, and financial and economic crisis eventually led to the outbreak of political crisis. The complicated causes of risks and crises are a combination of cyclical, trend and structural factors. Capitalism is desperately ill and facing deep crisis. Current and future, although the U. S. economy appears to recover from illness, and the turbulent Europe seems to have Germany as its mainstay, yet the economy is losing momentum, the society is losing vitality, politics is losing cohesion, the Europe is splitting and the American dream burst because of high unemployment rate (in other words the high ratio of temporary work), high debt and liquidity costs (such as rising oil prices, rising difficulty in finding jobs) as well as deteriorating social security.

2. Problems of Western Economy and Finance

The international financial crisis is caused by a series of imbalances and structural changes. The crisis doesn't change these imbalances fundamentally, but makes them more serious in contrary. It can be predicted that in the foreseeable future, these imbalances and changes are difficult to be effectively governed, thus in the future there will be crisis and it is likely to be a chain of crisis.

Firstly we talk about the imbalances. One of them is the serious imbalance in economic structure. The economy of developed countries is hollowing-up with virtual economy overweighing real economy. Over the years, the U. S. manufacturing sector's contribution to national economy is slightly higher 10%, and 20% of GDP is contributed by financial sector. Before the crisis, the value of global financial derivatives market is 6 – 8 times of the real economy, and only 1% – 2% of the trillions of dollars' transactions everyday are relative to real economy. Virtual economy is hot while real economy is cold, and this top-heavy structure is certainly not conducive to international financial stability. Another serious imbalance is in international payments. After the hollowing-out of industry and virtualization of economy, the developed countries absorbed global commodity and service by taking the advantage of reserve currency and their superior status in international division of labor, resulting in worsening imbalance of international payments. The imbalance between China and the U. S. , among trans-Pacific countries as well as developed countries and emerging powers are particularly serious. A third serious imbalance is in resource allocation. Today, emerging powers are becoming main actors in world economic growth, wealth creation and consuming goods manufacturing. However the available credit resources for them are very limited. The world's top 15 debtor countries are all developed ones, and the credit resources they have account for 90% of the world's total. However, they occupy these valuable resources not for producing or promoting the development of productive forces, but for consumption and even for war or other negative expenditure.

Secondly we talk about structural changes. One of them is in the structure of financial asset—the amount of "toxic asset" (namely bad loans and depreciated societies) the European and American banks possess is far more than their own assets. According to IMF and the EU data, since the outbreak of financial crisis in 2008, the "toxic asset" of developed countries' banking system totaled trillions or even tens of trillions of dollars. After the exposure of Greek sovereign debt risks, the bonds which were originally identified as "zero risk" by Basel Accord turned to "toxic asset". With the debt crisis worsening, the size of "toxic asset" grows. Another change is in the structure of financial market—the size of financial market exceeds that of currency market, and financial speculation overwhelms market investment. In today's world, there were originally two financial models, namely the United States and Britain as the representative of direct financing model, and Germany and Japan as the representative of indirect financing model. Since 1980s, the Anglo-American model prevailed and even dominated the world. Capital market occupied the leading role in international financing, and financial speculation boomed. A third change is in the structure of financial function. Led by the advocates of liberalization, financial innovation went beyond limit, financial regulation was not in place and financial dissimilation was serious. As a result, financial speculation prevailed and financial turbulence exacerbated. As financial turbulence provided speculators with opportunities to reap huge profits, financial function changed from the benign cycle of "investment-stability" to a virtuous cycle of "speculation-turbulence".

Thirdly we talk about chain of crisis. Under the influence of imbalances and structural changes, the burst of the U. S. real estate bubble triggered the outbreak of subprime crisis, and the U. S., Britain and other countries countered the crisis by government undertaking private sector's debt. However, undertaking private debt burdened the already debt-ridden governments, thus made transferring risks and crisis the inevitable choice of the powerful countries. Those weak and small countries which stayed at the weakest link of financial chain and the bottom of international or regional pyramid, such as Iceland and Greece, were easy to become objects to which the powerful countries transferring their crisis, and they were the first ones coming into crisis. Under the influence of financial crisis, imbalances and structural changes become more scrious, and international financial market becomes jittery and turbulences come one after another; the developed economies are linked together and there will be crises one after another. After the Greek debt crisis, Portugal, Italy, Spain and even France and other EU core countries are very likely to become one of a domino effect. After sovereign debt crisis, there will be bank crisis, stock market crisis, currency crisis, bulk commodity price crisis and other financial crises. It is normal no matter which one breaks out first or even some of them break out together. In a chain of crisis, international financial turbulence is bound to be normalized, and world economic downturn is bound to be a long-term.

3. The Adjustment of Financial and Economic Policy of Western Countries

After the outbreak of the crisis, under the threat of "too big to fail", the U. S., Britain and other countries which pursue neo-liberalism had to change course. Domestically, they replaced the laissez-faire capitalism with state capitalism, and nationalized private debt. These measures have eased the crisis and the U. S. has achieved a modest recovery. Internationally, they replaced the mask of peace, development and cooperation with imperialism and great-power chauvinism. They used the unfair international order and system to promote "internationalization of national debt" so as to transfer risks and crisis. Because there is no clear understanding of capitalist system and its crisis, the reflection is not complete and adjustment is not in place which are only local repairs. Capitalism requires major surgery, but only gets a bandage. Recently, the Greek crisis deteriorates again and JP Morgan is facing big problem, which indicate that the developed countries still have huge risks and capitalism is facing new crisis. In summary, the financial and economic policy adjustments of the developed countries are mainly in the following areas:

Firstly, strengthen financial regulation and deleverage. Over the years, Western financial institutions increase profitability through the continuous expansion of liability and control large size of asset by smaller size of capital. Before the outbreak of subprime crisis, unregulated financial innovation and financial leverage in America intensified, and the average leverage ratio was about 30 times. Leverage has promoted economic prosperity and contributed to financial bubble. After the crisis broke out, leverage has enlarged investment losses and exacerbated financial turmoil. In view of this, the U. S. and European countries have adopted financial regulatory reform bills to strengthen financial regulation and constrain the wanton speculation and expansion of financial institutions.

In June 2010, the EU announced the reform program, planning to set up "European Systemic Risk Board" and upgrade the existing three special committees (respectively responsible for the regulation and coordination of banking, insurance and securities sectors) to EU level authorities, and members of these three authorities and European Commission would join together to form a steering committee in order to regulate all financial markets and products as well as market participants which would lead to systemic risk. They would focus on credit rating agencies, hedge funds and private equity firms, internal governance of financial institutions, multinational banks and credit derivatives market.

In July 2010, the U. S. adopted Dodd-Frank Act, which designed to draw the lessons of the financial crisis and comprehensively reshape the U. S. financial system to solve the problems exposed by the crisis, by means of improving regulation of financial institutions, enhancing market transparency in order to make up for the risk of market failure and ensure the stability of financial system and smooth operation of financial institutions as well as rights and interests of consumers. The "Volcker Rules" within the bill, which is referred to as a ban on proprietary trading by commercial banks are considered the most lethal to Wall Street.

In September 2010, the Basel Committee on Banking Supervision adopted a reform program to strengthen the banking system's capital requirements, namely the "Basel III". Under the new agreement, by January 2015, the global minimum capital adequacy ratio of commercial banks would be increased from the current 4% to 6%, and the minimum common equity that banks must hold as the "core" Tier 1 capital would be increased from the current 2% to 4.5 %. The new agreement requires banks to establish new "capital conservation buffer" for common tangible equity and "countercyclical capital buffer" when credit grows excessively. It can be foreseen that with the implementation of the regulatory reform act of the U. S. and Europe with the Basel III, the process of international financial deleveraging is expected to accelerate.

Secondly is reindustrialize and de-virtualize the economy. In the West, the proportion of banking, securities, insurance, real estate credit and other financial services in the national economy are on the rise with economic growth and social development. Since the 1980s, financialization of economy becomes increasingly evident. Financial relations (such as debt obligation) gradually take up the position of economic relations, and social asset are increasingly monetized and securitized. In the early 1980s, the value of stock market of the developed countries was almost equal to their GDP, but now the value of their stock market is generally more than three times of their GDP. In the last 20 years, the average growth rate of global GDP is less than 4%, and growth rate of global trade is 6%, but the growth rate of global capital is 14%. Separate data showed that during the same time, the growth of trade is two times of the production, and financial growth is two times of the trade and four times of production.

In the U. S. economy, real economy used to contribute to 62% of GDP in 1950, but now the percentage decreased to 34%, especially the manufacturing sector to GDP decreased from 27% to 11.7%. The U. S. economy is filled with bubble created by virtual economy. The subprime crisis hit the U. S. heavily because her over-reliance on virtual economy. After the international financial crisis, the U. S. -led Western countries have returned to real economy. In order to revitalize domestic industry, the U. S. made "reindustrialization" an important strategy to rebuild her competitive advantage, and hence launched Manufacturing Enhancement Act and National Export Initiative.

However, to reinforce real economy and develop manufacturing industry is not as simple as to draw up development plan or campaign platform, or political slogan. To develop manufacturing industry, the U. S. should not only possess a necessary condition for controlling production cost and protecting domestic market as well as expanding external market, but also rely on solid foundation made up by continuous technological innovation and large number of technicians as well as immortal entrepreneurship. Since the U. S. has long enjoyed advantages and good conditions, she is like an old druggy who cannot easily eradicate bad habits. Not long ago, JP Morgan encountered with huge amounts of speculative losses, and it shows clearly that there is still a long way to go for the U. S. to return to the right path.

Thirdly is nationalization of the economy and moderate de-globalization. Globalization seemed to have blurred the economic boundaries. Resources are allocated on a global scale thanks to the flows of human resources, logistics, capital and information. Hit by financial crisis and confronted with deterioration of economic fundamentals, governments have adopted policies to stimulate economy. However the effect of stimulation would "leak" out of a country's economic system through importation and could not make economic benefit for itself, then trade protection was "rationalized". In view of this, some developed countries have adopted "national priority" policy, which means that their own citizens have priority in social security and employment, local companies have priority in investment and financing, domestically-made goods and services have priority in government procurement. Besides, governments set up more and more barriers in the flows of human resources, logistics, capital and information so that circulation cost is increased.

Lastly is politicization and ideologization of economic issues. The developed countries such as the U. S. and European countries are at the heart of world capitalist system. The international financial crisis broke out there and seriously hit their economic strength and potential for development as well as international image, and liberal capitalism was in eclipse. Meanwhile, although influenced by the crisis, the emerging powers, consistently and actively promote state capitalism and hence their national economy and society still maintain a good momentum of growth and development. So, the gap of hard and soft powers between emerging powers and developed countries is rapidly narrowing. After the outbreak of financial crisis, emerging powers actively promote trade settlement in their home currency, de-dollarization of oil price (such as Russia) and currency internationalization (such as China). The core status of developed countries is facing increasing challenges. Because of the centrifugal force of the dollar system is strengthened and the Euro crisis becomes prominent thanks to European sovereign debt crisis, the West is now displeased and anxious. For a period of time, the U. S. and Europc are trying hardly to defend liberal capitalism and defaming state capitalism. All these seem to become the main theme of the U. S. foreign economic policy, and obviously the economy is politicized and ideologized.

Rethinking and Improving Governance of International Economy and Finance

Bernd Schneider *

When the symptoms of the crises began to show a couple of years ago, there was certain excitement among the Left in Europe. "Capitalism is dead" was the triumphant statement you could hear in many debates. Well, to say it with Mark Twain when he commented on a newspaper reporting that he would have deceased: this report is an exaggeration.

As we have already learned from many excellent presentations, once again capitalism faces the challenge to adapt. And it does. This should not necessarily be perceived as bad news. A market economy has proven to be valuable and very efficient with regard to the distribution of goods and services. An inherent quality of entrepreneurship is creativity. Ideas and inventions flourish better it not hindered by bureaucracy or overambitious planning. And a private investor might be easier convinced to finance the

* Senior policy advisor in European Union.

transformation of an idea into a product than a risk adverse civil servant. Chances to gather investment capital are even better if the risk call be shared among many, for instance through a stock exchange, or if investors call even insure themselves against a possible loss on the derivatives market. The higher the amounts of accumulated investment capital and the more. freely investment capital can circulate around the world, the better for all these new inventions needed by our societies.

In short, this is the neoliberal narrative which has been so enormously successful over the past three decades. A bitter lesson learned right now is that it does not work. Its breakthrough moments were the Washington Consensus, the collapse of the Soviet alternative model ill 1989, the embracement of the corporate neoliberal model by social democrat leaders like Tony Blair and Gerhard Schroeder in their Third Way during the 1990s, and with an effect yet to be found out the changes in governmental economic policy in China and later on Brazil and India.

In the West, the neoliberal approach is more than all economic theory. It has been successfully melted with the concept of individualism, resulting in the concept of permanent and ever-present competition. Competition is accepted by our school children and their parents, by workers, managers and the creative sector alike. The individual accepts this role as a natural law. People find it hard to think beyond such a world. The Asian concept of the priority of the collective over the individual has become strange to us. Keep ill mind that in Europe we had a very negative experience when the collective approach was paired with claiming supremacy for a nation or a so-called race, resulting in imperialism and fascism and the ultimate catastrophe of two World Wars.

To conclude my prologue I do not want to leave unmentioned that there was a brief moment in history—the mid 1990s—when a different world development seemed possible then what has come. While the collapse of the bi-polar world had stripped transnational corporations off their leash of system-competition related need to respect or even promote the social market economy and Francis Fukuyama celebrated the "end of history", conventional holders of power in the governments and military structures were puzzled for a while. Gorbachev had made his threat true and taken away the enemy they needed to legitimate the very structures that made them powerful. Bush senior did not succeed in gathering the world behind his war against Saddam. A series of major UN conferences from Rio in 1992 to Copenhagen in 1997 was held following proposals of visionaries like Willy Brandt and Gro Harlem Brundtland. aiming to address the most important common problems of humanity attended some and followed the others closely. The mood was promising. But the bipolar world was re-established by inventing a new enemy: Islam. Samuel Huntington's book "Clash of Civilizations" was well received. Corporation sponsored think tanks quite successfully added the adjective "economic" to sustainability and the IT technological revolution and the liberalization of financial markets produced economic boom figures that made us forget about the limits of global resources.

I talk at length about the neoliberal concept in order to understand the mindset of regulators in governments and other institutions when they are attempting to cope with the challenges of the financial markets crisis. as well as the difficulties of the Left to promote alternative solutions. I chose this approach also because I am convinced that the task ahead of us goes beyond changing a few rules for the banking sector. if we want to avoid an armed conflict that could be our last one. Overcoming neoliberalism is at the core of our struggle in Europe.

This is the last panel in this conference so by now we will have heard a lot already about what is currently going on in the European Union. We are aware that what is going on in the highly indebted Member States is nothing else but a full scale structural adjustment programme. This programme is cutting down government spending in record time and thus cripples micro-economic financial flows. Governments concerned have no more resources for own counter-cyclic investments Temporary construction booms like in Spain which were feeding many households have come to an end leaving useless, newly built ruins behind. In fact. they were never built to serve a purpose like housing, but to feed into the money made with derivatives around these projects. Rescue measures currently undertaken are aimed at saving the derivatives traders, not the construction workers and unemployment is skyrocketing again. And Spain has put already more 11.9 percent of its GDP into the saving of banks. Compare that to the country's investment into research. Development and education. With youth unemployment surpassing 50 percent and people being pushed into the informal sector for survival. a lost decade is about to Come. We know this story from a number of African countries.

But since we probably discussed all these aspects by now. and since I was invited due to expertise in a different field. Let me focus instead on an external dimension of EU policy that is also affected by the crisis mood:the trade policy.

The European Union could be in fact a very interesting example for creating all integrated market among quite a number of states. Acknowledged, China achieved unification already 2000 years ago, but still Europe is an interesting one for many other regions in the world because it happens now. and it tries to overcome some quite established political and linguistic borders. The EU experience teaches us, that the interests of economic actors call be a very important driving force. But most of all it teaches us, that we cannot decouple market integration from society. The economy must serve the people and not the other way round.

To get the EU internal market functioning, a sophisticated acqui communitaire has been established, including common legislation on for instance the environment, labour rights, consumer protection and a large number of other policy fields, not to forget a set of institutions, among them the democratically elected, co—deciding European Parliament. Some of this is currently at stake.

Any visionary concept for future improved global economic governance should take this experience into consideration. Integrated trade directly affects the participating societies. It therefore means a lot more than talking about tariff barriers. Equally. legislation and regulations should not be addressed as non-tariff barriers to trade. They should be addressed with regard to their purpose and ill order to achieve a common denominator to serve the respective societal goal. While subsidiarity must rank high ill this endeavour, the establishment of common goals is of utmost importance as well.

In this regard I do appreciate the comparison of the 12th 5 – year plan with the EU 2020 strategy, as was done for instance in the last EU-China High Level Forum of Political Parties in Brussels end of 2011. Several similar goals have been identified. Among them the strengthening of renewable energies. Differences remained visible as well. many of them owed to the respective stage of economic development and the decision making structures.

A proposal—which I share—for a common goal is an inclusive and ecologically sustainable growth pattern. I learned that in Beijing you add patriotism and virtue to this list, but that might not easily translate into a global approach. There are also many people ill the Left in Europe who question growth as such, but they might ignore the fact that while British or Germans or French already enjoy a high living standard, for the majority of other people living in this world acquiring a decent live does require growth. Our task is to link this new global inclusiveness with sustainability criteria.

For the Left in Europe, the EU 2020 strategy does not serve this goal sufficiently. Admitted, that it did address poverty reduction as a goal, but it is obvious that it will not deliver. To the contrary, the current exercise to streamline Member States economic and social policies by means of the so-called European Semester has resulted in the exclusion of large portions of society from economic well being, access to basic services and democratic and cultural participation. With regard to ecological sustainability the result is better. but still lacks behind what would be possible. This is where public investment and employment strategies should come in.

What is certainly neither inclusive nor sustainable is the external dimension of the EU strategy, operated under the headline "Global Europe". In particular the trade arm of this strategy is characterised by striving for competitive advantages and market access demands.

The European Union's external policies remain far from being a coherent exercise. although the Lisbon Treaty makes that all obligation, in particular with regard to poverty eradication. But while the EU applies all ambitious development cooperation policy. Its external trade policy pursues an aggressive market access approach. With Member States experiencing economic setbacks in the current crisis, their governments are ready to mandate this aggressive approach. Just last week, newly elected French President Hollande emphasised this in his first major speech.

The main instruments of the EU's external trade policy are today its bilateral trade agreements. Since the multilateral negotiations in the framework of the World Trade Organisation's Doha Development Round arrived at a deadlock, mainly due to unbridgeable differences between the "big five"—U. S. A., EU,

China, India and Brazil the focus is on bilateral or plurilateral advancements.

The European Union successfully concluded its FTA with South Korea, the Economic Partnership Agreement (EPA) with the Caribbean Region and a couple of other EP As with African States, and with Fiji and PNG in the Pacific. Negotiations are also concluded with the Ukraine, with Central America as a region and with Colombia and Peru as a multiparty agreement with an accession paragraph for the two other Andean region states, Ecuador and Bolivia. Negotiations are ongoing with India and Canada, as well as with Singapore, and with Armenia and Georgia, with the East-African Community and with Southern Africa. Negotiations are about to start with Malaysia and Vietnam, with MERCOSUR and with Japan. A working group prepares some sort of a trade agreement with the Unites States and there are talks to prepare an investment agreement—possibly including market access provisions-between the EU and China. Through specific agreements and its neighbourhood policy the EU also addresses Russia, Central Asia and the Southern Mediterranean region.

If you look at the world map, there are not many regions untargeted. The majority of these agreements and negotiations seek for so-called deep and comprehensive agreements. They go even beyond the so-called Singapore issues and serve the EU's main offensive market access interests, mainly in services, financial services and public procurement. They address non-tariff trade barriers as well as mobility of human resources. And they address access to raw materials and issues like export taxes.

On the latter issue—securing EU based companies access to raw materials—the Commission is not only striving for a competitive advantage, but has apparently an open ear also for those voices that talk about "applying all necessary means"—meaning confrontation. The soft version of this is for instance the installation of an MFN clause in the EPAs. preventing the signatories from making better deals with EU competitors like China. This undermines the chances of resource rich countries to benefit from changes on the demand side. The robust version is also demanded by some voices from industry and includes proposals for building up EU military capacities.

Given recent projections on the limitations of raw material availability this becomes scary. Is it really thinkable to have a confrontation between the EU and China or the U. S. for raw materials in Africa? The European Union is not the only actor on stage. The U. S. China, India, Japan, Korea—they all strive signing their own bilateral agreements. It resembles somehow the dividing of the world among the 19th century powers. In Latin America this development threatens to split the continent. Yon have those governments the joined what has been called the second independence, namely Venezuela, Ecuador, Bolivia and the MERCOSUR countries Brazil, Uruguay, Paraguay and Argentina. on the other hand you have those countries tied to Europe and or the U. S. in trade agreements, which prohibit them from joining the customs union of MERCOSUR, namely Mexico, Central America,

Colombia, Peru and Chile. Ecuador is currently being forced to choose.

In parallel we see the new phenomenon of plurilateral agreements and negotiations. Coalitions of the willing, so to say, such as ACTA, such as the GPA on public procurement, which China might soon join, or such as the U. S. led initiative for a services plurilateral. much opposed by the BRICS.

We talk about current and future changes in global economic governance today. And in my view, the network of bilateral, plurilatral and bi-regional agreements that is currently being established, will massively influence the design. one reason for the Left in Europe, in Canada, in India, and in Africa to criticise the blueprint for all these negotiations is that they serve predominantly the interests of large corporations and high finance. So why would people sign it on the other end of the table? Because the EU Commission is not reluctant to twist arms. if necessary. The reform for the EU's generalised system of trade preferences (GSP) currently under way is an example for this. It will delete a1l countries from the recipient list that are classified by the Word Bank as Upper Middle Income Countries. meaning they exceed an annual GDP per capita of 4000 Dollars. Ecuador is one of them. In addition the Commission wants to amend the EU market access regulation 1528/2007 and cut EU market access to all those countries that still did not ratify an Economic Partnership Agreement with the EU. Namibia is on this list. among others. In short. all the "trouble makers" that were relying on a fall back position, are now being pushed into signing an FTA.

But let me repeat at this point my statement from the beginning of this section: we cannot successfully integrate markets and societies if we do not address in a participatory. inclusive and economically sustainable manner the needs of societies. In Europe, we cannot maintain our living standard—including the financing of our welfare systems—if it is based on the economic exploitation of other regions in the world. Our future lies in the well being of others.

The vague alternative for most developing countries are the BRICS. Go and make a deal with China instead of Europe. one could say. But only if this is meaningful for the people. If we have a situation where China is as much after the resources as the Europeans and Just finds an easier arrangement with the respective government, the people in resource rich countries would not benefit. A better deal should include their advancement.

I would like to point out that right now there is legislation on the way in the U. S. as well as in the EU that deals with the sort of deals I'm talking about. In the U. S. it is part of the Dodd Frank Act, in the EU it is a revision of the accounting and transparency directives. Both support the "publish what you pay" to governments approach, ill their original design for extractive industries and logging enterprises but the Left is trying to push that further to other sectors. It would be extremely helpful to have a similar legislative initiative now in China, at least for listed and large undertakings. I would appreciate it if we could have some further discussion here on this issue. as it is very important for South-South trade as well as for the future global resource management we need.

But talking about corporate behaviour in resource trade leads us to another most influential aspect of this topic: the interests of the financial sector. The food crisis is a perfect example of investment interests leading to a shortage in the real world. We are allowing a business model where someone can become rich because someone else is starving, because food shortage leads to rising prices. This business model was established after the collapse of the U. S. real estate market. Nomadic capital was looking for new investment opportunities.

So capital is looking for profit. That's not news, you could say. But what does make a change is that it is a lot more profitable to transfer capital to the financial markets than to reinvest it into production. The financial market is more than what we know as a market with its physical boundaries. It is a sphere. Capital is circulating the planet in this sphere without touching ground too often. This capital is disassociated from the people, and from real value.

This capital is invested in real world economic activities only if it is offered profit rates of 15 or sometimes even 25 percent. To feed this demand. employees are being sacked or the entire enterprise is taken hostage to pay back other loans taken up by the investor. In this regard figures on FDI are not very informative any more concerning economic development.

And the new dimensions of accumulated investment capital we

witness today are even high enough to take an entire national economy hostage, when Credit Default Swaps and other forms of derivatives are applied to multiply the profits made out of buying government bonds. Debt service becomes debt slavery, and governments take over the role of collecting the money for the financial sphere through their tax officials. Bets are being placed on the date of an eventual revolt.

Recent reactions by the EU and its member states or the ECB do not tackle this business, model and do not break the vicious circle. There is a lack of political will to prohibit dangerous financial products and to require a licensing procedure for new products. Instead, in a desperate attempt to maintain the current system, money is being channelled into banks supposedly serving as intermediaries, which results in additional fuel for the machine.

Currently we witness a battle between the Euro and the Dollar. Who can print more money before anybody notices? If this battle has a loser one day. China and other reserve holders will suffer as well.

The issue is about regaining control and the Chinese economy has some interesting experiences to offer in this regard.

Let's imagine for a moment there would be less talk about EU fiscal integration and more about the global economy. We've been there before and it did lead to Bretton Woods.

This—and nothing less—is what we need to do again ill order to give globalisation a monetary reflection. For the moment, it means to redefine the currency basis of the Special Drawing

Rights. Real and Renminbi are to be integrated. But the new design needs to be flexible enough to respond to future changes in productivity development. And once we' re at it, we could also be more creative regarding the name of the future global monetary reference for financial transactions. Today, SDRs are used as reference for instance in the public procurement chapters of Free Trade Agreements, but no city counsellor knows about that thing and its relative value.

This does not mean to abolish local currencies, as they associate to people's everyday life. But we need to relate them in a manner of controlled floating to the global transaction currency, that is inspired by the Chinese experience and takes into account not only accumulated or assumed reserves but also changes in productivity rates.

Personally, I would also be in favour of addressing the issue of interest rates. Are there really objective economic reasons to allow a creditor to charge interest rates beyond 4 or 5 percent? I am not convinced that a concerted action of the SDR club ill this direction would compromise the gathering of needed investment capital. But I am convinced that the current factors leading to all increase of the rates demanded for bonds offered by Spain or Italy or previously Thailand do not reflect the state of the respective economies.

In addition, we call learn from post-war economic development in Germany and France that public investment banks call be excellent tools for providing investment capital needed by the production sector and individual entrepreneurs. What is needed is a clearly defined mandate for such public investment banks prohibiting them from trying to play with the big guys on the financial markets.

Germany's KfW has also served as a model investment capital provider for private households in financing modernisation of buildings for energy consumption reduction or to spin off the German solar and wind energy boom. But we also just witnessed that political decisions to play with this funding call destroy a promising sector in short time.

To overcome current and future challenges, we need cooperation rather than competition between Europe and China, based on a common goal. Clean technology transfer and joined efforts into meaningful production can be a starting point for this. But a green economy is not enough, it need get to be inclusive. It cannot be an insular solution but must be pro-poor on a global scale.

The crises (plural) we witness today—financial crisis, economic crisis, food crisis, climate change crisis—are a setback for the neoliberal conquest of global cultural hegemony. This could be a chance.

Crisis deleveraging and the need for a change

——Reflection on new developments of capitalism (politically and socially)

Vladimiro Giacché

A. The end of an era

The starting point of every discussion on new developments of capitalism is the crisis erupted in 2007-2008 and still ongoing. "New developments" will arise from the answers given to the crisis. Therefore the future of capitalism has very much to do with the direction and effectiveness of these answers.

The current crisis is "the end of the debt super-cycle" (Mauldin, Tepper 2011) in U. S. A, EU and Japan, that is the end of a growth model based on credit and finance: in other words, the end of a phase in which asset bubble inflation and credit boom played a pivotal role in a) counteracting the effects of declining wages on aggregate demand, b) contrasting overproduction, c) making possible for western corporations/investors to gain higher returns in financial activity than in manufacturing.

The sudden crash of this growth model, well represented by Lehman Brothers' crack in autumn 2008, unveiled an unsustainable high leverage from the main financial institutions in the western world (the excess credit in the American real estate sector was only the tip of the iceberg of a much more general trend). The resulting financial disruption was about to freeze the circulation of capital for a while (in the last months of 2008 we were very close to the collapse of the international financial system) and was among the causes of a severe plunge in international trade and industrial production all around the world (4Q 2008 to 3Q 2009).

B. The crisis and the shift from private to public debt

In an important way, the crisis in itself is an adaption, by means of destruction of capital. For Karl Marx this destruction is necessary in order to restore profits and to launch renewed accumulation.

Following Marx, there are two kinds of capital destruction:

a) Destruction of real capital: "in so far as the process of reproduction is arrested, the labor process is limited or sometimes even entirely arrested, real capital is destroyed... The existing conditions of production ... are not put into action", and thus they lose both their use-value as well as their exchange-value.

b) Destruction of fictitious capital/"ruinous fall of the price of commodities". In this case, "no use-value is destroyed. What one loses, the other gains ... A great part of the nominal capital of society, that is, of the exchange-value of the existing capital, is completely destroyed". Marx insists on the fact that the "fall of simply fictitious capital, state bonds" etc., in itself leads to a "simple transfer of wealth from one hand to another", but not to a real destruction of capital, at least insofar [important remark!] as it does not lead to the "bankruptcy of the state and of joint-stock companies", thus slowing down reproduction (Marx 1861 – 1863:496 – 7; see also Giacché 2011:28 – 29).

Both types of destruction of capital considered by Marx are evident in the current crisis. The destruction of real capital in particular is manifested in "the biggest downturn in world output since the 1930s" (so the governor of Bank of England, Sir Mervyn King, quoted in the Guardian, 17 May 2012); in the fall in international trade (the first fall since the end of WWII); in the poor rate of utilization of industrial capacity in many countries; in a significant growth of bankruptcies; and in a spectacular rise in unemployment worldwide, and particularly in the western countries.

The question here is what amount of capital destruction will be sufficient to restore better conditions of profitability for invested capital and thus to enable renewed accumulation.

This is a crucial question, because the destruction of capital during the crisis was huge indeed (a paper published by the Asian Development Bank in march 2009 considered the wealth loss roughly equal to the global GDP of an year) but a massive wave of "bankruptcies . . . of joint-stock companies" was avoided.

How? Thanks to massive bailouts and rescue interventions from the State, that is through a gigantic transformation of private debt into public debt, or—as we could also say—through a socialisation of losses. The scale of these interventions is unprecedented (Bank of England 2009:20).

The result: in Europe (included U. K.), U. S. A and Japan, as well as in the most of OECD countries, if we consider the debt as a whole (private + public debt), there was no deleveraging. The situation is actually very worrying. (fig. 1)

The composition of debt varies widely across countries

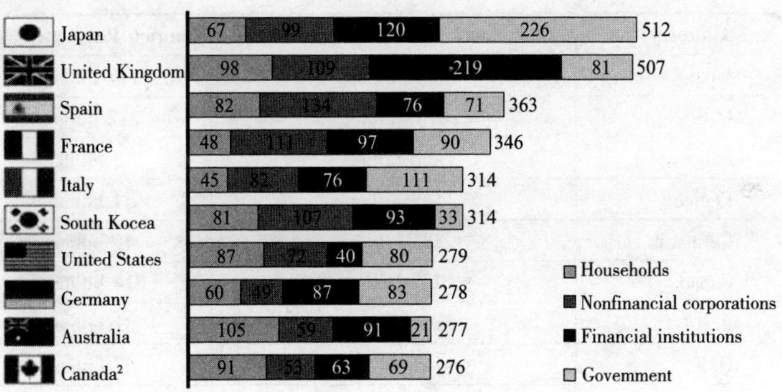

Figure 1 Total debt of ten largest mature economies, Q2 2011 (% of GDP)

(Source: J. Gundlach, Getting There, Double Line, Spring 2012)

But, above all, the public debt is increasing very much. This is not only the effect of rescue interventions, but is also caused by the fall of fiscal income (due to sluggish economy and declining GDP in a crisis). This lays the foundations for a further debt crisis: the sovereign debt crisis. And I want to stress here that this is not a Greek, nor a solely European problem: it's a global one. According to IMF forecasts released in 2009, the relation between public debt and GDP of the most advanced economies seems destined to rise in 2014 by 36% in relation to 2007, with an average debt equal to 114% of GDP. This relation could rise to 150% of GDP in the case of a very prolonged economic slowdown, which certainly cannot be excluded (IMF 2009). This is very dangerous, and already very costly. (table 2)

Table 2 2012 Debt Rollovers and Interest Payments

Country	2012 Bond, Bill Redemptions ($)	Coupon Payments ($)
Japan	3000 billion	117 billion
U. S.	2783 billion	212 billion
Italy	428 billion	72 billion
France	367 billion	54 billion
Germany	285 billion	45 billion
Canada	221 billion	14 billion
Brazil	169 billion	31 billion
U. K.	165 billion	67 billion
China	121 billion	41 billion
India	57 billion	39 billion
Russia	13 billion	9 billion

(Source: J. Gundlach, Getting There, Double Line, Spring 2012)

C. The "sovereign debt crisis" in Europe

In Europe the crisis of sovereign debt is already begun. It

started in November 2009 and it's still running.

So European and national authorities understood the public debt deleveraging as the fundamental step to fight the crisis.

The priority given to the public debt deleveraging can seem quite obvious. And in fact these policies were enacted in Europe without any significant public debate, as an absolute necessity quietly shared by socialist as well as by popular/conservative parties. In this way the concept of "pensée unique" ("single thought") finally received a very concrete meaning.

But the priority given to the public debt deleveraging is a political choice and there are many reasons for putting it in question and for rejecting it. I'll try to outline them briefly. First of all, we should always look at the total amount of debt and not only at its public part. Please note that in the fig. 1 above the private debt (households + nonfinancial corporations + financial institution) always constitutes the bigger part of the total outstanding debt (even if this picture was taken after the public rescue interventions in favor of the private sector). If we look at the U. K., we can see that the sole debt owed by financial institutions is almost threefold bigger than the public debt. So, the priority given to public debt deleveraging is a political choice among other possible choices (for instance, a strong reduction in private debt via bankruptcies). The private debt leverage is actually at unsustainable levels particularly in the financial sector (see fig. 2 from Montier 2012:7).

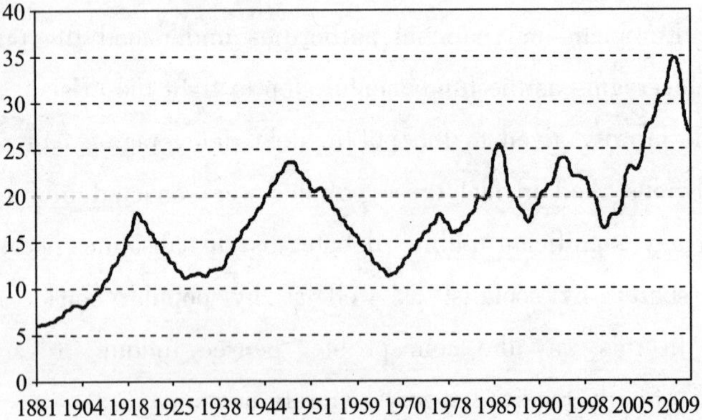

Figure 2 The Long-Term Leverage of U. K. Banks

Sourc: Miles, Marchegglano, and Yang (2011)

Moreover, companies round the world will need in the next five years some $30 trillion dollar only to refinance existing debt (Watkins 2012).

Secondly, we cannot properly handle the public debt of a country without considering its external deficit as well. This is a very important issue. The external solvency of a country shouldn't be confused with the disappearing of a country's fiscal deficit. And the external solvency is more important than the disappearing of the fiscal deficit. As Patrick Artus of Natixis pointed out in a recent research, "a euro-zone country which still has a large fiscal deficit but which no longer has an external deficit can hardly experience a financial crisis: it is very rare that domestic investors and banks refuse to finance the deficit of their country": in other terms, investors and banks have a strong home bias (that is, coeteris paribus, they prefer holding domestic bonds to foreign bonds).

"But conversely, a euro-zone country which reduces its fiscal deficit but still has an external deficit can be in trouble. It is far harder to convince non-resident investors to finance the external deficit of a country which has an increasing external deficit and external debt than to convince domestic investors to finance the fiscal deficit of their country" (Artus 2012). And it is no accident that all the European countries now involved in a "sovereign debt crisis" had a relevant (and often growing) trade-balance and current account deficit in the last years: for instance, the trade balance deficit of Greece was more than 20% in 2008.

In addition, there are many other countries in Europe that have also heavy budget deficit and negative trade balance since many years. (fig. 3)

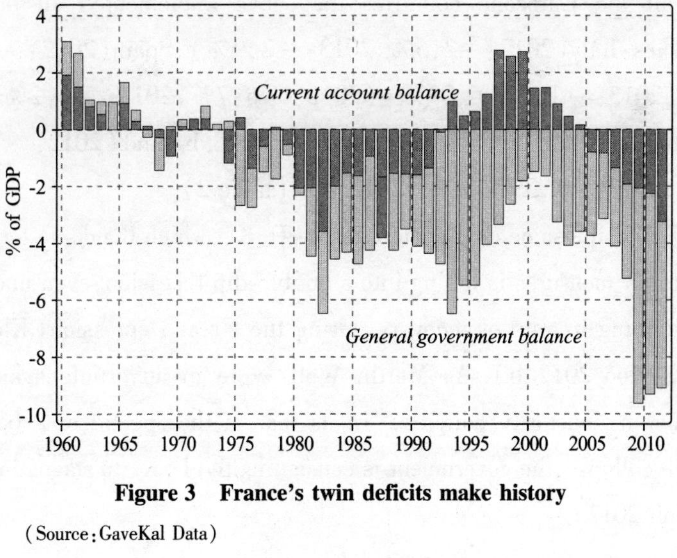

Figure 3 France's twin deficits make history

(Source: GaveKal Data)

Thirdly, the more effective way to reduce public debt appears to be the wiping off of fiscal deficit and, even better, the achievement of a fiscal surplus. But, if not properly addressed, the reduction of fiscal deficit can, paradoxically enough, result in a greater debt burden. Unfortunately, a restrictivc fiscal policy often results in a reduction of domestic demand, which causes a fall in real activity and in the GDP, which, in turn, worsens the debt/GDP ratio. This is precisely what occurred to Greece after the implementation of the austerity measures imposed by ECB, EU and IMF in may 2010: the worsening of the debt/GDP ratio (from 145% in 2010 to 162% in 2011 and almost 180% in 2012) is essentially due to the collapse in real activity.

The most recently released growth forecasts are very gloomy for all the Eurozone countries that have implemented austerity policies: Italy (2012: −2,6%; 2013: −2,9%), Spain (2012: −1,5%; 2013: −1,7%), Greece (2012: −6,7%; 2013: −6,2%), Portugal (2012: −4,3%; 2013: −3,0%), Ireland (2012: −1,3%; 2013: −1,3%) (IMK 2012:4). (table 2)

And the same can be said for the U. K., which thanks to tough austerity measures is falling into a double-dip recession, even under performing its rate of recovery during the Great Depression (Klein 2012, Koo 2012 b). As Martin Wolf wrote in an article against Cameron's austerity policies, "in its fear of the spectre of a bond price collapse, the government is consigning the U. K. to stagnation" (Wolf 2012).

Fourthly, the public debt deleveraging implies.

Table 2 Wirtschaftswachstum in der EU

(BIP, real, Veränderung in %)

	Gewicht in%①	**2010**	**2011**	**2012**	**2013**
EU 27	100,0	+2,0	+1,5	−0,4	±0,0
UK	14,4	+2,1	+1,0	+0,1	+1,4
Euroraum	71,4	+1,9	+1,4	−0,8	−0,5
Deutschland	19,4	+3,7	+3,0	+0,3	+0,7
Frankreich	14,0	+1,5	+1,7	+0,2	+0,7
Italion	11,7	+1,5	+0,2	−2,6	−2,9
Spanion	9,0	−0,1	+0,7	−1,5	−1,7
Griechenland	2,1	−3,5	−6,9	−6,7	−6,2
Portugal	1,6	+1,4	−1,6	−4,3	−3,0
Irland	1,2	−0,4	+2,6	−1,3	−1,3

① Anteile am BIP zu Kaufkraftparitaten in US – Dollar von 2010 laut IMF.

Quellen: Eurostat, Berechnungen der Institure; ab 2012 Prognose der Institute.

a) Lesser investments (for instance in infrastructures or in education & research), which adversely affect the total factor productivity and on the long run undermine the competitiveness of a country.

b) Wages reduction in two ways: through cuts in social services and in entitlements (what we in general call "welfare state"). Now, we must keep in mind that every cut in social services is a cut to the indirect salary, every reduction of the retirement benefits (entitlements) is a cut in postponed wages. To express it in a formal way, this means that part of the social reproductions costs, that were carried from the State, become again burden directly carried from the individual, as it was before the "welfare state". This kind of wage reduction should be added to the reduction in direct wages, that is a straight consequence of the crisis, because the rising unemployment undermines the bargaining strength of the working class. Last but not least, in many countries are currently implemented so called "structural reforms" which imply a weakening in the contractual warranties for the employees.

It isn't overstated to say that in this way are the workers those who in first line foot the bill of the crisis.

c) Privatizations and thus a further reduction of the role of the State in the economy.

For all this there is clearly a rationale: wage reductions improve profitability, and privatizations give private corporations a good opportunity to enter the public utilities sector.

But strong objections can also be made against these measures:

– Wage reductions

- can be a disincentive for the private sector to invest in R&D (this is a reason for the sluggish labor productivity in Italy since the 1990s),
- can improve profitability without having any positive effect on investment (this seems to be now the case in Spain, Italy, Portugal and obviously in Greece),
- and can severely affect household demand and domestic demand.

– Even worse, the fall in demand can occur without being offset by an increase in exports and corporate investment (as in

Greece): in this case wage reductions are—to put it simply—a self-defeating strategy.

– In a similar way, the private gain coming from a privatization can be well overwhelmed (at a systemic level) by the loss of control of a strategic sector or corporation by the State (for instance, the banking sector, or the telecoms and so on);

– In certain cases the privatization can also have an adverse crowding out effect on productive investments. In Italy this appears to be the case: the privatizations of the 1990s, huge in scale and worth approximately 110 bn euro, favored the flight of several Italian capitalists from sectors subjected to the global competition to the more protected domestic public utilities sector. And the following decade was a lost decade for Italy in terms of growth: it was in fact the decade characterized by the lowest growth since WWII (this is also the reason for the spike in debt/GDP ratio after 2008 – 2009).

In brief, we can say that in Europe

1. an external deficit crisis (among European countries) was handled as a fiscal deficit crisis.

2. The debt problem has been considered from the limited perspective of the public debt and not as a whole, that is not as a proxy of the lack of profitability /competitiveness.

3. Moreover, any intervention from the ECB to counter the speculation against the sovereign debt of several European countries, not to say to monetize their debt, was rejected in the name of a Maastricht-Treaty interpreted in a very simplistic and dogmatic way, that is in the name of a "monetary stability" equated

with the fight on inflation. In this way a powerful tool to contrast the destabilization of the currency area—I'd say the only weapon that could work—is left unused.

It's interesting to see that the behavior of other central banks in this crisis has been very different (see Grice 2012:6 – 7).

So did the Federal Reserve (fig. 4):

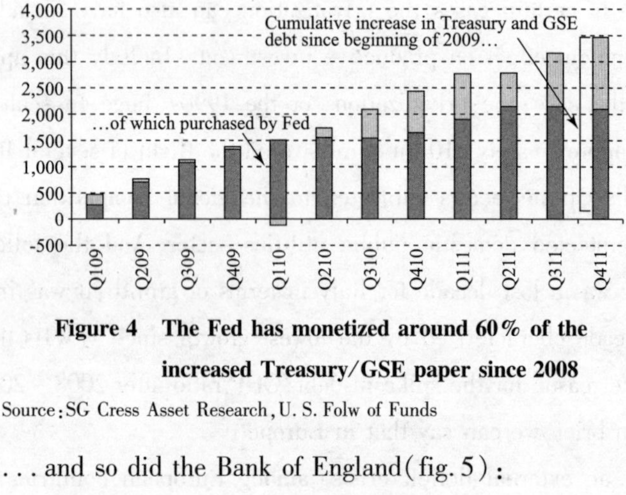

Figure 4 The Fed has monetized around 60% of the increased Treasury/GSE paper since 2008

Source: SG Cress Asset Research, U. S. Folw of Funds

... and so did the Bank of England (fig. 5):

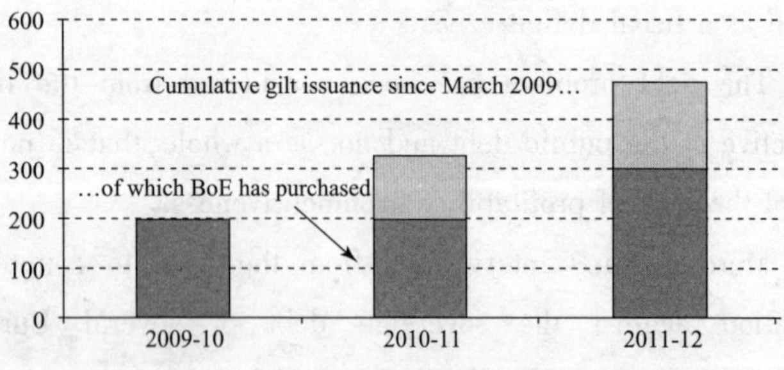

Figure 5 BoE has monetized around 60% of the net gilt issuance since March 2009

Source: SG Cress Asset Research

The attempt to overcome this difficulty through loans from the ECB to the European private banks, in order to let them buy sovereign bonds and thus to address indirectly the issue—the 1 trillion LTRO launched since December 2011—has already proved to be unsuccessful (RBC 2012).

All the above

a) exacerbates the economic divergence between the economies of the Eurozone,

b) which in turn makes the monetary policy of the ECB ultimately inadequate for all the Eurozone countries (the interest rate is currently too expansionary for Germany, too restrictive for the peripheral countries),

c) accelerates the renationalization of capitals that is taking place since 2008 (as in the 1930s, when the repatriation of profits from Germany by the U. S. A. played an essential role in the second and fatal part of the Great Crisis),

d) and paves the way for the exit of a country or more from the Euro, and ultimately for the breakup of the Euro.

As George Soros pointed out, "at the onset of the crisis, the eurozone's break-up was inconceivable: assets and liabilities denominated in the common currency were so intermingled that it would have caused an uncontrollable meltdown. But, as the crisis has progressed, the Eurozone has been reoriented along national lines" (Soros 2012).

This can have dire consequences on the future of Europe and on international stability, not only from an economical point of view. It's not the first time in the modern history that the monetary stability as an absolute priority leads to disasters. In this context with right Leo Panitch and Sam Gindin, in a letter published on the Financial Times on May 11, drew our attention to the following passage dedicated to the 1920s in Karl Polanyi's masterpiece The Great Transformation: "The repayment of foreign loans and the return to stable currencies were recognised as the touchstones of rationality in politics; and no private suffering, no infringement of sovereignty, was deemed too great a sacrifice for the recovery of monetary integrity. The privations of the unemployed made jobless by deflation; the destitution of public servants dismissed without a pittance; even the relinquishment of national rights and the loss of constitutional liberties were judged a fair price to pay for the fulfillment of the requirements of sound budgets and sound currencies, those apriori of economic liberalism".

These words sound very familiar to us all in Europe. The totem of monetary stability, combined with the slogans of the "economic liberalism", in the specific form of the neoliberalism of the Reagan-Thatcher era, are now proposed as the solution for the new problems of a very different phase of the history of capitalism: more market and lesser State, more deregulation and lesser rights for the workers. "More of the same", so to say. As if only the Wall in Berlin were fallen, and Wall Street on the contrary were more granitic than ever.

D. No reform ahead? Financial analysts vs. policy makers

Consistently with the "more of the same" ideology, no substantial reform of financial markets was implemented, nor is to be seen for the western economies as a whole.

The Financial Stability Board brought no better regulation of the financial markets.

In the USA the Dodd-Frank law, the more ambitious financial reform projected in the aftermath of the Lehman Brothers phase of the crisis, praised by Obama as the enabler of "the strongest consumer financial protections in history", was virtually killed by Wall Street lobbyists in the Congress of the USA (Taibbi 2012). Not even the "Over The Counter" (OTC) markets were subjected to a better regulation (that is, they aren't subjected to any regulation at all). And the credit default swaps (CDS) market is more concentrated than ever, with 4 American banks that play an overwhelming role (94%!) in this market.

Ironically enough, while the policymakers pertinaciously stick to the good old neoliberal dogmas, some of the most influential financial analysts and money managers seem seriously worried and put openly in question the austerity policies. Already on August 22 last year Kate Mackenzie on the Financial Times found "interesting that while politics is becoming ever more cautious and, dare we say it, reactionary — some of the world's economic and financial heavy hitters are coming out with suggestions that make them look like communists in comparison to most policymakers" (Mackenzie 2011).

Some of these suggestions:

a) The paradox of over-production and under-consumption (so George Magnus, UBS): "The more people are relegated to poverty, the less they will be able to consume all the goods and services companies produce. When one company cuts costs to boost earnings, it's smart, but when they all do, they undermine the income formation and effective demand on which they rely for revenues and profits. This problem, too, is evident in today's developed world. We have a substantial capacity to produce, but in the middle-and lower-income cohorts, we find widespread financial insecurity and low consumption rates" (Magnus 2011; very close to this point of view also Roubini 2011).

b) "Austerity is the wrong policy" (so Dhaval Joshi, BCA Research: Joshi 2011). More politely Magnus: "Policy makers have to place jobs at the top of the economic agenda, and consider other unorthodox measures. The crisis isn't temporary, and it certainly won't be cured by the ideological passion for government austerity" (Magnus 2011). Moreover, as Patrick Artus points out, "investors are not demanding a drastic reduction in fiscal deficits, but a credible and specific medium-term plan to reduce the deficits; a plan which does not destroy growth in the short term and which is combined with policies aimed at stimulating long-term growth" (Artus 2011). But also the rating agency Standard & Poor's has raised doubts on the consequences of austerity. In its

April 26 downgrade statement on Spain we can read: "we believe front-loaded austerity in Spain will likely exacerbate the numerous risks to growth over the medium term" (quoted in Spiegel 2012).

c) "We need to return to the right balance between markets and provision of public goods" (so Nouriel Roubini). "The right balance today requires creating jobs partly through additional fiscal stimulus aimed at productive infrastructure investment. It also requires more progressive taxation; more short-term fiscal stimulus with medium-and long-term fiscal discipline; lender-of-last-resort support by monetary authorities to prevent ruinous runs on banks; reduction of the debt burden for insolvent households and other distressed economic agents; and stricter supervision and regulation of a financial system run amok; breaking up too-big-to-fail banks and oligopolistic trusts. Over time, advanced economies will need to invest in human capital, skills and social safety nets to increase productivity and enable workers to compete, be flexible and thrive in a globalized economy" (Roubini 2011).

d) The alternative could be a catastrophic one. "The alternative is—like in the 1930s—unending stagnation, depression, currency and trade wars, capital controls, financial crisis, sovereign insolvencies, and massive social and political instability" (Roubini 2011).

E. Conclusion: "to do" list for a better future

Roubini's warning shouldn't be underestimated. History learnt us that crises such as the present one must be handled with care.

A simple list of the major problems we have to face in most

western countries is the better way to remind us of the necessity to undertake unconventional measures:

a) Rising inequality. In almost all western countries the social divide becomes always larger, and the gap between rich and (working) poor, to which John Plender drew our attention more than four years ago with a very important article, is huge (Plender 2008).

b) Declining wages.

c) Resilient unemployment and declining participation rate (in U. S. A., EU and Japan).

This is the situation in the Eurozone... (fig. 6)

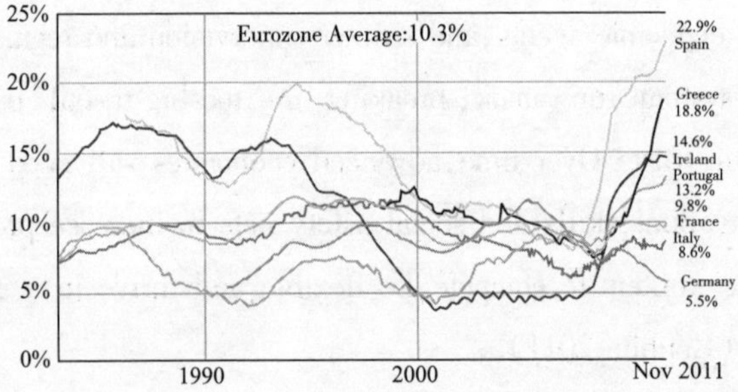

Figure 6 Eurozone Unemployment Rates

Source: http://globaleconomicanalysis. blogspot. com/2012/01/money - supply - figures - suggests - ltaly. html? utm_source = feedburner&utm_medium.

Eurozone includes 27 member states: Austria, Belgium, Bulgaria, Cyprus, Czech Republic, Denmark, Estonia, Finland, Frandce, Germany, Greece, Hungary, Ireland, Italy, Latvia, Lithuania, Luxembourg, Malta, Netherlands, Poland, Portugal, Romania, Slovakia, Slovenia, Spain, Spain, Sweden and the United Kingdom.

... and this is the situation in the U. S. A. (fig. 7):

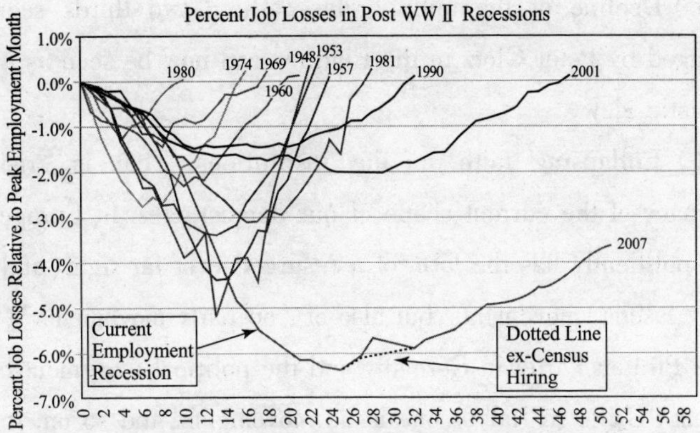

Figure 7 U. S. A. Unemployment rates

Source: Number of Months After Peak Employment http://www.calculatedriskblog.com/.

d) Destruction of productive capacity / Deindustrialisation in most advanced economies. (fig. 8)

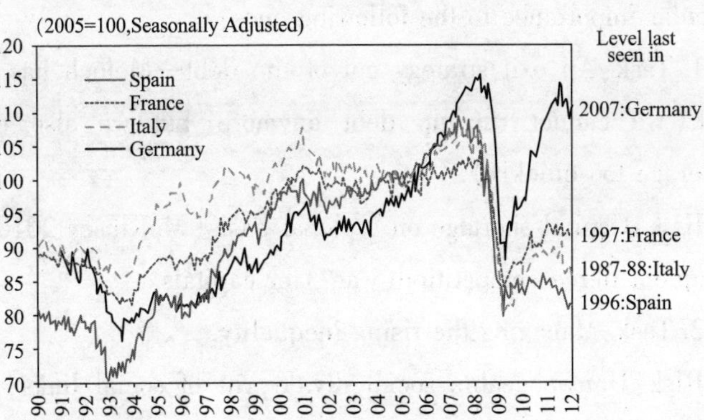

Figure 8 Except in Germany, Industrial Production in Europe Is still Weak

(Source: Koo2012 a)

e) Decline of the middle class. The "two thirds society" envisaged by Peter Glotz in the Eighties can now be seen as a very optimistic view.

f) Collapsing faith in the institutions. That is crisis of legitimacy of the current shape of our democracies. In Europe this crisis politically has the form of a resurgence of far-right (and also openly fascist) movements, but also of "no-party movements" (such as the Piraten Partei in Germany and the political movement of the showman Grillo in Italy), one-issue movements, and so on. In this way the "Single Thinking" appears to be contrasted from "No Thinking" or "Single Target" movements: that is, from political movement without any concept of a different society, and therefore without strategy.

Among the tasks and risks we have to face, I would assign particular importance to the following ones:

1. Task: An exit strategy out of the debt—Moloch has to be found (we cannot run up debt anymore, but we also cannot deleverage too quickly).

Risk: Capital shortage on a global basis (McKinsey 2010) and subsequent fierce competition (war?) for capitals.

2. Task: Managing the rising inequality.

Risk: Unmanageable social divide, rift of social links, social anarchy.

3. Task: Overcoming the present economical difficulties enhancing the multilateral cooperation.

Risk: Non-cooperative policies, beggar thy neighbour

strategies.

4. Task: A new balance between the State and the market, between public and private sector, has to be established in order to build a new form of planned development.

Risk: An overly deregulated economy, in which to the State is left only a residual and ineffective role.

What makes our duty very complicated is the necessity to address all these tasks at once, without yielding to the temptation to solve one task at the expense to another.

The Implications of EU Austerity for China

Marica Frangakis

Introduction

China is the second largest trading partner of the EU, while the euro is the second most important currency worldwide. In terms of both trade and monetary relations, ties between the EU and China are becoming closer. In this sense, developments in each area carry implications for the other and are thus of particular interest.

This paper is organized as follows:

- Section 1 reviews the current state of trade. and monetary relations between the EU and China;
- Section 2 discusses the austerity policies currently being pursued in the EU, with special reference to the Eurozone; issues regarding the rationale. institutionalization and impact of these policies are examined;
- Section 3 draws out the implications of continued austerity in the EU for China, in terms of both trade and monetary relations.

1. EU. China economic relations

1.1 Trade aspects

In the past thirty years, the Chinese economy embarked on a steep, upward trend. GDP growth averaged 10 pc annually, while China became the world's largest manufacturer and exporter. Its economy is today second to that of the USA; third, if the EU is considered as a single economy.

In 2011, China emerged as the second most important trading partner of the EU, behind the USA, while the EU is also China's biggest trading partner. By comparison to only a few years earlier (2008), the position of China in EU trade has been strengthened, as shown in Table 1.

Table 1 EU trade with main partners (value%)

EU Import partners			EU Export partners			EU Trading Partners		
	2008	2011		2008	2011		2008	2011
world	100.0	100.0	world	100.0	100.0	world	100.0	100.0
china	15.9	17.3	USA	19.1	17.0	USA	15.2	13.8
USA	12.0	10.9	Russia	8.0	7.1	China	11.4	13.3
Russia	11.2	11.8	Switzerland	7.5	7.9	Russia	9.8	9.5
Norway	6.1	5.6	China	6.0	8.9	Switzer-land	6.2	6.6
Switzer-land	5.1	5.4	Turkey	4.1	4.7	Norway	4.9	4.4

Source: http://ec.europa.eu/trade.

The above data further suggest that the financial crisis that peaked in 2008, with the collapse of Lehman Brothers, had no enduring negative impact on trade relations between the EU and

China. This testifies to the dynamism of the Chinese economy and to its competitiveness on a global level.

On the other hand, EU trade with China is characterized by a large deficit equal to C155,854 million in 2011, which amounted to 36% of total trade with China and it was greater than the EU's trade deficit with the rest of the world. This was however reduced by comparison to 2008, when it reached C169,257 million (equal to 52% of total. trade with China and 66% of the EU's trade deficit with the rest of the world) largely due to increased EU exports to China, as shown in the graph below.

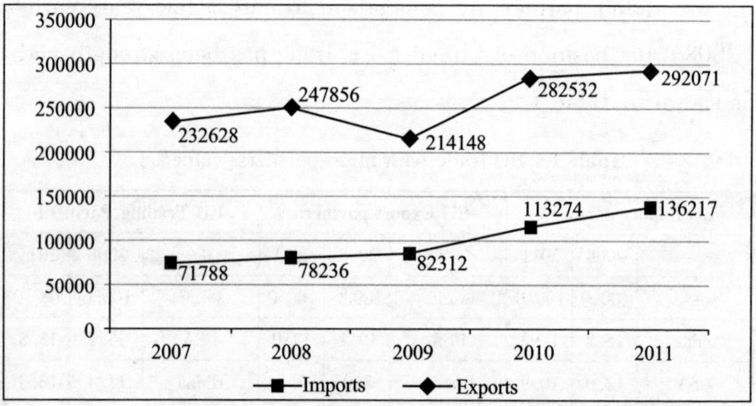

Graph 1 EU trade with China (million £)

Source: http://ec.europa.eu/trade.

1.2 Monetary aspects

Alongside China's increasing role in international trade, the Chinese currency is also acquiring an international status. Its relation with other major currencies thus becomes especially important. This is an area fraught with complexities, since it encompasses issues pertaining not only to trade, but also to finance, the global economy and l of course, politics.

The primary relation of the RMB is with the U. S. dollar. Until 2005, the RMB/U. S. $ exchange rate was fixed (pegged). In 2005, the regime moved to "a managed floating exchange rate based on market supply and demand with reference to a basket of currencies."① However, in 2008, in view of the global financial crisis, the RMB/U. S. $ exchange rate was pegged again (at 6.83 +/ −0.3%).

As the crisis unfolded, the RMB came under increasing pressure both economic and political. Thus in 2010, it was announced that China would relax its foreign exchange regime. Over the past two years, the convertibility of the RMB has been loosened, resulting in a 10% appreciation against the U. S. dollar, while it is estimated that full, convertibility may be achieved in ten years' time. ②

The RMB/ ∈ relation is both direct and indirect. It is direct insofar as the euro is included in the basket of currencies against which the RMB is set. This was the case in 2006, after the dollar peg regime was changed. In fact, by 2008, the euro carried the same weight as the dollar in the anchor basket. However, following the 2008 adjustment, the euro lost in weight. As the regime back to a managed float, the weight of the euro in the RMB exchange rate

---

① Quoted in Feina Cai, 2010, The Euro and the RMB, www. e-ir. info.

② Dentz, M. and S. Reifenberger, 2012, Fully convertible within ten years, www. cfo-insight. com.

may be expected to increase.

Further, the euro bears on the RMB indirectly, through its relation to the U. S. dollar and the impact of this on the financial markets and especially on the non—deliverable forward market (NDF)①. For example, the weakening of the euro as a result of the Eurozone public debt crisis and the concomitant strengthening of the U. S. dollar exert upward pressure on the RMB, as the U. S. A press for its revaluation. Although the EU has been less vocal than the USA in exerting such pressure, its considerable trade deficit with China provides an incentive for such pressure to mount in the future. ②

2. *EU austerity policy*

2.1 Defining austerity—Rationale

"Austerity" comes from the Greek word "austere", which means "severe" or "strict". It is an example of the capture of

---

① This is an over-the-counter (OTC) market, trading forward or futures contracts. NDFs developed for countries with capital controls and FX trading restrictions. Most NDFs are cash-settled in U. S. dollars.

② According to Jean Pisani-Ferry, "What remains as a hypothesis to explain the difference between U. S. and EU attitudes is probably that the Europeans are slower to react to external developments. The absence of significant external deficit, doubts about which policy stance is desi rable, internal disagreements, an untested governance of exchange-rate relations and a habit of following U. S. leadership may have all contributed to a slow European response", Pisani-Ferry, J., 2008, The end of Europe's longstanding indifference to the renminbi, Bruegel Policy Contribution, P. 8.

language to provide an ideological underpinning to the concept it describes.

In EU usage, "austerity" primarily refers to fiscal contraction. Whereby public expenditure is reduced/kept tow, while public receipts are increased/kept high, so that the overall budgetary balance is equal to or close to zero. In addition to fiscal contraction, austerity is further combined with wage repression and labour market reforms, as well as market. liberalization, including the privatization of state assets. Thus, in a broad sense, EU austerity consists of a triptych. defined as "fiscal constraints—labour market reforms—market liberalization".

The rationale for the EU policy of austerity goes back to the 1980s and the Single Market Act (1986). The drive towards establishing a single market across the then fifteen member states was based on the overarching principle of market competition. The introduction of the single currency in the late 1990s enhanced this tendency, while fiscal austerity became institutionalized in the Maastricht Treaty and the Stability and Growth Pact.

Further, the narrow mandate of the European Central Bank, focusing on maintaining inflation at or close to 2% to the exclusion of all other policy goals, meant that the process of adjustment had to rely on restrictive fiscal policies and on wage repression. Lastly, the pursuit of financial integration in the 2000s placed renewed emphasis on the concept of austerity, i. e. on balanced budgets, free markets and low labour costs.

The financial crisis of 2007 – 2008 signaled a short-lived

break with the EU policy of austerity. The European banks were generously supported, while a Certain amount of fiscal stimulus was deemed necessary in order to revive the economy. However, by 2009, at the first signs of recovery, EU policy refocused on austerity.

One year later, a full-blown public debt crisis engulfed the Eurozone, starting from Greece and spreading to Portugal, Ireland, Spain and Italy. As the Eurozone crisis unfolded, fiscal policy became ever more contractionary. The rationale for this is that's short-term pain will secure long-term gain, according to Germany's finance minister, Wolfgang Schauble. This is based on the fallacy of the analogy between public and private debt. That is, whereas private individuals need to be prudent about getting into debt, indebted governments pursuing contractionary policies in the midst of a recession run the risk of intensifying such a recession and thus making the repayment of the debt even more difficult, as is currently the case in the EU.

2.2 The institutionalization of EU austerity

The Stability and Growth Pact (SGP), which accompanied the establishment of the single currency, set upper limits on both the public deficit (3% GDP) and the public debt (60% GDP) of the EU member states. Further, the medium-term goal was for the deficit to be equal to or close to zero. Countries not complying with these limits are subjected to the so-called "excessive deficit procedure", which obliges them to adjust via fiscal austerity or face sanctions.

The above SGP upper limits have been considerably exceeded

as a result of the financial crisis, a phenomenon which has been observed in all such crises in the past. In fact, only four EU countries—Finland, Estonia, Luxemburg and Sweden—are not subject to an EDP at present. In response, EU austerity policy has become even stricter.

More specifically, in December 2011, the so-called "6-pack" (five regulations and one directive) entered into force in all EU member states, although certain rules apply to Eurozone countries only. The "6-pack" refers to macroeconomic surveillance (Macroeconomic Imbalances Procedure), as well as fiscal surveillance. Under the former, the overall economic outlook of EU member states is closely monitored. In case of imbalances, the deficit countries (not the surplus ones) are asked to adjust through expenditure and wage cuts, tax increases, etc.

The new fiscal surveillance rules of the "6-pack" reinforce the SGP in terms of (i) quantifying the adjustment path by way of placing a cap on the annual growth of public expenditure relative to GDP growth; (ii) operationalizing the debt criterion, which may trigger an EDP even if a country's deficit is below 3% of GDP; and (iii) introducing a semi-automatic decision making procedure through reverse qualified majority voting (RQMV) in relation to sanctions for Eurozone countries.

In addition to the "6-pack", in March 2012, 25 of the 27 EU member states (excluding the U. K. and the Czech Republic) signed the Treaty on Stability, Coordination and Governance (TSCG), which will enter into force after it has been ratified by at least twelve Eurozone countries. The TSCG is binding on the Eurozone countries only, while other contracting parties will be bound once they adopt the euro.

The fiscal part of the Treaty is referred to as fiscal compact. While following the same logic as the "6-pack", it is more stringent. In particular, it requires the 2S EU member states to draft their budgets in line with two criteria after changing their national legislation, preferably via amendments to their constitutions, to include: (i) a "debt brake"—maximum allowed structural (ie cyclically adjusted) budget deficit of 0.5% GDP; (ii) a debt reduction roadmap—each year government debt must be reduced by 1/20th of the difference between its actual level and the 60% GDP benchmark. Sanctions on non-complying countries are to be imposed by the European Court of Justice in the form of interest-bearing deposits, which may turn into fines.

Lastly, more measures (2 regulations or "2-pack") are to be agreed in the course of 2012. These will reinforce the role of the European Commission in the setting of national budgets, further removing fiscal policy from the democratically elected and accountable bodies of EU member states.

Overall, the institutionalization of fiscal austerity reflects the Berlin view that the public debt crisis is the result of profligate state spending, which thus needs to be curbed in as decisive a way as possible. This view chooses to ignore a range of other factors, such as the faulty Eurozone architecture and the speculative role of deregulated finance. In this way, it is promoting synchronized deflationary policies in the midst of an economic crisis. As it might be expected, the result is deepening recession.

2.3 The impact of austerity in the EU

The EU is in the grip of a vicious circle. The financial crisis resulted in Increased public deficits and debt, which provoked the speculative attack of financial markets and interest hikes, which in turn accentuated the debt crisis. According to the recently published Spring 2012 Economic Forecast by the European Commission, the outlook is quite bleak. If the new fiscal rules described above are taken into account, it becomes even bleaker!

Table 2 below presents the E. C. forecast for growth in 2012 and 2013, alongside the forecast of the Macro Group, which was calculated to include the new fiscal austerity benchmarks[①]。

Table 2 Economic growth in the EU and in the World (real GDP, % change)

	MACRO GROUP FORECASTS				E. C. FORECASTS			
	2010	2011	2012	2013	2010	2011	2012	2013
EU27	2.0	1.6	−0.4	+/−0.0	2.0	1.5	0.0	1.3
Eurozone	1.9	1.5	−0.8	−0.5	1.9	1.5	−0.3	1.0
Germany	3.7	3.0	0.3	0.7	3.7	3.0	0.7	1.7
France	1.5	1.7	0.2	0.7	1.5	1.7	0.5	1.3
Italy	1.5	0.2	−2.6	−2.9	1.8	0.4	−1.4	0.4

① The Macro Group consists of 3 organisations: IMK (Duesseldorf), OFCE (Paris) and WIFO (Vienna).

	MACRO GROUP FORECASTS				E. C. FORECASTS			
	2010	2011	2012	2013	2010	2011	2012	2013
Spain	-0. 1	0. 7	-1. 5	-1. 7	-0. 1	0. 7	-1. 8	-0. 3
Greece	-3. 5	-6. 9	-6. 7	-6. 2	-3. 5	-6. 9	-4. 7	0. 0
Portugal	1. 4	-1. 6	-4. 3	-3. 0	1. 4	-1. 6	-3. 3	0. 3
Ireland	-0. 4	2. 6	-1. 3	-1. 3	-0. 4	0. 7	0. 5	1. 9
USA	3. 0	1. 7	2. 1	2. 0	3. 0	1. 7	2. 0	2. 1
2. 1Japan	4. 4	-0. 9	1. 2	2. 2	4. 4	-0. 7	1. 9	1. 7
China	10. 3	9. 2	8. 3	8. 2	10. 3	9. 2	8. 4	8. 2
World	5. 2	3. 9	3. 1	3. 5	5. 1	3. 7	3. 3	3. 7

Sources: IMK Report 7le, March 2012, Joint analysis of the Macro Group; EC European Economic Forecast, Spring 2012.

The recession and in some cases, such as that of Greece, the slump, has resulted in a fast increase in unemployment. in January 2012. 24. 3 million workers, Or 10. 1% of the labour force, were unemployed in the EU27, while the equivalent figures for the Eurozone were 17 million workers and 10. 9% of the labour force. a historic high. The situation is especially dramatic in the countries Mt by the crisis especially hard. For example, in Spain unemployment is expected to reach 25% of the labour force and in Greece 23% by 2013①.

As it might be expected, there are no inflationary pressures in the EU. On the contrary, inflation is expected to decline. For example, the Harmonised Consumer Price Index increased by 2. 1% in 2010 and 3. 1% in 2011 in EU27. and by 1. 6% and

① IMK Report, Table 4, p. 5.

2. 7% respectively in the Eurozone. These rates are expected to decline to 1. 2% in the EU27 and 1. 1% in the Eurozone by 2013①. Interest rates are also expected to remain low due both to the continuing recession and to the ECB policy of monetary accommodation.

Lastly , the recession is weakening the euro. The dollar/euro exchange rate is expected to fall from the average level of $1 – 39/£ in the past five years (2007 – 2011) to $ 1. 27/£ over the following five year period to 2016②.

3. Implications of EU austerity for China

These will be felt through mainly two channels (i) trade and (ii) foreign exchange. The trade channel transmits changes in effective aggregate demand for imports from China. while the foreign exchange channel transmits changes in relative prices. Both effects will influence to a greater or smaller extent the choices policy-makers are faced with and ultimately the performance of the Chinese economy.

Trade effect China is highly exposed to global demand shocks, with exports accounting for a very high share of GDP(39% in 2010). Approximately one-fifth of Chinese exports go to the EU (20. 1% in 2010). Hence, the deepening recession provoked by the current EU austerity policy may be expected to dampen demand

---

① lbid.

② lbid.

both for consumer and for intermediate goods.

For example. nearly one-half of total EU imports of clothing come from China, while clothing and textiles account for more than 10% of Chinese exports to the EU. As incomes fall in the EU countries, clothing is one of the first areas where consumers traditionally economise. Reduced spending on these items will result in a decline of imports from China, depending on the income elasticity for these goods.

The bulk of EU imports from China, however, consist of intermediate and durable goods, such as machinery and transport equipment (49% in 2011). Demand for these goods will also decline. The deeper the recession and the longer it lasts, the greater the negative implications for Chinese exports of these goods to the EU.

As shown in Graph 1 above, Chinese exports to the EU have been increasing steadily, with the exception of 2009, when they dipped by 14% in the aftermath of the financial crisis. The collapse of Lehman Brothers in September 2008 shook the foundations of the global economy. An event of similar, seismic proportions would be the exit of a member state from the Eurozone. Thus, although the continuing EU recession is likely to reduce the rate of growth of Chinese exports to the EU, it would take a major shock for an actual decline to take place in the immediate future.

Foreign exchange effect The EU austerity policies are forecast to deepen and prolong the recession in most of its member states and especially in the deficit countries. This will weaken the value of the euro vis-ā-vis other major currencies, which will appreciate against it. This impact will be especially felt by the U. S. dollar, which will as a result appreciate against other currencies too. In view of the great trade deficit the USA is faced with and the slow growth rate of its economy, such an appreciation is less than welcome. It is expected that it will give rise to a new round of pressures on upcoming currencies, such as the RMB, to appreciate vis-a-vis the U. S. dollar. To the extent that China continues its policy of gradual foreign exchange adjustment, this will make exports more expensive, and imports cheaper, correspondingly bearing on international trade flows.

On the other hand, the appreciation of the RMB will reinforce its international role, especially amongst emerging economies. In a long-term perspective, the RMB is set to acquire reserve currency status, based on the strength of the Chinese, economy and its size/role in the world. However, this will increase pressures for the opening up of the Chinese economy and especially its financial sector. In view of the continuing economic crisis, especially in the EU, maintaining capital controls and close monitoring of financial developments would seem to be the most appropriate course of action for Chinese policy-makers at the present time.

The above trends are of course based on the assumption that no major shock, such as the collapse of the euro, takes place. Should such a shock actually occur, it will reverberate across the globe, including China. Managing such a shock would be a major challenge even for as regulated an economy as China!

Overall. the maturing of the Chinese economy, after 30 years of rapid growth, is coinciding with an economic crisis of major proportions in the advanced countries. The ill-conceived austerity policies of the EU exacerbate the effects of the crisis not only for its own citizens, but also for its main trading partners, such as China. Reversing such policies is going to be a long drawn sociopolitical and economic process. This is one more reason why China may need to broaden its approach to development, to emphasize domestic consumption more than it has in the past.

Power Shifts in the World Economy: Geopolitical Causes and Possible Consequences of the Global Downturn[①]

Stefan Schmalz[②]

Introduction: Sino-American Economic Relations Today

When American and Chinese policy-makers meet, their divergent views often emerge. Some of the controversial issues debated by the two superpowers are human rights, the political status of Taiwan and having a say in international institutions.

① Paper for presentation at international seminal "The International Financial Crisis and New Developments or Capitalism", Beijing (May 21 – 22, 2012). An earlier version of this paper has been published in Journal of U. S. - China Public Administration, April 2012, V01. 9, No. 4, pp. 437 – 450.

② Stefan Schmalz, assistant professor, Department of Sociology, Friedrich-Schiller-University of Jena; research fields: international political economy, economic sociology and sociology of work. E-mail: s. schmalz@ uni jcfla. de.

However, despite of their disputes, an implicit agreement on economic policy seems to exist between the two countries. Some scholars argue that both countries are part of a joint economic constellation described as "Chimerica"—a term coined by Niall Ferguson (Ferguson, 2008, p. 332) and now commonly used in public debates. The symbiosis between the economic models of the U. S. and China—with the U. S. as the indebted "consumer of last resort" and China as the world's export nation and workshop—has led to structural imbalances. While China continues to make immense current account surpluses, the U. S. tends to accumulate tremendous trade deficits which stood at U. S. $ 726. 7 billion in 2011 (and U. S. $ 295. 4 billion with China) (U. S. Census Bureau, 2012). Contra-wise, China counts as the U. S.'s biggest creditor while the latter grows to be the largest debtor country. The problem of the Chimerica constellation was best brought to light by the current world economic crisis. The Chinese government invested a large part of its currency reserves in U. S. Treasury securities instead of strengthening its domestic market. As a result. China not only indirectly boosted U. S. consumption, but also inflated the American real estate bubble and induced American financial institutions to take on ever higher risks (Brender & Pisani, 2009, p. 59; Ivanova, 2011).

The thesis of this paper is that this constellation ("Chimerica") is rooted in an economic power shift in the capitalist world system. In this shift. East Asia—with China as its new center—has moved up to a new position. The structural change and the refusal of the U. S. to adapt its economic policies to the new reality of the world market turned out to be a decisive contribution to the world economic crisis of 2007 – 2012. Thus. it remains unclear how the current world order is going to develop. In what follows, this spatial dimension of the world economic crisis will be analyzed. It will be interpreted as a "switching crisis" i. e., as the transition of a spatial configuration of capital accumulation. The paper concludes with a discussion of the different scenarios resulting from such a structural change.

Reinterpreting the Global Meltdown: A Crisis of Transition

In the current scientific debate. China's rise to great-power status and its implications for the U. S. dominated international system on the one hand and the outbreak of the financial crisis in 2008 on the other hand, are usually discussed separately. In international relations, the attention is particularly turned to the geopolitical impact of China's rise (Bergsten et al., 2009; Kaplan, 2010). A major concern of most scholars is the restructuring of the East Asian regional order, as the deepening of a Chinese-led regional integration process might challenge the U. S.'s position in the Pacific Rim and therefore. its hegemony over one of the economically most vibrant and populous regions (Breslin, 2009; Ravenhill, 2010). In this debate, most scholars share the notion that China's political influence will continue to grow during the next decade and China might even challenge U. S. hegemony in the long run. However, positions on how these changes will develop strongly differ:some scholars support the Chinese position that the People's Republic(PRC) seeks a "peaceful rise" (Bijian,2005) and even speak of a "Beijing Consensus" (Ramo,2004; Arrighi & Zhang, 2010) which would be based on a policy of non-interference and mutual agreement or that China might be peacefully, integrated into the current international order(Ikenberry,2008). On the opposite end, other scientists, such as John Mearsheimer (Mearsheimer, 2006), however, envisage an armed conflict between the U. S. and China.

The impact of the financial crisis on geopolitics is an issue in this debate, too. However, while most analysts agree that the crisis has weakened the U. S. and Europe's positions (Altmann. 2009). most studies focus on merely economic reasons for the outbreak of the crisis. As such, most of these scholars agreed on the fact that the burst of the U. S. housing market bubble was the most important trigger for the financial crisis(Shiller,2008). Most economists also argue that factors such as lax controls of different financial actors, information asymmetries or new financial instruments have been responsible for the crash as well(Krugman,2009, p. 153; Stiglitz, 2010; Tett, 2009). Some Keynesian or Neo-Marxist economists focus on structural reasons for the downturn, like falling real wages. in the U. S. or the rise and dimension of a finance-driven capitalism (Foster & Magdoff, 2009; Aglietta & Sedguillon, 2008). An international dimension has been brought to the debate by scholars who focus Oil global imbalances and, thus, the U. S. debtor position in global economy(Wade,2009; wolf,2008; Cripps et a1. 2011).

To grasp the geopolitical dimension of the financial crisis, the global imbalances thesis can be reread through the lens of World Systems Analysis. David Harvey (2009) drew attention to the fact that the interpretation of the global economic crisis as simply a financial collapse was too shortsighted or narrowly considered. Essentially, the crisis also deals with a specific spatial arrangement of global capital accumulation. The "gravitational center of capitalist development" today, and since the 1960s, is tending more toward East Asia and is thereby effectively reversing the long-standing flow of resources in place since the 18th century, in particular from East, Southeast and South Asia to Europe and North America (Harvey, 2009, p. 3). However, such shifts of capital—for instance, the shift from Great Britain to the U. S. have been known to repeat themselves ill the history of capitalism. Harvey was echoing the thoughts of Giovanni Arrighi (Arrighi, 1982, p. 71; Arrighi, 2010), who worked out that the deepest crises of capital accumulation historically revealed themselves as crises of specific world market structures—structures shaped by a hegemonic power. Hegemonic powers characteristically thus recognize the need to pool material, administrative and military capacities to eventually provide systemic world-governance capabilities (Arrighi & Silver, 2002, p. 26) They contain the "commanding heights" of global capital accumulation and of military power.

Historically, the function of a hegemonic power shifts step by step from city-states to, nations and even to continental economies, e. g., from Genoa and Spain over to the Netherlands, then to Great

Britain and, finally to the U. S. The steady expansion of the capitalist world system has always been in the form of growing. and ever more complex. "spatial fixes" (Harvey, 2003, p. 109), that is to say growing blocks of powerful governmental and business organizations. According to Arrighi (2010), the "signal crisis" of such a configuration was characterized by an enormous expansion of the financial sector by which the hegemonic power was able to accumulate new power resources.

However, the growth of the financial sector and the neglect of the industrial base in one region go hand in hand with the emergence of new production centers in other regions. In the end, this results in the destruction of the structure of the world market in a major financial crisis. Schumpeter's (2005, p. 139) observation that through "creative destruction" new Innovations shattered old structures could be transferred to the world market. Thus, the old spatial configurations of capital accumulation are replaced by a new system through a "switching crisis" (Harvey, 1999, p. 428). However, such a development reflects itself unevenly on both the institutional level and in the control over different power resources. Even if an erosion of the current imperial block of governmental and business organizations under American leadership took place, the U. S. still would monopolize military power. As a result, a "global bifurcation" might emerge, with the U. S. as the military power and East Asia as the financial center (Arrighi et al., 2002, p. 95). Also, the U. S. dollar, key global governance institutions such as IMF and World Bank, as well as the technical standards that have been used since the Second World War (WWII) would still help to diffuse rules favorable to the U. S. (Panitch & Gindin, 2008, p. 37). Nevertheless, earlier hegemonic transitions were also known to be characterized by gradual changes: the U. S. dollar replaced the British pound as the global currency approximately 50 years after American economic performance had overtaken that of Great Britain (Arrighi, 2008, p. 202).

The Rise of East Asia in the Global Economy

Also, today's shift in the world economy since WW Ⅱ has been steady, but gradual.

Distinctive turning points were often accompanied by crisis-ridden breaks that respectively resulted in harming individual countries or regions. Throughout the last decade. the most striking success story at the regional level was the rise of East Asia. while the most important change at the national level was the rapid development of China. The reintegration of East Asia into global capitalism since WW Ⅱ has taken part in three phases.

The first phase began in the late 1940s. The process was set in motion by, the reconstruction of the capitalist world order under American hegemony, accompanied by the successful integration of Japan into the world economy. Japan proved to be a surprising economic success with its economy experiencing an outstanding double digit growth rate in the 1950s and 1960s. The "new international division of labor" that had already marked the 1960s resulted in a considerable relocation of industrial production.

especially within East Asia itself as part of this change, a new kind of division of labor was established in East Asia, described by the Japanese economists Akamatsu (1962) and Kojima (1977) as the "Flying Geese Model". In order to protect their profitability, Japanese companics flexibilized production networks and located labor intensive branches in the form of joint ventures and sub-contracting in neighbor states. In this process. the industrial sectors of the first generation of tiger states and regions (Hong Kong, South Korea, Singapore and Taiwan) expanded with double-digit growth rates annually (Dicken, 2009, p. 44).

During this period、China was not integrated into the capitalist world market. In the first 30 years of the PRC, policy-makers followed an inward-oriented strategy of "Big Push industrialization" (Naughton, 2007, p. 551) which was based on investment in capital-intensive industry. Despite of the economic setbacks of the "Great Leap Forward" and the "Cultural Revolution". the planned economy was successful in developing an industrial base: between 1953 and 1978, the Chinese GDP grew by 7.8% yearly.

After the dynamic of the first generation of tiger states regions ran out, there began a double movement that triggered a second phase of regional development: the first generation of tiger states and regions developed their own export industries through technological upgrading (Jessop & Sum, 2006, p. 175). Furthermore, there quickly emerged a second generation of tiger states, in particular Indonesia. Malaysia and Thailand. which in turn profited from direct investment from Japan and the other initial tiger states and regions. Thus, the rapid rise of East Asia proceeded even after—if not because—the growth dynamics in Japan died down. The result was a hierarchical regional division of labor with Japan at its head: "Japan focused on the most high-value-added items, the four tigers on middle-range products and. the emerging tigers in Southeast Asia on low-cost, labor-intensive ones" (Hung, 2009, p. 7).

The Chinese economy also profited from this development. Together with third generation tiger states like Vietnam, China began to integrate into the regional economic system. The PRC was one of the fastest developing countries Worldwide with GDP growth rates of about 10% yearly since opening its economy in 1978. This was due to different factors. Firstly, the Chinese economy gained an existing network through the Chinese diaspora who now held key economic positions in different countries and provided necessary capital and scientific know-how (Arrighi, 2008, p. 351). Furthermore, Chinese leadership succeeded in getting rapid economic development without having to forfeit control over the economy. In the end, China's sheer size offered, unlike other smaller countries, enough room for the setting up of different stages of the value-added chain. As a result, China began to establish itself as the new center of capital accumulation in East Asia. As well as increasingly investing in China. East Asian companies started to integrate themselves as suppliers in Chinese dominated value added chains with the aim of making use of the vast domestic market (Hart-Landsberg & Burkett, 2006). In short, Asia alone was able to boost its percentage in the global GDP from 24.1% to 37.2% in the period from 1973 to 1998, at a time when China had experienced particularly dynamic development (Maddison, 2001).

However it is worth noting that East Asia's boom is strongly based on successful exports to the U.S. In the 1980s, Japanese and tiger "states" and regions exports accounted for about 15% of the GDP, of which approximately one third was going to the U.S. market. East Asian states thereby often generated trade surpluses with the U.S. Until the 1990s. little remained to be complained about in this constellation. for the U.S. could nonetheless simultaneously import consumer goods at low costs. Necessary amendments were dealt with through mutual agreements. for instance the 1985 Plaza Accord whereby, the U.S. dollar was devalued vis-a-vis the Yen in order to strengthen U.S. industry (Brenner, 2002). The fact that China likewise slowly grew into this structure was ignored and simply seen as a normal process.

Global Imbalances

A qualitative structural alteration took place primarily, due to the 1997/98 Asian crisis. It initiated a third phase of regional development. East Asian countries' current account balances had slid into the negative due to their currency, links to the U.S. dollar and the liberalization of capital markets. The crisis shattered this structure and contributed to their efforts to later re-emerge as surplus producing countries. As a result, East Asia accumulated massive currency reserves: "Between 1999 and 2005, East Asian central banks (excluding Japan) accumulated U. S. $ 1.25 trillion in reserves" (Lucarelli, 2008, p, 18). Thus, in January 2006 the overall currency reserves had increased to a value of U. S. $ 2.9 trillion. As in the 1970s. this profit was frequently invested in more securities. American Treasury securities. In turn. the U. S. generated increasingly higher current account deficits with the Bush Jr. government forcing a model that drove the financialization and indebtedness of the U. S. economy even further.

Yet, China in particular began to place high percentages of its own exports on the U. S. market. After the remarkable upward spiraling of exports until the year 2000—in only a decade—from U. S. $ 18.7 billion to U. S. $ 100 billion, exports tripled yet again until 2009, which translated to almost a third of the goods being delivered to the U. S. (including the export over Hong Kong). Likewise, the country's currency, reserves rose from U. S. $ 218 billion at the end of 2001 to over U. S. $ 2 trillion in the year 2008, thus increasing tenfold in a period of just a decade. The PRC's current account surpluses vis-a-vis the U. S. had risen to U. S. $ 49.7 billion at the onset of the 1997/8 Asian crisis to U. S. $ 268 billon in 2008 (U. S. Census Bureau, 2011). These surpluses then flowed into the U. S. financial and bond markets. China finally replaced Japan as U. S. 's principal creditor by 2008. In the following year, China held around U. S. $ 739.6 billion and therefore over a quarter of the of the foreign creditor's U. S. Treasury securities.

These "global imbalances" pertain to (structurally) relatively durable surplus or deficit constellations between countries or groups of countries that are in the long run barely stable. Today, above all, the U. S. Great Britain and Spain play the role of deficit countries, while Japan, Germany and particularly China as well as countless other emerging countries (East Asia, oil producers, Brazil, Russia, etc.) take on the role of surplus producers (Wolf, 2008, p. 78; Cripps et al., 2010) (see Table 1). By 2006, the surpluses of the semi-peripheral countries amounted to about U. S. $ 544 billion which were compensated through a massive capital inflow from the semi. periphery to the core countries. Thus. from 2000 to 2006 about 42 out of 11 3 developing countries became net capital exporters (UN, 2008, p. 52: Palat, 2010). The "Chimerica" constellation between the U. S. and China is consequently the most significant characteristic of a global structure in which, paradoxically, countries with some of the Highest poverty rates finance consumption in wealth), industrialized countries with their surpluses—mainly because they cannot spend them in their own domestic markets.[①] Hence, the "Chimerica" constellation was even described by Martin Wolf (2008, p. 41 as perverse. The U. S. counts as one of the wealthiest nations whereas China remains—despite of fast catch-up processes—a country in which a considerable portion

① China's role differs to Japan's in this constellation. First of all, due to its huge size and status as a developing country, China still offers an enormous potential for further capitalist expansion. Furthermore, China has its own independent power resources in other areas such as the military, while Japan is deeply integrated in the global U. S. security structure.

of the population still lives in poverty.

The United States of America: The "Consumer of Last Resort"

In the "Chimerica" constellation. the U. S. plays the role of the principal consumer of China's (and other emerging countries') surpluses. However, the U. S. is not only often viewed as an "import addicted nation" (Otte, 2009, p. 12), it has also gained other negative indicators. The American "triple deficit" covers the dimensions of domestic consumption. public debt and external trade. American households have for a while accumulated high debts in order to try to compensate for real wage losses. Since the 1970s, the real wage in the U. S. had constantly fell or stagnated. with only a slight gain in the late 1990s (Foster & Magdoif, 2009, p. 28). The debt of American households rose dramatically to the extent that the poorest quarter of the American population landed in a vicious circle of debt. A constant 27% of this part of the population spent more than 40% of their income repaying debt in the period from 1995 to 2004 (Foster & Magdoff, 2009, p. 32). The U. S. household debt accumulated in 2005 skyrocketed to almost 92% of the GDP at a time when the savings' rate of American households had dropped further to a negative (Wolf, 2008, p. 101). In addition, the U. S. became further indebted after the Dot. com bubble burst in 2000/1. Since then, tax cuts as well as increasing military expenditures have been straining the budget. However. the national debt of 63. 1% of the GDP in 2007 remained safe. Far more threatening were the escalating current account deficits that had skyrocketed in just 15 years from a balanced stand in 1991 to about U. S. $ 817 billion in 2006—an increase of 6.1% of the GDP(Deutsche Bank Research, 2007). Therefore, the U. S. current account deficit ultimately consumed one seventh of the world's savings(Wolf, 2008, p. 63). However, local consumption and the growing American debt could be sustained by a flesh supply of capital. Consequently, the U. S economy continued to grow at an average of 2.8% between 2003 and 2008.

A central factor in this growth strategy was the Fed's low interest rate policy. Interest rates in the U. S. dropped from 6.5% in 2000 to 1% in 2003 (Lucarelli, 2008, p. 28). This resulted in the availability of extremely low-interest loans that in turn added to the fact that "from the year 2000 more bank loans, bonds and derivative contracts [were] being finalized" (Ferguson, 2008, p. 335). What followed was then a general growth of the financial sector. At the same time. consumer loans were very cheap so that it remained possible to sustain U. S. over-consumption despite of low real wages. However, the constellation was not crisis proof. Through interest rate cuts. 30-year-fixed mortgage rates dropped to a 50 year low of 5.25% (Baker, 2008. p. 74). The real estate bubble that had in 2002 already stood out with its 30% price increases, continued to grow rapidly. From then on, the prices spiraled upward at a rate of 7.1% annually. However, as the Fed elevated interest rates again and the bubble started to shrink in 2006, as a result of sinking real estate prices, the interest rates of mortgage loans with variable interest rates in the sub-prime market begun to rise. too. Property prices also dropped. Between June 2006 and July 2008, prices fell by over 21%. In September 2008, the 5th largest American investment bank, The Lehman Brothers, declared bankruptcy.

The People's Republic of China: "The Workshop of the World"

On the other side, the PRC supported the consumption and debt-driven U. S. model by two mechanisms. Firstly, the labor costs and undervaluation of the Yuan-based Chinese export surpluses to the U. S. contributed to the fact that the American consumers could manage to maintain their living standards against a backdrop of falling real wages (Ferguson, 2008, p. 334; Luce & Bonacich, 2009, p. 155). Through direct investment, off-shoring and subcontracting, China became an important source of cheap imported goods. Robert Scott from the Economic Policy Institute calculated that in the period between 1996 and 2007 alone, a lowering of production costs led to the relocation of approximately 2. 1 million jobs from the U. S. to China, where industrial workers wages are 5% of the American standards. Additionally. the increasing deindustrialization of U. S. capitalism has led to the fact that about 17. 4% imports originate from China. Cheap Chinese consumption goods also indirectly helped to sink the U. S. wage ratio further by 2% in the 2000s.

Secondly, the Chinese central bank systematically promoted

the transfer of export surpluses in American Treasury securities and other financial stocks (Brender & Pisani, 2009; Walter & Howie, 2011) The "policy of cheap money" that made low interest rates possible, fueled the teal estate bubble. and drove stakeholders on the financial market to even higher risks. was partly due to excessive lending from East Asia—in particular from China. Just before the outbreak of the crisis in July 2008 not only a significant amount of U. S. Treasury securities was owned by Chinese investors, Chinese creditors had also invested in different U. S. institutions and financial institutes. For instance, currency reserves of about 10% of China's GDP were invested in two American mortgage banks—Fannie Mae and Freddie Mac (China Daily, September 12, 2008). Consequently, the bankruptcy of the two real estate giants irked the Chinese government. making them pressure the U. S. government to nationalize the two mortgage banks. However. despite of this conflict, it was still in China's interest not to sell off its U. S. Treasury securities because this would leave devaluated the U. S. dollar and ultimately would have had an impact on China's export industry, too. The dark side of the Chinese export model is all imbalanced economy. The (individual) consumption rate lies somewhere over a third of the GDP with the savings rate ranging between 50% and 60%. in 2007, 11% of GDP went into foreign investment with low profitability, and that was equal to one third of individual consumption (Boris & Schmalz, 2011, p. 113; Foster & Chesney, 2012). Additionally, salaries of industrial workers didn't improve significantly—unlike in the rest of East Asia's emerging countries. At the same nine, structural over accumulation was reinforced by the strong investment rate being fueled by the investment rush in the provinces. This will continuously build "bubbles", as seen in the current housing bubble, which up to now are contained by the government. In addition, the massive transfer of Chinese resources to the U. S. is very fragile. Various factors threaten the model: labor unrest in the Chinese export industry, resulting salary increases, and the risk of a crisis induced by over-accumulation which in turn is brought about by excessive investment or world market based shocks.

The Crisis: On the Road to a New Configuration?

The "Chimerica" constellation was eventually shaken by the bursting of the teal estate bubble and the 2008 bankruptcy, of Lehman Brothers. The collapse in the U. S. sent shock waves over the entire world, including China. The American economy sunk into a deep recession, despite of the government's efforts to counter the growing crisis with a massive financial bailout (us \$ 700 billion) and stimulus packages (U. S. \$ 789 billion). From the third quarter in 2008 to the end of 2009, the GDP shrunk to the point that the U. S. economy experienced zero growth in 2008 and dropped by 2.4% in the following year (IMF, 2010, p. 156). Unemployment quickly followed with an increase to around 9 or 10%. This phase of the growth model, fueled by, the teal estate boom, is now over. Loans are much harder to obtain despite of extremely low interest rates of 0.25%. The indebtedness of private households—in 2007 at 129% of disposable annual income—cannot continue to expand infinitely (Economist. April 21, 2010) and, as result, for the first time in decades the savings rate of U. S. households turned positive. At the same time. the U. S. has succeeded in filling the demand gap and in just three years the public debt-to-GDP ratio increased from 63. 1% (2002) to 92. 7% (2010). Foreign creditors also played a central role in financing; accounts payable to foreign creditors rose from U. S. $ 1 trillion in July 2008 to about U. S. $ 4. 5 trillion in April 2010. of which nearly, U. S. $ 1. 2 trillion was owed to Chinese creditors (U. S. Department of the Treasury, 2011). Nevertheless, the crisis of the "Chimerica" model has led to first attempts to balance the U. S. economy. Barack Obama's government tries to strengthen the export industry, to raise taxes and to devalue the U. S. dollar slightly; however, the scope for action is limited. for a too rapid depreciation of the U. S. dollar could alienate foreign creditors and the Republican Party inhibits effective tax reform.

However. the further development of the U. S. will be shaped by, the changes of the Chinese economy, which was initially heavily affected by the crisis. in 2008, after the Chinese economy grew to over 10% in the first two quarters and 9% in the third. GDP growth dropped in the first quarter of 2009 to 6. 1% (Schuller & Schuler. Zhou Yun, 2009, p. 168). This had to do with declining foreign trade, which broke from January to September by 20. 9% (MOFCOM, 2009) and affected the dynamic export-oriented coastal regions such as Shanghai, Guangdong, Jiangsu and Zhejiang. The consequences were quickly cushioned by a Comprehensive economic stimulus package of over U. S. $ 586 billion, a huge part of which went into infrastructure measures and only about 20% into consumption such as subsidies for agriculture or wage increases in the public sector (Liu, 2010). After that, China quickly went back to its previous growth rates. However, whether it is possible that the Chinese economy switches to domestic demand in a short period of time and, therefore, opts out of the "Chimerica" constellation is still questionable.

Imagining a change is challenging given the situation of the lower classes and the high savings rate, despite of China made efforts to change the economic development model. In anticipation of these problems, the Chinese government furthered its social policy efforts, for instance by announcing a public health care reform, valued at about U. S. $ 123 billion (New York Times, 21 January 2009), which increased the basic health care coverage rate to about 95 percent by mid-2011. in addition. the Communist Party of China is set on strengthening domestic consumption. For example. strike waves in 2010 – 11 went ahead largely without repression by the authorities and achieved significant wage increases. Also, a progressive increase of minimum wages and a rigorous course to implement environmental standards in production was set into motion①. The 12th Five-Year Plan proclaims to deepen

① There are some signs of structural changes. In the economically most important province of Guangdong, the CPC party leader, Wang Yang, quite early declared that it was time for emptying the bird cage for new birds to come in.

this reorientation: it aims at boosting consumption, expanding social security systems and increasing environmental expenditures. However, some scholars criticize the plan for not being suitable to trigger a lasting structural change (Naughton, 2011). 2010 and 2011 saw a broader revival of the export. driven growth model and a further decline of the consumption share of China's GDP.

The "Chimrica" constellation has had a sticking effect on the world order: on the one hand. the U. S. dollar and American buying power have remained on a high standard while East Asia and China on the other hand have remained the source of cheap supplies. A change of model will almost inevitably draw a political realignment of economic relations.

At the same time. the crisis highlighted the fact that the East Asian emerging markets Could cope with their own resources much better and therefore continue to grow faster than the West (see Table 2) While Europe, Japan and the U. S. in October 2008 had either zero growth or were experiencing a recession, in comparison East Asia and especially China managed to cope better with the crisis. In addition, emerging markets that had stronger links to the U. S. or Europe, such as Mexico or Eastern Europe, landed in great difficulties whereas states that had diversified their foreign trade and had strengthened their ties to East Asia—for example, Brazil and Sub-Saharan Africa—survived relatively unscathed. As a result. East Asia transformed itself for the first time in modern history to the most important center of growth, contributing almost half of the worldwide GDP growth in 2009 and 2010.

Since 2010 the global crisis slowly entered in a second phase. The epicenter of the crisis shifted from the U. S. to the Eurozone. Greece and Ireland had to be bailed out by the EU and the IMF. The unwillingness of the Merkel and Sarkozy governments to Europeanize sovereign debts inhibited a permanent solution of the crisis. Instead. most Euro member states started to implement austerity programs and, in doing so, triggered a downward growth spiral. By late 2011, several Southern European countries had entered recession. The Eurozone crisis seems to impact China as well: faced with a growing housing bubble and inflation due to the huge stimulus measures. the People's Bank of China considerably had tightened monetary policy owing to the Euro crisis the Central Bank seems to be forced to loose its monetary policy again thus taking the risk of re-inflating the bubble. Despite of the ongoing problems of rebalancing its economy, China (as well as other major players in the Global South) has been much less affected by the global crisis than most developed Western countries. One can therefore claim that the crisis accelerated the economic power shift from "East" to "West".

The Influence oil Global Economic Governance

Currently, the crucial question is how and whether the economic shift will be reflected institutionally. At least in two aspects, the crisis had a transforming effect on global economic governance institutions. Firstly, a renaissance of these institutions was seen after a phase of de-legitimization and weakening. After the onset of the crisis, the IMF began to function as a Savior (Becker & Jfiger, 2010). The IMF initially gave loans to several Eastern European countries like Hungary, Latvia and Romania as well as some developing countries such as Pakistan. More recently, the IMF was called on for assistance in the EU crisis to bailout Greece, Ireland and Portugal. Nonetheless, it is obvious that countries in regions that were once dependent on the IMF—especially in East Asia, Russia and South America—today use their own means or bilateral aid.

This came hand in hand with a second change: the forum for the negotiation process of these changes was not the G-8 but the G-20—an institution in which important semi-peripheral countries like India, Brazil, Indonesia, South Africa, Saudi Arabia and China were involved (Wade 2011). The summit concluded with a final statement on reform in the financial sector agenda. The proposed new rules are not very far reaching. Thus, they are not a "Second Bretton Woods" (Helleiner & Pagliari, 2009). The real substantive change was the expansion of the group. in a follow-up Summit in London in April 2009. IMF reforms were adopted. For instance, IMF credit volumes were intermediately increased to U. S. $ 750 billion whereby a new credit line of over U. S. $ 250 billion was issued with special drawing rights in which the loan was not tied to structural adjustment programs. The decision to establish the G-20 as a permanent forum was of historical importance, for it meant that, in the future, it would be difficult to completely ignore China: India and other developing countries in global governance decision-making. Also, in both the World Bank and the IMF. a reform of quotas and voting shares was accomplished. In 2009, about 3. 1% of World Bank's voting shares were redistributed to emerging countries. For instance. China's shares rose from 2. 8% to 4. 4% and, therefore, China replaced Germany as the third largest shareholder Equally, a major IMF voting share reform was agreed upon at the G-20 summit in Seoul in 2010. Also. about 6. 4% of total voting shares were redistributed. Through this. China's shares doubled to about 6% and China overtook Germany, as the third IMF is shareholder. Until now the quota reform still lacks implementation. but it is considered to be realized in 2012.

Even though the crisis managed to bring about all institutional reorganization, this reflected the economic power shift only to a certain extent. Also. the Chinese government went considerably further with its idea of regulation due to changing economic relationships. However, China also rejected the idea the idea of a "G2" for political reasons although it is often assumed that "Chimerica" would eventually lead to a bilateral settlement between the U. S. and China (Bergsten, 2010). In reality, China has a harsh criticism of the dominant role of the U. S. in global economics. As an alternative model to U. S. dollar supremacy. Zhou Xiaochuan, the President of the Chinese Central Bank formulated a concept for a world currency system that would use IMF special drawing rights as reserve currency. However, this proposal was almost always commented on with amazement in Europe and America. To strengthen this cause, China joined forces with its partners in the

BRIC(Brazil, Russia, India, and China) group and at its summit in Brasilia in 2010 the BRIC countries supported the Chinese demand of all end of the dollar hegemony[①]. Consequently they strived for a denomination of common trade in their own currency. amongst other things. In March 2012, at the BRICS summit in New Delhi, the BRICS-countries even announced plans to set up a joint development bank. However, according to China's perspective, until now, reforms on global governance have been disappointing(Liu, 2010, p. 22). Chinese Vice-Foreign Minister Cui Tiankai put forth the criticism that China remained underrepresented by economic criteria. For instance, Chinese voting shares still remain behind those of Japan, even though China has recently overtaken Japan as the second most important nation economically. Ultimately, despite of China's new weight in international institutions, key decisions will continue to be made mainly by the U. S. and EU. The U. S. still holds the veto power with more than 17% of voting shares.

Consequently, China will further expand its bilateral donor activities and financial agreements as well as its cooperation in South-South governance forums like the BRICS group or the Shanghai Cooperation Organization. Along the same lines, China has reinforced regional cooperation. For instance, in May 2009, China introduced emergency funds of over us $ 120 billion alongside Japan, South Korea and the 10 A. SEAN-countries as a

---

① In 2011, South Africa joined the group. The first meeting of the BRICS group was in Sanya, China, in April 2011.

way of countering liquidity shortages (Zheng & Lye, 2010, p. 280). Additionally, the Chinese government began to systematically sign swap agreements with countries such as Argentina, Indonesia, Iceland, Malaysia, South Korea, Turkey and Belarus (Park, 2010, P. 4; Xinhua, July 23, 2010, China Daily, February 22, 2012). In Short, even if the crisis had a recognizable influence on global economic governance, it seems as if China doubted the range of reforms and thus the legitimacy of the governance institutions. Consequently. China will in a dual strategy, rely on its own institutional South-South cooperation and the further reform of the international financial institutions.

The Crisis: Toward a New "Spatial Fix" ?

The crisis from 2007 to 2011 has significantly, accelerated power shifts in the global economy—from "West" to "East" and from core countries to the hitherto existing semi-periphery. The thesis of Arrighi and Harvey, which each severe crisis in capitalist development as a part of a systemic cycle of accumulation leads to a period of hegemonic transition and spatial restructuring, seems to prove true. The collapse of important parts of the U. S. financial system weakened the "Dollar Wall Street-Regime" which served to guarantee U. S. hegemony over the past decades (Gowan, 2009, p. 38). In order to continue, the foreign debt-driven U. S. consumption model requires political concessions. More than ever, the Chinese export-driven low wage model is challenged by social unrest and political will. Also devaluating or inflating the U. S. dollar could alienate foreign creditors and weaken the role of the U. S. dollar as the key global currency in the medium-term Thus, the crisis acted like a catalyst for change : while the U. S. bailout programs and stimulus packages had a rather defensive and stabilizing impact, most measures of the Chinese government, such as the attempt to raise the consumption rate acquire foreign high-tech-business, supported systemic change.

At least three possible scenarios for a further development of the "Chimerica" model exist: (1) First, in the shot run, it is likely that the "Chimerica" model will remain more or less stable, since class structures, production and consumption cannot be modified abruptly (Hung, 2009; Foster & Chesney, 2012). Thus, the U. S. may remain in its position as a debtor and devaluate and/or inflate the U. S. dollar slightly. The East Asian creditors will probably tolerate such a development for a short time, because their export strategy is highly dependent on the U. S. market, and up to now there is no alternative on the horizon. Also, East Asia and China are still underrepresented in global governance institutions and thus are not able to exert significant influence on global rule—setting in the fields of production and finance:

(2) A second scenario would be a long lasting process of transition with intermediate stages, such as a temporary joint hegemony of U. S. and China. However, in the long run, this scenario could see a new transnational and strongly multilateral organized East Asian "spatial fix" develop, which would grant other emergent nations certain lights to participate. For this scenario

inter-Asian relations will be of prime importance. The economic ties in East Asia have to be accompanied by a deeper political integration; in particular beer coordination between China and Japan will be necessary. The current attempts of the Chinese government to weaken the "Chimerica" constellation through further diversification of financial investment, e. g., in the Euro zone, may support development in this direction:

(3) In a third scenario, the U. S. together with its European allies may use their combined financial, economic and military power to counter the "threat" of rising powers. This may result in a disintegration of the world market due to protectionist block building or a confrontation between the transatlantic powers and the new emerging powers. However. This scenario is rather unlikely. It will gain in importance only if no further institutional reforms are set into motion. and if China Will start to expand its power more ruthlessly.

So far, it is uncertain which tendency will prevail. However. there is evidence that a further rise of East Asia and a slow opt out of the "Chimerica" constellation is the most likely development, and, as a result, a hybrid form of scenarios 1 and 2 might come to pass.

Regulation of banking and financial markets—quo vadis?

——*Critical review of current trends and proposals for alternatives*

Sandra Schuster

What crisis are we talking about? It is obvious that the current crisis has become very complex and intractable. Somehow it resembles the Gordian knot with lots of facets, which make it difficult to catch one end to start to dissolve. Depending on your point of view and approach, it can be regarded as a sovereign debt crisis or a crisis of government financing. For example, SOMO and WEED, two critically working and networking European NGOs defined the current state, that it is simultaneously a crisis of democracy and a governance crisis, a financial and currency crisis, a banking crisis, a crisis of structural economic differences, a crisis of fiscal imbalances, and a crisis of dysfunctional and de-regulated financial markets.

Regarding the political left, there is a clear a focus on foreign trade and economic imbalances, based on defaults in the missing structure of the integration processes, particular in the poorly design of the European Monetary Union. The harmonization of monetary policy was not flanked by a co-ordination of economic, social and fiscal policy. However, a single monetary policy for a group of countries with very different economic structures, labor markets and corporate landscapes will invariably tend to amplify the differences between these countries. A clear illustration of these divergences can be seen in the foreign trade imbalances within the euro zone, especially in the case of Germany which has forced its competitors into foreign debt with its aggressive export-oriented economy (see Troost/ Paus 2011) Finally, this situation became even worse, when countries in the euro zone accumulated additional large debts to rescue their banking systems and stabilize their economies.

Since the European Single Act, signed in 1986, there is fiscal concurrence, which dominates the patterns and the structure of the integration process. Instead an important lesson from certain theorists should be taken. For example the Hungarian economist Bela Balassa already demonstrated with his famous pyramid model of regional integration processes in the 1960s, which later had been specified with respect to economic globalization processes by Elmar Altvater and Birgit Mahnkopf, that one has always to keep in mind the next step through out the whole integration process. Consequently, a currency union does not work without a fiscal union or at minimum a deeper coordination of policies in that field. You have to resolve that dilemma but also to end up the neoliberal course.

Despite that, there are a many related aspects such as the economic and foreign trade imbalances, as mentioned above.

The following section concentrates on the problems of the banking crisis and the structural deficits, which became more obvious in the banking sector. In general, I refer to my work experience in the German Parliament giving further information on political ideas and conceptions, which had been elaborated and discussed by the Left Party Parliamentary Group. As I am contributing to the speakers group " Rethinking and Improving Governance of International Economy and Finance", I will focus on political incentives, especially regarding the financial and banking sector since the 2008er crisis, and will continue with what had been launched and what has not. As a specific example, I will start to analyze the framework of Basel III (new banking regularia). I will discuss, why there is an urgent need for these reforms and if they provide unerring solutions with respect to the current situation of crisis.

Brief look: Main causes of the financial and euro crisis and their interconnections

There is no doubt that the main causes of the financial crisis are deeper rooted and go hand in hand with the implementation of the paradigm of neoliberalism: First, the drastic deregulation of the financial markets since the 1970s and the increased liberalization since the 1990s. Secondly, the massive redistribution, which has taken place in favor of the rich, especially through tax cuts and tax loopholes. Nevertheless, due to high saving rates of the wealthy and top earners there is an ever increasing volume of saving looking for investment opportunities, preferably in the financial markets. This leads to bubbles in asset markets (e. g. real estate, securities), which at some point inevitably burst. The poor and middle classes, on the contrary become poorer and can only consume less. The potential of profitable investments in the real economy therefore diminished ("underconsumption crisis"—spread between real and virtual economy). Finally, with the growing privatization of pension schemes since the 1970s these insurance contributions flow into the financial markets as additional investment-seeking capital, triggering the formation of bubbles and herding behavior. How are these causes related? With special regard to the configuration of the euro, as mentioned above, forming a result of the poorly designed monetary union, many euro zone countries are confronted with growing foreign debt. But at the same time, the accumulated debts have significantly curbed the willingness of the private sector lending to countries such as Greece, Portugal and Spain. Now, all theory seems to be used up, i. e. these recent developments reflect a structural crisis of neoliberal capitalism.

Moreover, the banks themselves became a factor of instability. Sometimes banks had taken too many risks, which had brought banks and states in severe crisis. Despite efforts were made in regulating after the eruption in 2008, the crisis is continuing. Now, there is also the problem that banks—German banks and those from other countries as well—lent too easily with sloppy risk management to governments and business or real estate in Spain, Greece and Ireland.

Retrospective: Reactions to the financial crisis in Germany (2008)

As an immediate reaction to the bust of Lehman in 2008 and the upcoming financial and economic crisis, the former German Finance Minister, Peer Steinbrück, who was known as an uncritical interceder of financial liberalism to improve the German financial market place, said in an interview that after this crisis, "the world would never be the same" (Der Spiegel, 29/9/2008).

On the one hand he was right: The discourse on how banks function and what their origin goal should be, became more popular and relevant. Moreover, the destabilizing impetus of crisis on what is called "the real economy" became obvious. Some useful measures had been implemented to avoid a credit crunch and to stimulate economy. On the other hand it was Peer Steinbrück himself, who defined this scope of banking reforms and put on restraints and limitations at the same time. He saved the so-called systematically relevant banks, putting public money in warranties and bails. Furthermore, the German government spent direct payments for recapitalization and for buying toxic papers. This crisis management, i. e. the saving of banks and the undertaken measures, had been installed in a completely intransparent way. Ordinary processes of parliamentary control and political accountability have been offset. Members of the parliamentary groups of the opposition parties had to inform themselves upon reports. In the end they managed to set up a committee of investigation. But the committee was not allowed to inform the public until today.

International Level: Framework of Basel III

The broader acceptance that there a change has to take place became more obvious with the G20 Summit of Pittsburgh in September 2009. With regards to what we call the later framework of Basel III, new rules for the banking sector were decided.

Its main objective can be described as reducing the incentives to an excessive risk taking by banks and create a more stable and robust financial system. It takes into account the quality of regulatory equity capital (and aims at an improvement). The total capital requirement for banks increases from 8 to 10,5 percent. Secondly, capital buffers become more important and obligatory. The underlying idea of capital buffers is that credit institutions build countercyclical buffers in good times that can be used during downturn. That may include the possibility of building additional reserves as dynamic provisioning. It also procures the possibility to reduce capital buffers during difficult times. In theory, this helps to ensure adequate availability of capital over the cycle. Thirdly, arrangements had been made to introduce a leverage ratio. More leverage always means more risk: if it reaches 1 to 33—one has to too much. That means: For every Euro of capital, a bank can lend up to 33. 33 Euro. That limit remains very lax. It is the same level Lehman held before its crush (Schuman 2012). That is why a stricter ratio, i. e. rate of relation has been advised (for further information see also the paper from Finance Watch 2012).

Additionally to the framework of Basel III, I would like to mention another important reform which were settled: Institutions such as the Financial Stability Forum, and in particular the Basel Committee on Banking Supervision had been revised membership. They "admitted" participation from developing counties for the first time. Thus, in spring 2009 the Basel Committee on Banking Supervision expanded its membership to the countries of the emerging markets—like China. This closed a remarkably large gap, not even in terms of justice and inclusion of emerging countries in the decision-making bodies of international financial regulation. Stephany Griffith-Jones and Kevin Young pointed out the importance of these so called newly industrialized countries becomes remarkably obvious if one takes into consideration the degree of representation in the committee in relation to the countries which supervised the 50 largest banks in the world (by market capitalization). Before expansion and the reform of Basel Committee non-member-countries had represented 43. 87 percent whereas the old ones had come up to 56. 13 per cent. However, it is obvious that countries with smaller banks are still not adequately represented. In sum, you can conclude that banking regulation excessively reflects the interests of large banks.

Another conception of the banking system is needed

Regarding Basel III there is also the critical point that these rules are geared to the type of large private banks and international investment banking. With respect to small-scale structured banks the shape of rules and requirements does not fit, instead they might work as disadvantaging mechanism for classical credit business and smaller-scaled institutes. For example in Germany, the type of local and regional organized *Sparkassen* and *Genossenschaftsbanken* raised concerns because of their different way to form capital.

On the other side, it is apparent that Basel III is overrated and cannot fill all gaps. There is an urgent need for further regulation—for example to solve the "too big to fail problem".

The Left Party Parliamentary Group believes that the current global financial system is not a model for the future. A fundamental re-ordering of the financial system, including the question of power to dispose of the banking capital, is overdue. To answer the question how banks should be regulated from the point of view of the Left Party Parliamentary Group, I recommend the brochure "How a socialisation of the German banking system might look". In this paper, I cannot go further into detail. Nevertheless, I would like to present a brief overview of the main ideas:

The main element of such a re-ordering is a new definition or, a return to the core economic functions of the banking sector. Banks should be structured to fulfill a service function for economy and society. The core functions of banks are: To firstly insure a reliable and low-cost-system of payments including a corresponding supply of cash. Secondly, banks need to be reduced to the role of capital collection bodies which offer secure, comprehensible and sustainable ways to save, rather than going in for risky business with the clients' and the bank's own money. Thirdly, banks need to fulfill their financing function by financing the investments of companies and the state with loans at acceptable conditions.

A "Socialization Process" for "system-relevant-banks" is suggested: If banks would be compelled to disclose all risks in their balance sheets, most large banks would not survive such disclosure and went bankrupt. The government would recapitalize and take them over (for more see DIE LINKE. 2010).

At the same time restructuring and socialization of the banking system will be a "reversal of proof" for financial instruments: Permission to use them will be made a subject to a new approval system for financial instruments (it is called "Finanz-TÜV" according to the test and the permission of cars in Germany). Financial instruments can only be marketed following detailed scrutiny, evaluation and approval from financial standards inspection body.

In sum, a lot still has to be done. To restrict the volume of turnover and the volatility on the financial markets there is an urgent need for the financial transaction tax. Nevertheless, this tax will not cope with all the challenges. Regarding certain financial instruments like higher-order-derivatives or OTC trading it won't work and there are other regulation instruments required. Respectively, there might be no other way than the prohibition of these instruments and platforms. With reference to the last news, the financial transaction tax will be implemented as soon as possible in the European Union, although the context of an enhanced cooperation between some members of the Eurozone, particularly without Britain, doesn't seem to be the best option. However, it could be seen as a success, following its idea, which is to throw a spanner in the works.